Introdução ao ensino do voleibol

EDITORA
intersaberes

O selo DIALÓGICA da Editora InterSaberes faz referência às publicações que privilegiam uma linguagem na qual o autor dialoga com o leitor por meio de recursos textuais e visuais, o que torna o conteúdo muito mais dinâmico. São livros que criam um ambiente de interação com o leitor – seu universo cultural, social e de elaboração de conhecimentos –, possibilitando um real processo de interlocução para que a comunicação se efetive.

Introdução ao ensino do voleibol

Wanderley Marchi Júnior
Ana Elisa Guginski Caron

EDITORA intersaberes

Rua Clara Vendramin, 58 • Mossunguê • CEP 81200-170 • Curitiba • PR • Brasil
Fone: (41) 2106-4170 • www.intersaberes.com • editora@editoraintersaberes.com.br

Conselho editorial
Dr. Ivo José Both (presidente)
Dr.ª Elena Godoy
Dr. Neri dos Santos
Dr. Ulf Gregor Baranow

Editora-chefe
Lindsay Azambuja

Supervisora editorial
Ariadne Nunes Wenger

Analista editorial
Ariel Martins

Preparação de originais
Rodapé Revisões

Edição de texto
Palavra do Editor
Gustavo Piratello de Castro

Capa
Laís Galvão (*design*)
dotshock/Shutterstock (imagem)

Projeto gráfico
Luana Machado Amaro

Diagramação
Studio Layout

Equipe de *design*
Luana Machado Amaro
Laís Galvão

Iconografia
Célia Regina Tartália e Silva
Regina Claudia Cruz Prestes

Dados Internacionais de Catalogação na Publicação (CIP)
(Câmara Brasileira do Livro, SP, Brasil)

Marchi Júnior, Wanderley
 Introdução ao ensino do voleibol/Wanderley Marchi Júnior, Ana Elisa Guginski Caron. Curitiba: InterSaberes, 2019. (Série Corpo em Movimento)

 Bibliografia.
 ISBN 978-85-5972-914-6

 1. Voleibol 2. Voleibol – Estudo e ensino I. Caron, Ana Elisa Guginski. II. Título. III. Série.

18-21975   CDD-796.32507

Índices para catálogo sistemático:
1. Voleibol: Estudo e ensino: Esporte 796.32507

Cibele Maria Dias – Bibliotecária – CRB-8/9427

1ª edição, 2019.

Foi feito o depósito legal.

Informamos que é de inteira responsabilidade dos autores a emissão de conceitos.

Nenhuma parte desta publicação poderá ser reproduzida por qualquer meio ou forma sem a prévia autorização da Editora InterSaberes.

A violação dos direitos autorais é crime estabelecido na Lei n. 9.610/1998 e punido pelo art. 184 do Código Penal.

Sumário

Apresentação • 11
Organização didático-pedagógica • 15

Capítulo 1
O voleibol no contexto das práticas educativas • 19

   1.1 Concepções e manifestações do esporte • 22
   1.2 Histórico do voleibol • 27
   1.3 Evolução das regras • 34
   1.4 O voleibol no Brasil • 45
   1.5 Características do professor de voleibol • 53

Capítulo 2
Construção de uma metodologia de ensino do voleibol • 65

   2.1 Características da modalidade voleibol • 68
   2.2 Progressões pedagógicas de ensino • 74
   2.3 Estruturação de aula • 80
   2.4 Planejamento de aula • 85
   2.5 Metodologia sistematizada de ensino do voleibol • 91

Capítulo 3
Ensino do voleibol – fundamentos técnicos e aplicação tática • 107

   3.1 Saque • 110
   3.2 Toque/levantamento • 122
   3.3 Manchete/recepção • 132

3.4 Ataque • 143
3.5 Defesa • 150
3.6 Bloqueio • 156

Capítulo 4
Ensino do voleibol – sistemas de jogo • 171

4.1 Posições, rodízio e correspondência no sistema de jogo do voleibol • 174
4.2 Sistema de jogo 6x6 ou 6x0 • 177
4.3 Sistema de jogo 4x2 simples • 184
4.4 Sistema de jogo 4x2 com infiltração • 190
4.5 Sistema de jogo 5x1 • 194

Capítulo 5
Ensino do voleibol – sistemas de recepção e sistemas de defesa • 205

5.1 Sistema de recepção em W • 208
5.2 Sistema de recepção em semicírculo • 213
5.3 Sistema de defesa para ataque na entrada de rede • 216
5.4 Sistema de defesa para ataque no meio de rede • 219
5.5 Sistema de defesa para ataque na saída de rede • 222

Capítulo 6
Formação de equipes e esportes derivados do voleibol • 231

6.1 Periodização de treinamento • 234
6.2 Formação de equipes • 242
6.3 Modelos para avaliação de jogo • 247
6.4 Voleibol de praia • 255
6.5 Voleibol sentado • 259

Considerações finais • 271
Referências • 273
Bibliografia comentada • 279
Anexos • 281
Respostas • 289
Sobre os autores • 291

A todos aqueles que estiveram direta ou indiretamente envolvidos em nossa formação como alunos, atletas, professores e, fundamentalmente, como seres humanos. A essas pessoas, nossa eterna gratidão e nosso reconhecimento. Conjuntamente, também dedicamos esta obra àqueles profissionais que fazem diariamente o voleibol brasileiro ser o que ele é.

Nossos agradecimentos ao Prof. Dr. Marcos Ruiz da Silva por ter possibilitado a materialização desta obra, que retrata anos de experiências, estudos, vivências e docência do voleibol. Sua confiança e sua força de trabalho nos inspiram.

À equipe técnica da Editora InterSaberes, que, de maneira competente e muito atenciosa, viabilizou a construção e a finalização deste livro.

À Universidade Federal do Paraná (UFPR), que, de maneira intensa, nesse período de experiências acadêmicas, potencializou nosso processo de formação profissional na docência do voleibol.

A todas as equipes e seus respectivos atletas, técnicos, dirigentes e demais envolvidos com quem tivemos a oportunidade e o privilégio de compartilhar vivências ao longo desses mais de 35 anos "de quadra".

Ao Instituto Compartilhar, pelos anos de aprendizado, reflexão e discussão sobre como aperfeiçoar a iniciação de crianças à prática do voleibol, além de muitos outros ensinamentos que ultrapassam a parte técnica e tática e abrangem conhecimentos administrativos, organizacionais e humanos.

Apresentação

Quando o assunto é voleibol no Brasil, podemos afirmar, sem a necessidade de muitas provas, que estamos falando da segunda modalidade na lista de preferência nacional. Alguns mais céticos podem contestar a afirmação e conferir-lhe o primeiro lugar, considerando como argumento o fato de que o futebol em nosso país – talvez não só – assume dimensões que extrapolam o universo dos esportes. Portanto, para escrevermos sobre voleibol no Brasil, embora essa seja uma tarefa que atinja muitos interessados, profissionais e, por que não dizer, apaixonados pelo esporte, temos de procurar ser cada vez mais criteriosos e rigorosos, a fim de atender às necessidades e ao desenvolvimento desse público e, evidentemente, da modalidade. Em outras palavras, há no universo do voleibol uma simbiose entre interesses, aceitação e necessidades que deve ser respeitada e estudada.

Adicionalmente a esse argumento introdutório, e para apresentarmos esta obra, podemos afirmar que o voleibol sempre esteve presente em nossas vidas – especificamente as dos autores –, de maneiras e intensidades distintas, mas, certamente, de forma não dissociada de nossas histórias.

Particularmente, eu, Wanderley, obtive os primeiros contatos com a modalidade numa escola pública, no interior de São Paulo. Em seguida, passei pelas etapas de iniciação e especialização esportiva que me levaram a estudar numa escola particular e, conjuntamente, a participar dos primeiros campeonatos escolares e federativos. A ida para os clubes e para as competições em caráter mais efetivo constituiu-se na etapa subsequente. E, nessa esteira, sucederam-se longos anos como atleta da modalidade até que chegassem os dias atuais, em que me deparo com mais de 20 anos na função de docente numa universidade pública federal, além de persistentemente – afinal, são mais de 35 anos "de quadra" – ainda atuar em competições nacionais e internacionais na categoria *master*.

Por sua vez, Ana Elisa, cujas aproximações à condição de iniciante na modalidade se assemelham às minhas, teve, no Centro Rexona de Excelência do Voleibol, ricas experiências e oportunidades ao figurar como aluna, professora e, atualmente, como coordenadora de projetos do Instituto Compartilhar (para saber mais sobre essa instituição, leia a Seção 2.5, no Capítulo 2) em um período que já se estende por mais de 20 anos. Ou seja, efetivamente o voleibol faz parte de nossas trajetórias.

Ao apresentarmos sumariamente nosso envolvimento com a modalidade, gostaríamos de registrar a imensa alegria de podermos compartilhar nossas experiências e nossos conhecimentos adquiridos nesse percurso com alunos e professores de Educação Física que se interessam pela modalidade e/ou vivem o voleibol com a mesma intensidade e o mesmo amor com os quais o vivemos.

Assim, esta obra procura dar um sentido de organicidade aos elementos constituintes da modalidade, a saber, fundamentos e sistemas, para buscar minimamente contribuir com a trajetória dos profissionais da área que ajudam, em suas jornadas diárias, a desenvolver cada vez mais o esporte e a profissão no Brasil.

Balizados também pela referência a outros colegas e seus respectivos trabalhos, procuramos sistematizar nossos conhecimentos e nossas experiências numa linguagem objetiva e didática, com o intuito de atender, de forma introdutória, às necessidades prementes daqueles que desejam iniciar-se no ensino do voleibol.

Para isso, os conteúdos foram distribuídos em seis capítulos, que versam sobre:

- a contextualização do voleibol no cenário esportivo (Capítulo 1);
- a construção de uma proposta metodológica de ensino (Capítulo 2);
- o ensino dos fundamentos técnicos do voleibol e de sua aplicação tática (Capítulo 3);
- os sistemas de jogo (Capítulo 4);
- os sistemas de recepção e de defesa (Capítulo 5);
- as perspectivas de formação e avaliação de equipes e, ainda, uma introdução sobre as modalidades derivadas do voleibol (Capítulo 6).

Em suma, com este livro, buscamos, respeitando-se principalmente os argumentos iniciais desta apresentação, oferecer aos estudantes e profissionais de educação física, bem como àqueles que já estão inseridos nos diversos possíveis contextos do voleibol – incluindo o público que evidencia constantemente sua paixão pela modalidade –, um conjunto de informações sistematizadas, organizadas e balizadas pela literatura científica, com o objetivo maior de desenvolvimento e qualificação profissional. Esperamos, com boas expectativas, obter êxito nessa proposta.

Aproveitamos também para registrar a prazerosa – e não menos desgastante – empreitada que foi a autoria desta obra, derivada de diferentes dimensões etárias e experiências vividas. Essa combinação tem dado resultados muito interessantes na construção do conhecimento. Que também essa "parceria" sirva de modelo para trabalhos futuros de colegas da área de educação física.

Boa leitura!

Organização didático-pedagógica

Textos para a seção "Organização didático-pedagógica"
Esta seção tem a finalidade de apresentar os recursos de aprendizagem utilizados no decorrer da obra, de modo a evidenciar os aspectos didático-pedagógicos que nortearam o planejamento do material e como o aluno/leitor pode tirar o melhor proveito dos conteúdos para seu aprendizado.

Introdução do capítulo

Logo na abertura do capítulo, você é informado a respeito dos conteúdos que nele serão abordados, bem como dos objetivos que os autores pretendem alcançar.

Importante!

Algumas das informações mais importantes da obra aparecem nestes boxes. Aproveite para fazer sua reflexão sobre os conteúdos apresentados.

Síntese

Você conta, nesta seção, com um recurso que o instigará a fazer uma reflexão sobre os conteúdos estudados, de modo a contribuir para que as conclusões a que você chegou sejam reafirmadas ou redefinidas.

Atividades de autoavaliação

Com estas questões objetivas, você tem a oportunidade de verificar o grau de assimilação dos conceitos examinados, motivando-se a progredir em seus estudos e a se preparar para outras atividades avaliativas.

Atividades de aprendizagem

Aqui você dispõe de questões cujo objetivo é levá-lo a analisar criticamente determinado assunto e aproximar conhecimentos teóricos e práticos.

Bibliografia comentada

Nesta seção, você encontra comentários acerca de algumas obras de referência para o estudo dos temas examinados.

BIZZOCCHI, C. **O voleibol de alto nível**: da iniciação à competição. 5. ed. Barueri: Manole, 2016.

Esse livro apresenta um panorama completo do voleibol, uma vez que contempla a origem, as regras, a arbitragem, os ensinamentos técnico e tático da modalidade e também a formação de equipes. O autor tem longa experiência como técnico de equipes de voleibol, razão pela qual o livro é uma referência para os profissionais que querem atuar na área, tanto na iniciação escolar quanto na formação de equipes profissionais.

INSTITUTO COMPARTILHAR. **Metodologia Compartilhar de Iniciação ao Voleibol**. Curitiba, 2016. Disponível em: <http://compartilhar.org.br/wp-content/uploads/2016/09/Apostila-Metodologia-Compartilhar-de-Iniciação-ao-Voleibol-2016.pdf>. Acesso em: 7 out. 2018.

Esse material do Instituto Compartilhar aborda, de maneira detalhada, a metodologia do minivôlei utilizada pela instituição. São descritas as adaptações realizadas na modalidade para cada faixa etária, a progressão dos conteúdos e os diferentes sistemas de jogo. São apresentados também exemplos de planejamento e de um trabalho de ensino de valores que ampliam o olhar para além da formação esportiva.

MARCHI JÚNIOR, W. **"Sacando" o voleibol**. São Paulo: Hucitec; Ijuí: Ed. da Unijuí, 2004.

Essa obra é resultante da tese de doutoramento do autor e apresenta a trajetória do voleibol brasileiro no período de 1970 a 2000. Mostra a evolução do amadorismo para o profissionalismo, avançando para a espetacularização e a mercantilização da modalidade. O autor utiliza a teoria dos campos

Capítulo 1

O voleibol no contexto das práticas educativas

Neste capítulo, abordaremos a origem do voleibol e seu desenvolvimento no Brasil. O objetivo é não só contextualizar a modalidade como uma prática esportiva moderna que pode apresentar diferentes manifestações, mas também esclarecer qual é o caminho que ela percorreu para alcançar o formato atual. Com base na construção dessa evolução do voleibol até a atualidade, descreveremos, então, as regras oficiais e discutiremos um perfil de profissional para trabalhar com essa modalidade.

1.1 Concepções e manifestações do esporte

Ao iniciarmos o estudo de qualquer modalidade esportiva, seja pelo aspecto técnico, seja pelo aspecto tático, seja pelo aspecto histórico, é fundamental conhecer as concepções e manifestações que o esporte assume em nossa sociedade. Como ele está representado no imaginário da população? Quais são as formas que essa prática esportiva pode assumir para diferentes grupos de pessoas?

Essa reflexão auxilia o profissional da educação física a ampliar o olhar para as diferentes esferas sociais em que o esporte se insere, a descobrir múltiplas áreas de atuação e a traçar objetivos condizentes com o perfil de seu grupo de trabalho.

O esporte é um dos principais objetos de estudo e de intervenção da educação física, cuja grande maioria dos profissionais trabalha com atividades esportivas em algumas de suas manifestações.

Importante!

A compreensão do esporte como um fenômeno social, multifacetado, com diferentes possibilidades de envolvimento, que sofre influências do campo econômico, político e ideológico, possibilita ao profissional de educação física desenvolver um pensamento consciente, crítico e atento às possibilidades que a área esportiva oferece.

Marchi Júnior (2015, p. 59, grifo do original) possibilita a compreensão ampla do esporte, mostrando todas as influências, possibilidades e contextos.

> Nesse sentido temos que o **esporte** é compreendido como um fenômeno processual físico, social, econômico e cultural, construído dinâmica e historicamente, presente na maioria dos povos e culturas intercontinentais,

independentemente da nacionalidade, língua, cor, credo, posição social, gênero ou idade, e que na contemporaneidade tem se popularizado globalmente e redimensionado seu sentido pelas lógicas contextuais dos processos de mercantilização, profissionalização e espetacularização.

Com base nessa concepção, temos clareza de que o esporte não apresenta um formato único, definido, e de que, portanto, as formas de envolvimento com o esporte também são diversas. O profissional de educação física que atua ou atuará com o voleibol, ou mesmo com qualquer outra modalidade esportiva, precisa compreender o esporte como um fenômeno social, de maneira ampla e multicultural.

A modalidade *voleibol* é uma prática esportiva que está muito presente em nossa sociedade. Os jornais ou programas esportivos televisivos apresentam notícias sobre a modalidade, jogos de campeonatos nacionais e internacionais são transmitidos na televisão aberta, e atletas das seleções nacionais de vôlei participam de programas de entrevistas ou de entretenimento. Essa exposição da modalidade na mídia faz com que praticamente todas as pessoas tenham algum conhecimento ou representação sobre como é o jogo de vôlei.

O voleibol é o segundo esporte mais praticado no Brasil, perdendo apenas para o futebol. Uma pesquisa realizada pelo Ministério do Esporte, denominada *Diagnóstico Nacional do Esporte*, aponta que, entre as pessoas que praticam atividade física no Brasil, o voleibol é a segunda modalidade escolhida, atrás apenas do futebol (Brasil, 2015). Além disso, a Federação Internacional de Voleibol – FIVB (Fédération Internationale de Volleyball) é constituída por 220 federações associadas, o que mostra a grande penetração da prática desse esporte tanto nacional como internacionalmente.

Se você pedir para qualquer pessoa descrever a imagem de um jogo de vôlei que lhe vem à cabeça, a referência serão as imagens que aparecem na mídia, próximas ao esporte de alto nível, com uma estrutura de quadra, árbitros, regras oficiais, jogadores altos e excelente desempenho de habilidades técnicas. Essa descrição estaria muito próxima ao que apresenta a Figura 1.1.

Figura 1.1 Voleibol profissional

Eugene Onischenko/Shutterstock

Embora essa idealização do voleibol seja muito positiva, o profissional que atua na área precisa estar ciente de que o esporte de rendimento pertencente ao imaginário da maioria das pessoas não é a única realidade prática dessa modalidade. O voleibol pode estar presente em contextos diferentes daquele exemplificado anteriormente. A Figura 1.2 mostra outra realidade do universo competitivo, a do voleibol escolar, e a Figura 1.3 representa outra possibilidade de prática da modalidade, o voleibol recreativo. Todas essas ilustrações exemplificam possibilidades de atuação do profissional da área de educação física.

Figura 1.2 Equipe de voleibol escolar

Figura 1.3 Voleibol como recreação

Os exemplos mostrados nas figuras nos remetem a três diferentes manifestações que as práticas esportivas podem assumir: esporte-rendimento, esporte-educação e esporte-participação. De acordo com a Lei n. 9.615, de 24 de março de 1998 (Brasil,

1998), também conhecida como Lei Pelé, entende-se por **esporte-rendimento** a prática regida por regras oficiais e orientadas para a obtenção de resultados e integração de pessoas dentro ou fora do país. O esporte-rendimento pode ser praticado de modo profissional, com acordos de remuneração financeira, e de modo não profissional. Podemos citar como integrantes do esporte-rendimento as seleções nacionais, estaduais e regionais de todas as categorias (infantil, juvenil, adulto), além de clubes que participam de competições nacionais e internacionais. Um bom desempenho nas habilidades técnicas é essencial para fazer parte desse grupo de esporte-rendimento.

O **esporte-educação** está relacionado à iniciação esportiva, em que as exigências com o desempenho são menores e a preocupação é direcionada a uma formação ampla dos participantes, a qual extrapola o ensino das habilidades técnicas e avança para uma formação integral dos participantes, ensinando-se valores morais e regras de convivência. As manifestações do esporte-educação têm a preocupação de evitar a competitividade excessiva, priorizando a participação de todos, sem seletividade por habilidades técnicas.

O **esporte-participação** é orientado para a atividade de lazer, de modo voluntário, e ao estímulo ao bem-estar físico e social. As regras que orientam essas práticas são definidas entre os membros do grupo que delas participam (essas regras podem ser oficiais ou adaptadas). O incentivo à prática de atividades esportivas assume uma característica predominantemente social ao promover a integração dos participantes, além de estimular uma vida saudável por meio da atividade física.

Essas três definições das principais manifestações esportivas propiciam uma visão mais ampla da inserção do esporte. Com base nos conceitos apresentados, é possível ampliar o número de manifestações, desmembrando o que foi definido anteriormente, entre as quais podemos citar as seguintes:

- esporte-lazer;
- esporte escolar;
- esporte-saúde;
- esporte-reabilitação;
- esporte profissional.

Compreendida a multiplicidade de manifestações que o esporte pode apresentar, podemos avançar para a abordagem da evolução do voleibol. Veremos a seguir a origem e, então, a apropriação da prática dessa modalidade no Brasil, considerando as transformações e influências sociais sofridas durante esse período.

1.2 Histórico do voleibol

Para tratarmos da história da origem da prática do voleibol, precisamos destacar o papel de uma instituição e de um personagem a quem foi solicitada a criação de um novo esporte. A instituição é a Young Men's Christian Association (YMCA) – ou Associação Cristã de Moços (ACM), como é chamada no Brasil –, com papel relevante na criação e na disseminação tanto do voleibol como do basquetebol. O personagem é William George Morgan, diretor de Educação Física da YMCA de Holyoke, no estado de Massachusetts, nos Estados Unidos da América (EUA).

A criação do voleibol em 1895 por William George Morgan não ocorreu por acaso. Na temporada de verão, em que as condições climáticas eram favoráveis, as práticas esportivas mais comuns para os norte-americanos eram o futebol americano e o beisebol. Por sua vez, no inverno, quando as condições climáticas sugeriam atividades em locais fechados, eram praticados exercícios calistênicos e também o recém-inventado basquetebol. Entretanto, os exercícios calistênicos – que podemos entender como séries de exercícios ginásticos para tonificar os músculos – não eram considerados motivantes para os associados da YMCA na faixa etária entre 40 e 50 anos, e o basquetebol, em virtude do contato físico, era considerado violento.

Diante desse cenário, Morgan foi desafiado pelo pastor Lawrence Rinder a criar um esporte com características mais recreativas, menos desgastantes e agressivas que o basquetebol e mais motivantes que os exercícios calistênicos para os associados mais antigos da YMCA, estes considerados "homens de negócio". A prática do novo esporte – chamado de *minonette* (Marchi Júnior, 2004, p. 79; Mezzaroba; Pires, 2012, p. 5) ou *mintonette* (FIVB, 2011, p. 10; Matias; Greco, 2011, p. 49) – começava a se delinear[1].

Essa nova prática esportiva consistia em manter uma bola em movimento, rebatendo-a por cima de uma rede com as mãos, de modo a evitar que ela tocasse o solo da quadra da própria equipe, objetivando derrubá-la no lado adversário da quadra. As primeiras regras dessa modalidade eram: jogos de 9 pontos; rede na altura de 1,98 metro; inexistência de delimitação de número de jogadores em cada time; exigência de número igual de jogadores para cada lado. A primeira bola utilizada foi uma câmara de ar de uma bola de basquete, e a rede era muito similar à utilizada no tênis. Com esses equipamentos simples, Morgan também evidenciou que a prática poderia ser realizada em locais fechados ou locais abertos (Bizzocchi, 2016).

O basquetebol também foi inventado dentro da YMCA, pouco anos antes do voleibol, em 1891. A criação dentro da mesma instituição de dois esportes que se tornaram muito populares está relacionada à ênfase que a YMCA confere à prática esportiva desde a origem da Associação, na Inglaterra, em 1844, cujo fundador foi George Williams. Inicialmente, as atividades da YMCA tinham

---

[1] Daqui em diante adotaremos o uso do termo *minonette* para fazermos referência ao nome inicial dado às primeiras práticas do voleibol.

o objetivo de reunir os homens jovens para ler textos bíblicos e praticar atividades saudáveis (Hidaka; Segui, 2005).

A motivação de George Williams teve origem nas transformações econômicas, políticas e sociais resultantes da Revolução Industrial (1750-1850). O grande número de desempregados, decorrente da migração em massa do campo para a cidade, as péssimas condições de trabalho e os baixos salários estavam levando os jovens a viver uma vida sem princípios, na opinião de George Williams. Para mudar esse cenário, ele propôs a criação de uma associação que estimulasse atividades que promovessem valores e orientassem a conduta dos jovens.

No Brasil, a YMCA assumiu o nome de Associação Cristã de Moços (ACM) e teve sua primeira instalação na cidade do Rio de Janeiro, em 1893.

A prática esportiva se tornou muito presente nas atividades da YMCA, tendo destaque até os dias atuais na oferta de atividades esportivas para as comunidades nas quais suas unidades estão localizadas. A YMCA está presente em 119 países e, apesar de seu início ter ocorrido na Inglaterra, foi nos Estados Unidos que apresentou grande destaque (Matias; Greco, 2011).

No Brasil, a YMCA assumiu o nome de **Associação Cristã de Moços (ACM)**[2] e teve sua primeira instalação na cidade do Rio de Janeiro, em 1893. O caráter esportivo e educacional continua muito presente nas ações que essa instituição desenvolve em diferentes países, inclusive no Brasil. Vale observar que a disseminação do voleibol em território brasileiro está relacionada à ACM, como você verá mais à frente.

Como destacamos, a história oficial da criação do voleibol como uma prática inédita passa por William G. Morgan e pela ACM. Entretanto, existe outra versão, não tão difundida, segundo

---

[2] Para facilitarmos o entendimento, a partir deste ponto, adotaremos o nome em português da YMCA, mesmo nos casos de referência a alguma unidade situada em outro país.

a qual o voleibol poderia ter se originado de uma adaptação de uma modalidade esportiva alemã praticada pelos militares desse país denominada *faustball* (*punhobol*, em português). Nessa modalidade, a bola, que deve ser rebatida com os punhos ou braços por cima de uma corda, pode tocar duas vezes o solo. Conforme o *Coaches Manual 1* (*Manual do treinador*, em tradução livre), embora outros jogos similares possam ter sido praticados em diferentes países e continentes antes de 1895, foi com William G. Morgan que a prática do voleibol foi sistematizada, dando início à sua disseminação (FIVB, 1989).

Tendo em vista esses marcos históricos, podemos identificar que a origem do voleibol não passou pelo processo de esportivização de práticas culturais, ou seja, essa modalidade foi criada para um público específico e não houve a adaptação ou sistematização de regras de um passatempo ou jogo cultural praticado pela população. Marchi Júnior (2004, p. 82) nos auxilia a refletir sobre como essa origem "encomendada" e dentro de uma estrutura clubística, com os associados da ACM, estipulou um padrão para os praticantes da modalidade. O voleibol foi criado para atender às características dos denominados "homens de negócio" da época, os quais podem ser enquadrados como a elite cristã norte-americana. Até a inclusão da modalidade no sistema educacional norte-americano, a prática era restrita aos pertencentes a uma burguesia emergente, sendo essa a característica e a condição dos primeiros praticantes.

Em um primeiro momento, a prática do *minonette* se limitou aos associados da ACM, cujo diretor de Educação Física era William G. Morgan. O início da disseminação do esporte aconteceu com um jogo de exibição em uma conferência de diretores de Educação Física da ACM, na cidade de Springfield. Uma vez que o jogo agradou, o *minonette* passou a ser praticado em várias unidades da ACM espalhadas pelos Estados Unidos.

Nessa mesma conferência em Springfield, depois de analisar a nova prática esportiva, Alfred T. Halstead[3] sugeriu a mudança do nome dela para *volleyball*, por considerar que a bola fazia o movimento de constante voo, ou voleio (*volley*, em inglês), sobre a rede. Prontamente a sugestão foi aceita por Morgan, que acatou a nova denominação.

Desde então, o voleibol foi amplamente disseminado pelos Estados Unidos, tendo sido implantado em todas as unidades da YMCA do país a partir de 1896. Em 1915, a modalidade foi incluída nos programas de Educação Física das escolas americanas, junto com o basquetebol e o beisebol. Em 1916, a ACM influenciou a Associação Atlética Universitária Nacional (National Collegiate Athletic Association – NCAA) a publicar vários artigos sobre a nova modalidade e também as regras do jogo, favorecendo grande aceitação e disseminação da prática do voleibol entre estudantes universitários. Para que você possa entender o impacto dessa iniciativa de difusão do voleibol, vale destacar que a NCAA é a entidade mais importante no gerenciamento e na organização do esporte universitário americano, a qual reúne, na atualidade, aproximadamente 1.100 universidades dos Estados Unidos. Desde o início dos anos 1900 já desfrutava de uma grande representatividade e influência no esporte universitário norte-americano.

Outro dado importante para a disseminação do esporte foi a introdução da prática do voleibol nas forças armadas norte-americanas. Membros da ACM apresentaram a nova modalidade durante a Primeira Guerra Mundial, e o esporte foi considerado condizente com as condições de vida dos soldados, uma vez que não exigia muito material além de uma bola, o campo de jogo e a rede, todos os quais poderiam ser facilmente adaptados. Nesse sentido, o esporte foi adotado como uma prática constante,

---

[3] Alfred Thompson Halstead (1862–1908) foi diretor da ACM em Holyoke e professor do Springfield College (Sears, 2015).

inclusive para exércitos de outros países, como União Soviética, França e Polônia (Matias; Greco, 2011).

Marchi Júnior (2004, p. 86) ressalta a importância da incorporação da prática do voleibol pelas forças armadas como primordial na disseminação do voleibol:

> Muitos desconsideram esse acontecimento para a história do Voleibol e associam o seu desenvolvimento à extensa atuação internacional das ACMs. Mas o fato é que não podemos ignorar a importância histórica da aceitação do jogo pelas milícias, que, aliadas à ACM, tornaram-se sustentáculo para a difusão do Voleibol.

Os registros da expansão da prática da modalidade em outros países datam de 1900, tendo sido o Canadá o primeiro país a receber o voleibol. Em 1905, foi a vez de Cuba; em 1908, passa a ser praticado no Japão e nas Filipinas; e, em 1916, o voleibol chegou ao Brasil.

As atividades de voleibol desenvolvidas até a década de 1930 conservavam as características iniciais – do momento da sua criação –, de cunho recreativo, sendo praticadas nos momentos de lazer. Espaços ao ar livre também passaram a ser utilizados para a prática. Apesar de a modalidade ser praticada em diferentes estados dos Estados Unidos e de já estar difundida em outros países, as regras utilizadas em cada lugar não eram comuns entre si, isto é, cada localidade praticava o jogo de forma particular. Mesmo com regras diferentes, alguns campeonatos nacionais já eram disputados, embora as competições internacionais ainda fossem escassas.

A partir de 1930, os campeonatos realizados no continente europeu começaram a apresentar um nível mais elevado de habilidades técnicas, táticas e físicas, tendo sido introduzido um caráter mais competitivo nas práticas de lazer. Muitos países criaram suas federações nacionais e apresentaram interesse em formar uma entidade internacional única que pudesse unificar o voleibol e organizar competições internacionais. A primeira tentativa da criação de uma federação internacional aconteceu em 1934, mas as atividades foram interrompidas por conta da Segunda Guerra Mundial. Em 1946, foi agendado um congresso internacional para o ano de 1947, em Paris, para a oficialização dessa entidade (Anfilo, 2003; Bizzocchi, 2016; Matias; Greco, 2011; Mezzaroba; Pires, 2012).

O mencionado congresso contou com a participação de representantes de 14 países – entre os quais o Brasil –, e nele se oficializou a criação da Federação Internacional de Voleibol (FIVB), quando se elegeu Paul Libaud, da França, como primeiro presidente da entidade. A atuação da recém-criada federação contribuiu para o desenvolvimento aprimorado do voleibol, visto que houve a unificação das regras e a organização de competições internacionais, tais como o primeiro Campeonato Mundial de Voleibol, que teve sua edição masculina realizada em 1949 e a feminina, em 1952.

O período de consolidação do voleibol aconteceu a partir da década de 1960. Um dos destaques foi a inclusão da modalidade no programa dos Jogos Olímpicos de Tóquio, em 1964, em que as representantes do Japão se sagraram campeãs no naipe feminino, e os representantes da União Soviética, no naipe masculino. Para continuar a expansão do voleibol pelo mundo, a FIVB, sob a presidência do mexicano Rubén Acosta, iniciou em 1984 a venda dos direitos de transmissão dos campeonatos internacionais, além da permissão à entrada de grandes patrocínios e da oferta de premiação em dinheiro aos campeões. A continuidade desse processo de espetacularização e mercantilização da modalidade se manteve pelas décadas seguintes, influenciando diretamente as regras do voleibol para deixar a modalidade mais atrativa para o público e para a mídia. Esses dois processos serão abordados na sequência, nas Seções 1.3 e 1.4.

A seguir, mostraremos como o esporte está instituído na atualidade, descrevendo suas regras.

1.3 Evolução das regras

O formato do jogo de voleibol tem sofrido alterações desde a criação da modalidade em 1895. As modificações nas regras são constantes e trazem atualizações para o esporte. Essas alterações refletem a necessidade de manter a modalidade atual, moderna e atrativa, principalmente para agradar aos espectadores, mas também para preservar e proteger os atletas. É possível perceber que as constantes mudanças no formato do jogo de voleibol estão relacionadas ao processo de espetacularização e massificação do esporte, que começou a ser estimulado pela FIVB a partir de 1984.

O que seria essa espetacularização? Podemos defini-la como a inserção da modalidade na mídia e o investimento financeiro por meio da relação com a indústria midiática. A exposição das marcas nos canais televisivos garante maior retorno dos investimentos feitos pelos patrocinadores, razão pela qual podemos afirmar que se forma um ciclo: quanto mais pessoas assistem ao voleibol, mais exposição das marcas dos patrocinadores há, mais pessoas consomem as marcas anunciadas e mais retorno há para os investidores, que continuam aliando sua marca ao voleibol.

> *O que seria essa espetacularização? Podemos defini-la como a inserção da modalidade na mídia e o investimento financeiro por meio da relação com a indústria midiática.*

Para que essa engrenagem continue funcionando, a massificação do esporte precisa caminhar em conjunto, ou seja, quanto maior for o número de pessoas que assistem ao voleibol e que dele gostam, maior será a audiência, maiores serão os investimentos feitos e maior será o retorno para todos os envolvidos. A massificação de uma modalidade esportiva, neste caso específico, significa aumentar o número de pessoas que se relacionam de alguma forma com o voleibol. Isto é, a massificação consiste na divulgação da modalidade em diferentes esferas sociais ou, como mencionamos antes, nas diferentes manifestações que o esporte pode apresentar. Quanto mais pessoas estiverem envolvidas de alguma forma com o voleibol, mais público para os campeonatos e maior audiência para a televisão haverá, o que alimenta toda a engrenagem descrita.

As mudanças das regras contribuem de diferentes formas para facilitar essa relação com o público e também com a mídia, principalmente a televisiva. No relacionamento com o público, as modificações mais recentes ocorreram no sentido de facilitar o entendimento da modalidade e deixar o jogo mais emocionante. Como exemplo, podemos citar a mudança no sistema de pontuação realizado no ano de 2000. Até esse ano, para marcar um ponto, era necessário primeiro obter a posse de bola (vantagem) para então confirmá-lo em uma nova jogada, ou seja, não acontecia a marcação do ponto toda vez que a bola caía no chão ou quando algum atleta cometia alguma falta. Na modificação realizada, a pontuação passou a ser feita de acordo com o *rally point system*, em que cada jogada tem o valor de um ponto. Essa mudança facilitou o entendimento do jogo, uma vez que, a cada saque efetuado, um ponto é marcado sem a necessidade de observar qual time estava com a vantagem.

Outra mudança de regra que prioriza o espetáculo do jogo de modo a deixá-lo mais atraente para o público foi a criação, no ano de 1998, do jogador na posição de líbero (Lima, 2013; Santos; Domingues, 2006). As evoluções técnicas, táticas e principalmente físicas dos jogadores de voleibol transformaram as ações do jogo no que se refere às valências de força e velocidade. Os saques e os ataques começaram a ser cada vez mais potentes e velozes, razão pela qual atacar passou a ser mais eficiente que defender. Nesse caso, a bola permanecia pouco tempo no ar e as defesas aconteciam em menor número. Para aumentar a capacidade de defesa e evitar que a equipe adversária pontuasse no saque ou no ataque, bem como para deixar a bola mais tempo em jogo e torná-lo, assim, mais emocionante, foi criada a posição para um jogador especialista em defesa. O líbero se localiza sempre ao fundo da quadra, sem poder atacar nem sacar, e normalmente substitui um jogador da equipe que não é tão eficiente na defesa ou no passe. Dessa forma, tentou-se equilibrar a relação ataque e defesa, objetivando um jogo não determinado apenas pelo poderio de ataque de uma das equipes.

As mudanças nas regras também favorecem as transmissões dos campeonatos pela televisão. A já citada modificação no sistema de pontuação no ano 2000 viabilizou uma previsão mais acurada da duração das partidas, facilitando a inserção dos jogos de vôlei na grade das emissoras de televisão. No sistema de pontuação com vantagem, um jogo de 5 *sets* poderia durar até 3 horas e meia, uma vez que os times trocam vantagens entre si por muito tempo sem a confirmação do ponto. Com a mudança, estima-se que cada *set* tenha duração média de 30 minutos.

Podemos afirmar que o formato que o voleibol tem hoje é reflexo de uma evolução que ocorreu desde sua criação, trajetória durante a qual sofreu diferentes influências para se manter atual, dinâmico, fácil de o público entender e também economicamente viável[4]. No Anexo 1, ao final do livro, apresentamos um quadro com a evolução das regras da modalidade de 1895 até 2015.

---

[4] Novas regras foram testadas no ano de 2017 para deixar o esporte mais atraente, com jogos de duração menor. Nos campeonatos mundiais masculino e feminino da categoria sub-17, foi testado o aumento para 7 no número de *sets* de uma partida, sendo que, para a vitória de cada um, eram necessários 15 pontos. Na nova regra, ganha o jogo quem vencer 4 *sets*. Além disso, também foram testadas modificações em relação à aterrissagem do saque com salto dentro da quadra: permitiu-se somente aterrissar fora da quadra depois do salto para sacar, além de terem ocorrido modificações relacionadas ao ataque realizado atrás da linha dos 3 metros. Essas regras estão em teste e ainda não são oficiais, mas mostram a preocupação de se manter o voleibol atual.

1.3.1 Principais regras do modelo atual do voleibol

As regras essenciais que definem o formato oficial do jogo atual serão expostas resumidamente a seguir. Todas essas informações foram retiradas do manual *Regras do Jogo – Regras Oficiais de Voleibol 2017-2020* (CBV, 2016).

▪ Dimensões da quadra

A quadra de voleibol é um retângulo de 18 m x 9 m dividido por uma linha central que, portanto, forma dois quadrados de 9 m x 9 m. Cada quadrado é também dividido por uma linha a 3 m de distância da linha central, que delimita a zona da frente (também conhecida como *zona de ataque*) e a zona de trás (também conhecida como *zona de defesa*). A zona de saque se inicia atrás da linha de fundo e tem como delimitação o prolongamento imaginário das linhas laterais da quadra (CBV, 2016).

A marcação das quadras deve ser realizada com linhas de 5 cm de espessura, todas as quais fazem parte da medição total da quadra, ou seja, se a bola tocar em cima da linha da quadra, considera-se bola dentro. A Figura 1.4 mostra a quadra de jogo e as respectivas marcações.

Figura 1.4 A quadra de voleibol e suas marcações

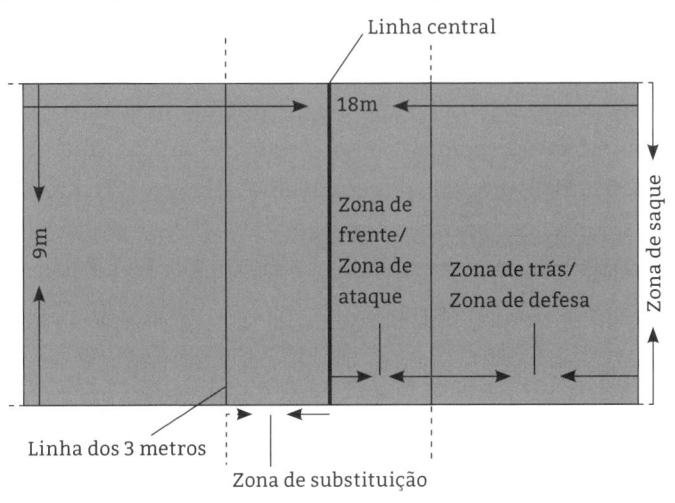

■ **Rede**

A rede tem 1 m de altura por 9,5 m a 10 m de comprimento e é fixada em alturas diferentes para as competições masculinas e femininas. Nas adultas masculinas, o bordo superior da rede deve estar a 2,43 m do chão e, nas competições adultas femininas, a 2,24 m.

Sobre cada uma das linhas laterais da quadra é fixada na rede uma antena com comprimento de 1,8 m. Essas antenas delimitam o espaço aéreo do jogo e é entre elas que a bola deve passar sempre. Caso a bola toque em uma das antenas ou não passe por entre elas, considera-se bola fora de jogo, ou simplesmente bola fora, caso em que o ponto é concedido para a equipe contrária à que direcionou a bola por último.

O jogador não pode tocar na rede com nenhuma parte do corpo. Se isso ocorrer, considera-se falta e confere-se ponto à equipe adversária. A bola pode tocar a rede tanto no momento do saque quanto na continuação do *rally* de jogo (CBV, 2016).

■ **Equipes**

Uma equipe é composta por 12 jogadores. Para competições internacionais realizadas pela FIVB, é possível relacionar até 14 jogadores. Um desses jogadores, com exceção do líbero, deve ser indicado como capitão, e até outros 2 jogadores devem ser indicados como líberos. Somente o capitão pode se dirigir ao árbitro para pedir explicações de determinadas marcações ou para solicitar a conferência do posicionamento dos atletas em quadra. O capitão também representa a equipe no sorteio inicial. Quando ele é substituído, outro jogador em quadra, com exceção do líbero, deve ser indicado para seu lugar.

O jogo não pode ser realizado se a equipe estiver com menos de 6 jogadores (CBV, 2016).

- **Substituições**

Durante um *set* são permitidas seis substituições. O retorno do atleta titular à quadra, sempre no lugar do jogador que o substituiu, é contado como substituição. Não são contadas como substituições as trocas feitas pelo líbero, o qual pode entrar no lugar de um dos jogadores que estão no fundo de quadra – ou zona de defesa – sem executar o saque (CBV, 2016).

- **Sistema de pontuação**

O jogo de voleibol é disputado em *sets* de 25 pontos. Para ganhar o jogo, a equipe deve vencer 3 *sets*. Caso no *set* se atinja o empate de 24 a 24, a equipe vencedora será a que conseguir primeiro a diferença mínima de 2 pontos. Caso haja empate de 2 a 2 em número de *sets*, um quinto destes será disputado com a pontuação máxima de 15 pontos, seguindo-se o critério de 2 pontos de diferença em caso de empate em 14 a 14. Em partidas que não seguem as regras oficiais da CBV de disputa de melhor de 3 *sets*, ganha a equipe que vencer 2 *sets*, o primeiro e o segundo dos quais se disputam até os 25 pontos. O terceiro *set* é finalizado quando são atingidos 15 pontos, seguindo-se a mesma regra de diferença mínima de 2 pontos se houver empate ao restar apenas 1 ponto para a meta de pontos final, utilizada para os jogos disputados em melhor de 5 *sets*.

Todo *rally* resulta em marcação de ponto. Por *rally* entendemos o conjunto de ações executadas pelas equipes desde o momento em que a bola é colocada em jogo após realização do saque até o momento em que ela seja considerada fora de jogo em decorrência de uma das seguintes situações:

- a bola tocou no chão da quadra da equipe adversária;
- a bola tocou em algum jogador e não continuou em jogo;
- a equipe adversária cometeu uma falta (toque na rede, invasão, quatro toques etc.);
- a equipe adversária foi penalizada (por exemplo, retardamento do jogo, atitude antidesportiva etc.) (CBV, 2016).

- **Início do jogo**

Para iniciar o jogo, é realizado um sorteio com os capitães das equipes. Ao ganhador do sorteio cabe o direito de escolher iniciar o jogo realizando o saque ou de definir o lado da quadra em que deseja iniciar o primeiro *set*. Se o ganhador do sorteio escolher realizar o primeiro saque, o perdedor do sorteio terá o direito de escolher o lado da quadra em que deseja jogar o primeiro *set* e vice-versa.

O jogo se inicia no momento em que o árbitro autoriza a realização do primeiro saque e o jogador posicionado para essa função lança a bola para sacar. Caso a equipe sacadora obtenha o ponto, ela efetuará um novo saque. Caso a equipe que recebeu o saque marque o ponto, é ela que efetuará o saque seguinte.

Ao final de cada *set*, ocorre a rotação de quadra das equipes, ou seja, o momento em que as equipes trocam o lado da quadra em que estão jogando. A exceção ocorre do 4º para o 5º *set*, quando a rotação não ocorre, uma vez que esta acontece apenas quando é marcado o 8º ponto do último *set* em questão.

- **Saque**

O jogador que está na posição de saque[5] deve se dirigir para o fundo da quadra e aguardar a autorização do árbitro. Em até 8 segundos ele deve realizar o saque. Se esse tempo for excedido, o árbitro deverá apitar e sinalizar que o intervalo permitido foi ultrapassado, momento em que o ponto é dado para a equipe adversária, que ganhará o direito de realizar o saque.

O jogador tem apenas uma tentativa para realizar o saque. A partir do momento em que ocorre o lançamento da bola ao alto para o saque, não se pode segurá-la e lançá-la novamente.

---

[5] Cada um dos 6 jogadores de uma equipe ocupa um de vários possíveis posicionamentos, definidos por números de 1 a 6 (o jogador que ocupa a posição 1 é o que realiza o saque). Para saber mais sobre as posições na quadra, leia o Capítulo 4.

O sacador não pode pisar na linha da quadra ou estar dentro desta no momento do saque nem fora da zona de saque.

- **Contatos com a bola**

Cada equipe pode tocar até três vezes na bola antes de enviá-la para a quadra adversária. É possível realizar o toque na bola com qualquer parte do corpo, porém um mesmo jogador não pode dar dois toques consecutivos nela, o que, se ocorrer, será considerado falta e ponto para a equipe adversária. Quando a equipe que mantém a posse da bola não a envia para a quadra adversária até o terceiro toque, comete-se falta, razão pela qual o ponto é dado à equipe adversária.

- **Sinalização do árbitro**

O árbitro deve autorizar o saque no início de cada *rally* depois de verificar se as duas equipes estão posicionadas e preparadas para o jogo. Quando a bola é considerada fora de jogo, o árbitro sinaliza a equipe vencedora do *rally*, ou a equipe que vai sacar, e em seguida sinaliza o motivo pelo qual tomou a decisão – por exemplo, bola dentro ou quatro toques. As principais sinalizações do árbitro são exemplificadas nas figuras a seguir.

Figura 1.5 Autorização do saque

Fonte: CBV, 2014, p. 63.

Figura 1.6 Equipe vencedora do *rally* (equipe que vai sacar)

Fonte: CBV, 2014, p. 63.

Figura 1.7 Bola dentro

Fonte: CBV, 2014, p. 66.

Figura 1.8 Bola fora

Fonte: CBV, 2014, p. 66.

Figura 1.9 Bola tocada para fora

Will Amaro

Fonte: CBV, 2014, p. 69.

Figura 1.10 Dois toques

Will Amaro

Fonte: CBV, 2014, p. 67.

Figura 1.11 Quatro toques

Will Amaro

Fonte: CBV, 2014, p. 67.

Figura 1.12 Toque na rede de um jogador/a bola sacada não passa da rede para a quadra adversária

Fonte: CBV, 2014, p. 67.

Figura 1.13 Substituição

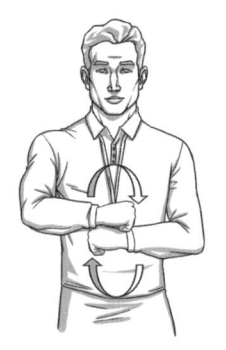

Fonte: CBV, 2014, p. 64.

Figura 1.14 Final de *set* ou da partida

Fonte: CBV, 2014, p. 65.

Figura 1.15 Mudança de quadra

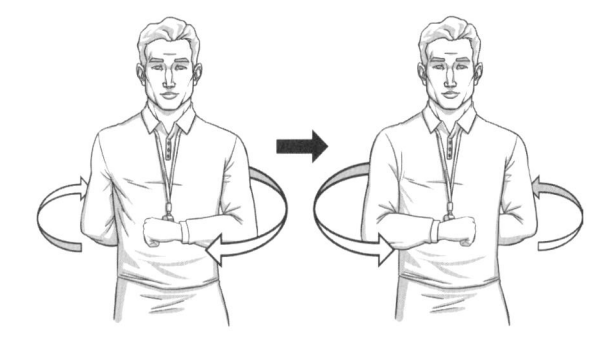

Fonte: CBV, 2014, p. 63.

1.4 O voleibol no Brasil

Como já comentamos, o voleibol é o segundo esporte mais praticado no Brasil. Entretanto, a representatividade da modalidade no país não está restrita somente à prática esportiva, uma vez que também se estende à formação de um público que, além de praticar, está muito atento a todo o universo que o esporte pode gerar. Para exemplificarmos essa situação, podemos recorrer às informações sobre a venda de ingressos para os Jogos Olímpicos realizados no Rio de Janeiro em 2016.

Já na primeira semana em que foi autorizada a venda dos ingressos para as competições das 42 modalidades dos Jogos Olímpicos, o voleibol teve a maior procura de compradores, deixando em segundo lugar a busca por entradas de partidas de futebol. O detalhe relevante é que, nas primeiras semanas, os ingressos só podiam ser comprados por brasileiros (Mendonça, 2015).

As competições de equipes nacionais também levam um bom público aos ginásios. As finais masculina e feminina da Supercopa realizada em 2016 lotaram o Ginásio do Taquaral, em Campinas (SP), com um público de 2.600 espectadores em cada um dos jogos. O jogo final da Superliga masculina, realizado no Ginásio Nilson Nelson em Brasília (DF), foi acompanhado por 9.500 espectadores, ao passo que o jogo final da Superliga feminina, realizado no mesmo ginásio, teve um público de 11.000 pessoas (CBV, 2017a).

Com essa imagem da representatividade da modalidade no Brasil, vamos remontar o percurso histórico da modalidade e as transformações pelas quais ela passou até chegar aos dias atuais.

Há duas versões diferentes sobre os primeiros registros da prática do voleibol no país. Na primeira, o voleibol teria sido praticado pela primeira vez em solo brasileiro em 1915, em Recife (PE). Na segunda, e mais difundida, a modalidade teria sido introduzida na ACM de São Paulo (SP) em 1916. Por causa da importância das ações da ACM na origem e na difusão do esporte para além das fronteiras norte-americanas, podemos supor que a versão oficial seja a da data de 1916.

O voleibol que chegou ao Brasil era uma reprodução das práticas norte-americanas, não apenas no que se refere às regras e formas de jogar, mas principalmente no que diz respeito ao espaço ocupado pelas práticas na sociedade brasileira. A forma de inserção da modalidade no Brasil não foi por meio da escola, e sim mediante a estrutura dos clubes, cujo público que reproduzia o mesmo perfil de praticantes das ACMs norte-americanas. A ACM, local de origem do voleibol, era considerada um espaço da elite, em que os "homens de negócio" da época se reuniam no tempo livre. O voleibol, aliás, foi idealizado para esse perfil de homens, com idade entre 40 e 50 anos. Ao chegar ao Brasil, o voleibol se inseriu no mesmo ambiente e foi praticado por pessoas que também faziam parte dos clubes de elite.

Uma das poucas instituições a ofertarem a prática do voleibol a seus associados na chegada do voleibol ao Brasil foi o Fluminense F. C., do Rio de Janeiro, que era considerado um clube com um perfil de associados pertencentes à elite carioca (Anfilo, 2003; Bizzocchi, 2016; Marchi Júnior, 2004).

Nos primeiros anos de recepção do voleibol no Brasil, aproximadamente até o final da década de 1920, a modalidade não teve grande repercussão, tendo sido praticada principalmente de forma recreativa. Aos poucos foi ganhando espaço em mais clubes, e iniciou-se a prática dentro das escolas. Em 1944, foi organizado pela Confederação Brasileira de Desportos (CBD) o primeiro Campeonato Brasileiro com a participação de oito equipes masculinas e seis equipes femininas, e em 1951 ocorreu o primeiro Campeonato Sul-Americano de Voleibol Masculino. A Confederação Brasileira de Voleibol (CBV) foi criada em 1954 com a missão principal de fortalecer e desenvolver a modalidade pelo país.

O Brasil participou pela primeira vez de um campeonato mundial em 1956, porém percebeu-se que o nível técnico e tático dos outros países era muito superior ao do brasileiro, principalmente o dos países do Leste Europeu. A falta de intercâmbio com outras formas de jogar e a característica amadora do esporte brasileiro dificultavam a obtenção de resultados positivos. Uma situação curiosa que representa essa falta de intercâmbio foi a participação no Campeonato Mundial Masculino de 1964, em que a seleção brasileira não conhecia a técnica da manchete, já utilizada por outros países (Matias; Greco, 2011).

Com a atuação da CBV, o voleibol passou a se organizar e a apresentar um aumento no número de praticantes nas décadas de 1960 e 1970. Apesar de as seleções brasileiras adultas não alcançarem resultados expressivos nesse período e de terem as dificuldades técnicas e táticas já mencionadas, talentos individuais passaram a ser reconhecidos. A estrutura de treinamentos tanto dos clubes nacionais quanto das seleções era completamente amadora, o que impossibilitava um planejamento adequado, visto que os atletas não podiam se dedicar somente aos treinamentos. Os jogadores trabalhavam o dia inteiro e treinavam no período noturno; além disso, o material esportivo para treinamentos e jogos, quando existente, era fornecido em pouca quantidade, e os jogadores não recebiam salários, embora em alguns casos eles recebessem uma ajuda de custo para alimentação.

A transformação nesse cenário amador do voleibol pode ser atribuída à eleição de Carlos Arthur Nuzman para a presidência da CBV em 1975. As modificações implementadas por ele alteraram toda a forma de administração do voleibol, tanto dentro quanto fora de quadra. Com base em experiências internacionais de gestão do voleibol que deram certo, Nuzman iniciou a profissionalização do esporte e fomentou o uso da modalidade como mercadoria.

Apoiado no modelo de gestão do esporte utilizado na Itália, em que a iniciativa privada investia nos clubes, o presidente da CBV acreditava que poderia superar o amadorismo presente no Brasil buscando alternativas que fornecessem condições melhores de treinamento para os atletas tanto da seleção como dos clubes. Entretanto, até aquele momento, a legislação brasileira não permitia a publicidade de marcas nos uniformes (Marchi Júnior, 2004).

O bom relacionamento de Nuzman com pessoas do meio político e econômico favoreceram a disputa na modernização do voleibol. Em 1981, foi aprovada pelo Conselho Nacional de Desportos (CND) a permissão para a propaganda tanto nos uniformes quanto na quadra de ginásios das equipes de vôlei e também da seleção nacional. Desse momento em diante, passou a existir a união entre grandes empresas e o voleibol, as quais começaram a enxergar na modalidade uma mercadoria capaz de render lucros.

Nesse sentido, as empresas se associaram aos clubes ou criaram as próprias equipes, e os atletas passaram a receber salários e a ter uma estrutura melhor para treinamentos, já que podiam se dedicar somente ao esporte. Trata-se do início da profissionalização do voleibol. No modelo de gestão idealizado por Nuzman, o Estado não deveria ser o único a controlar o gerenciamento do esporte com base em limitações impostas pela estrutura governamental. A aliança com a iniciativa privada possibilitava o rompimento com o amadorismo. A conexão entre os pilares *empresa*, *mercado* e *esporte* garantiu o desenvolvimento da modalidade no Brasil.

Entre as grandes empresas da década de 1980 que formaram equipes de voleibol estavam, por exemplo, Pirelli, Atlântica-Boavista (depois Bradesco-Atlântica), Sadia, Olympikus, Copagaz, Sândalo, Hering e, posteriormente, Fiat, Petrobras, Parmalat e Transbrasil (Marchi Júnior, 2004).

Os resultados de todas essas transformações feitas por Nuzman começaram a aparecer já em 1977, quando a seleção juvenil masculina ficou em terceiro lugar no campeonato mundial da categoria, tendo conquistado, então, a primeira medalha de uma seleção brasileira em campeonatos fora do continente. Nos Jogos Olímpicos de Moscou, em 1980, o Brasil obteve o quinto lugar no masculino, considerado um resultado muito positivo. Em 1981, o time feminino quebrou uma sequência de vitórias da seleção peruana ao conquistar o Sul-Americano. Em 1984, o time masculino da Pirelli conquistou o Mundial de Clubes. Em 1982, o time brasileiro masculino ficou na segunda posição no Mundial. Nos Jogos Olímpicos de Los Angeles de 1984, a seleção masculina, embora fosse considerada a favorita em virtude do boicote dos países socialistas, ficou em segundo lugar, perdendo a final para os Estados Unidos. Essa geração ficou conhecida como *Geração de Prata* por causa das duas medalhas de prata conquistadas na década de 1980.

Com os resultados positivos das seleções nacionais e até das conquistas de Mundiais de Clubes, a exposição do voleibol em revistas, jornais e televisão passou a crescer. Com isso, as empresas investidoras perceberam que o retorno do patrocínio aplicado era muito maior do que se fossem feitos anúncios comprados nesses mesmos veículos de comunicação. As partidas de campeonatos nacionais passaram a ser televisionadas, razão pela qual o alcance das marcas foi ainda mais abrangente. Na década de 1980, o voleibol já era o segundo esporte mais praticado no país, e o número de torcedores só crescia, enchendo ginásios nas disputas de campeonatos.

No voleibol masculino, a década de 1990 foi frutífera em termos de títulos, uma vez que foram alcançados resultados ainda inéditos para o Brasil. Nos Jogos Olímpicos de Barcelona, em 1992, a seleção brasileira conquistou a primeira medalha de ouro de um esporte coletivo no Brasil.

Após as primeiras conquistas de resultados mais expressivos, o Brasil não saiu mais do pódio, seja com as seleções de base, seja com as seleções adultas – tanto no masculino como no feminino. No início da década de 1990, surgia uma geração de jogadoras promissoras para a seleção feminina. Fernanda Venturini, Ana Moser, Márcia Fu, Virna, Ana Flávia e Ida compunham a base da seleção adulta, que, comandada por Bernardo Rocha de Rezende, conhecido como Bernardinho – levantador da seleção de 1984 –, ficou em segundo lugar no Campeonato Mundial de 1994. Essa equipe venceu o Grand Prix em 1994, 1996 e 1998 e foi medalha de bronze nos Jogos Olímpicos de 1996 e 2000 – resultados positivos que o vôlei feminino ainda não tinha alcançado na história (Bizzocchi, 2016; Marchi Júnior, 2004).

No voleibol masculino, a década de 1990 foi frutífera em termos de títulos, uma vez que foram alcançados resultados ainda inéditos para o Brasil. Nos Jogos Olímpicos de Barcelona, em 1992, a seleção brasileira conquistou a primeira medalha de ouro de um esporte coletivo no Brasil. A equipe comandada por José Roberto Guimarães, que contava com atletas como Maurício, Tande, Giovane, Paulão, Carlão, entre outros, também venceu a Liga Mundial em 1993.

Carlos Arthur Nuzman deixou a presidência da CBV em 1995, migrando para a presidência do Comitê Olímpico Brasileiro (COB). No período de 1995 a 1997, Walter Pitombo Laranjeiras assumiu a presidência da CBV, passando o mandato em 1997 para Ary Graça. Em 2012, Ary Graça foi eleito presidente da FIVB e reeleito em 2016 para mais oito anos de mandato. Walter Pitombo Laranjeiras reassumiu o cargo na CBV em 2014 (Bizzocchi, 2016; Marchi Júnior, 2004; Mezzaroba; Pires, 2012).

A década de 2000 foi extremamente bem-sucedida para a modalidade. A seleção masculina, sob o comando de Bernardinho desde 2001, e a seleção feminina, sob o comando de José Roberto Guimarães desde 2003, colecionaram títulos internacionais e medalhas olímpicas. Em 2004, nos Jogos Olímpicos de Atenas, a seleção masculina foi bicampeã olímpica e, nos Jogos de 2008 e 2012, ficou com a medalha de prata. O título inédito de campeão mundial veio em 2002, o bicampeonato em 2006 e o tricampeonato em 2010. A sequência de títulos e excelentes resultados continuou, e a seleção masculina foi vice-campeã mundial em 2014 e novamente campeã olímpica no Rio de Janeiro em 2016.

A seleção feminina foi campeã olímpica nos Jogos Olímpicos de 2008 em Pequim e foi bicampeã olímpica nos Jogos de 2012 em Londres, além de conquistar diversas vezes o Grand Prix. O Campeonato Mundial é um título que a seleção feminina ainda não tem, embora tenha conquistado o vice-campeonato nos mundiais de 2006 e 2010 e o terceiro lugar em 2014. Nos Jogos Olímpicos de 2016, a seleção ficou fora da disputa pelo pódio.

No meio desse período intenso de muitas conquistas e afirmação do voleibol brasileiro no cenário internacional, foi inaugurado em 2003, na cidade de Saquarema, litoral do Rio de Janeiro, o Centro de Desenvolvimento do Voleibol. O complexo foi planejado para ser um centro equipado com estrutura para concentrar os treinamentos das seleções nacionais de todas as categorias, além de ser um espaço para a capacitação de técnicos e pessoal especializado em voleibol. O centro foi construído pela CBV em parceria com o governo federal, o Ministério do Esporte e a Prefeitura de Saquarema.

Desde a década de 1990, em que teve início a conquista de títulos mais expressivos, o comando das seleções feminina e masculina de voleibol esteve na mão de dois técnicos: José Roberto Guimarães e Bernardinho. Eles, aliás, trocaram de postos, uma vez que Bernardinho, técnico da seleção feminina, assumiu em 2001 a seleção masculina, que tinha sido treinada por José Roberto Guimarães. Este, por sua vez, assumiu a seleção feminina em 2003. Em associação com um bom desenvolvimento nas categorias de base do voleibol no Brasil, ambos implantaram formas de trabalho que transformaram praticamente duas gerações de atletas em campeões e ídolos. As transformações iniciadas por Nuzman para tornar o voleibol viável e popular no Brasil foram e continuam sendo fortalecidas por esses dois técnicos, os quais, em conjunto com bons profissionais em diferentes áreas, mantêm o esporte em alto nível, com grande representatividade nas sociedades brasileira e internacional.

No início de 2016, Bernardinho anunciou sua aposentadoria da seleção, tendo sido substituído por Renan Dal Zotto. José Roberto Guimarães continuará à frente da seleção feminina por mais um ciclo olímpico, pelo menos até 2020.

1.5 Características do professor de voleibol

Poder atuar profissionalmente em uma modalidade amplamente conhecida e apreciada por todas as faixas etárias é motivante e desafiador. Isso exige também comprometimento e conhecimento técnico para atender aos objetivos estabelecidos pelo grupo que está sendo conduzido.

Como vimos anteriormente, as áreas de atuação do profissional que quer trabalhar com voleibol são as mais diversas possíveis. Ele pode trabalhar, por exemplo, com um grupo de adultos que pratica o esporte na praça da cidade, com equipes escolares ou de clubes e com seleções nacionais que disputam competições internacionais. A responsabilidade e a dedicação que o profissional assume perante seu grupo de trabalho devem ser as mesmas, independentemente do local de atuação.

Ao assumir a posição de técnico, também chamado na maioria das vezes de *professor*, o profissional precisa estar atento a várias outras funções que estão diretamente relacionadas a essa posição e que são determinantes para a boa condução do grupo com que se trabalha.

O que destacamos como entendimento fundamental é que o técnico de voleibol é sempre um **educador**, palavra cuja concepção deve ser a mais ampla possível. Indiscutivelmente, o técnico é um educador porque vai ensinar habilidades técnicas da modalidade, como o gesto técnico do saque ou a forma como realizar o levantamento de uma bola na entrada da rede. Contudo, a amplitude do conceito de educador extrapola o âmbito das competências técnicas e abrange competências sociais e também psicológicas. Ou seja, o trabalho de um técnico de voleibol envolve a preocupação com a formação integral de cada indivíduo que está sob sua responsabilidade.

Para fins didáticos, e entendendo sempre a função educacional da prática esportiva, vamos doravante empregar o termo *professor* sempre que houver a necessidade de fazer referência ao profissional de educação física que atua com voleibol. Entendemos que *professor* engloba todas as outras denominações de *técnico*, *treinador, educador, preparador* etc. Da mesma forma, adotaremos a denominação *aluno* para os praticantes da modalidade, em substituição a *atleta, iniciante, praticante* etc.

O esporte é uma atividade de socialização, em que os membros do grupo promovem o desenvolvimento e a aprendizagem de comportamentos, regras sociais e atitudes que extrapolam as habilidades esportivas. Nesse contexto, cabe ao técnico orientar e conduzir o universo complexo de aprendizagem para um resultado positivo. Apesar da crença de que toda prática de um esporte conduz à aprendizagem de valores e atitudes positivas, sabemos que essa relação não é direta, e o técnico tem papel fundamental para que o esporte possa ofertar todas as suas potencialidades positivas de aprendizagem.

A Figura 1.16 resume as principais áreas de influência do professor de voleibol. Mesmo sendo áreas amplas e complexas, o professor precisa estar atento a cada uma delas no desempenho de sua função.

Figura 1.16 Áreas de influência do professor de voleibol

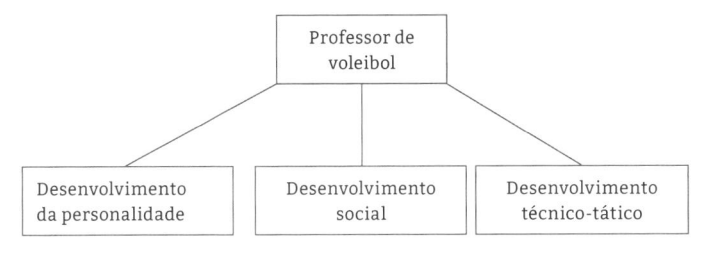

```
                    Professor de
                      voleibol
        ┌───────────────┼───────────────┐
Desenvolvimento   Desenvolvimento   Desenvolvimento
da personalidade      social        técnico-tático
```

Fonte: Elaborado com base em FIVB, 2011, p. 24.

O diagrama indica que o **professor** pode assumir funções de psicólogo, amigo, administrador de pessoas, mediador de conflitos, "substituto" dos pais em algumas situações, organizador de eventos, entre outras. A depender do local de atuação e da faixa etária do grupo, algumas dessas funções terão mais destaque do que outras, porém a atuação do professor exige preparação e atenção para cada uma delas.

Quanto ao **desenvolvimento da personalidade**, é muito importante reforçar o papel do professor como "espelho" de valores e atitudes morais. O professor deve definir quais valores ele julga essenciais para o grupo e, antes de cobrar as atitudes de seus atletas, deve ser o exemplo delas. De nada adianta cobrar pontualidade dos atletas no treinamento se o treinador chega atrasado com frequência. Em equipes de crianças e adolescentes, é ainda maior a influência do professor, o qual precisa estar sempre consciente de seus comportamentos.

No âmbito do **desenvolvimento social**, o professor precisa estar atento ao fato de que seus atletas não vivem exclusivamente para jogar voleibol. Estimular os estudos, a convivência familiar e o bom relacionamento com a equipe e também com outros atletas ou equipes auxilia na formação integral que se busca por meio da prática esportiva.

O **desenvolvimento técnico-tático** é também fundamental, razão pela qual o professor precisa ter domínio da modalidade. Mesmo que esteja atuando em um grupo para o qual a competição não é o foco principal, o professor precisa saber propor exercícios de aperfeiçoamento, detectar e corrigir os principais erros. Ele não precisa ser um exímio executor da modalidade, mas deve ter o domínio/conhecimento básico dos fundamentos para que possa demonstrar e conduzir exercícios de aprendizagem/aperfeiçoamento de sua equipe. Conhecer os fundamentos e sistemas táticos ofensivos e defensivos e saber qual deles é o melhor a ser utilizado conforme o nível de aprendizagem do grupo é fundamental.

|||| *Importante!*

Bernardinho (2006, p. 17), ex-técnico da seleção brasileira masculina de voleibol, bicampeão olímpico e tricampeão mundial, em seu livro no qual conta sua trajetória da seleção masculina de voleibol até a conquista da medalha de ouro olímpica nos Jogos de Atenas em 2004, afirma que o professor deve estar atento a alguns princípios, os quais, nas palavras dele, são: "a necessidade de identificar talentos, de manter as pessoas motivadas, de se comprometer com o desenvolvimento de cada membro do grupo e, principalmente, de criar um espírito de equipe que torne o desempenho do time muito superior à mera soma dos talentos individuais".

Aliado a esses princípios, o professor também precisa estabelecer uma filosofia de trabalho que conduza todas as suas ações.

Yasutaka Matsudaira, famoso treinador japonês que levou a seleção masculina do Japão a conquistar o ouro nos Jogos Olímpicos de 1972 em Munique após um trabalho de oito anos – em um contexto em que o Japão não havia conquistado nenhum resultado expressivo no cenário internacional antes de sua colocação no posto de professor –, declarou que a filosofia de trabalho do professor de praticantes que estão iniciando deve ser ensinar o voleibol sempre de forma divertida, leve e agradável (Bizzocchi, 2016; Marchi Júnior, 2004).

Bernardinho também entende ser fundamental que o professor tenha uma filosofia de trabalho que pode estender-se para uma filosofia de vida. O ex-técnico afirma que a busca da excelência é o que norteia todos os passos tanto de sua vida pessoal quanto de sua vida profissional.

Certamente o trabalho do professor de voleibol é extremamente complexo, razão pela qual, para ter êxito na função, é necessário haver a combinação do domínio do professor de voleibol com uma filosofia de trabalho coerente e também com comportamentos e atitudes que sejam exemplo dos valores que serão absorvidos e refletidos pelos atletas. Acrescentamos também a organização e o planejamento como a sustentação desses três pilares, porque, sem organização e planejamento, nenhuma filosofia de trabalho faz efeito e nenhum desenvolvimento do professor é bem direcionado. A Figura 1.17 representa graficamente os elementos que compõem o perfil do professor de voleibol.

Figura 1.17 Elementos do perfil do professor de voleibol

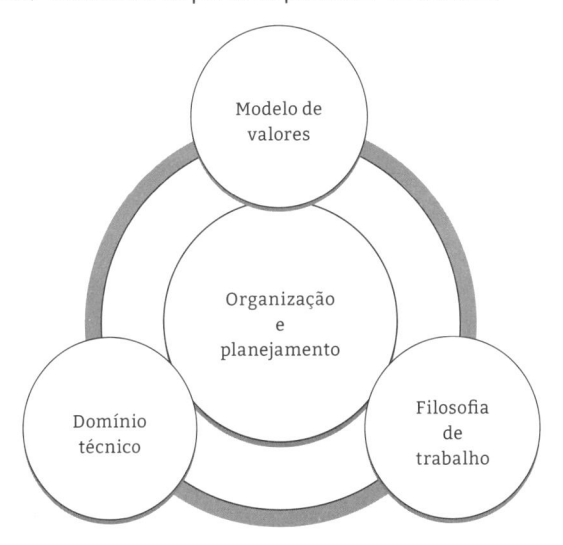

- Modelo de valores
- Organização e planejamento
- Domínio técnico
- Filosofia de trabalho

■ **Síntese**

Neste capítulo, abordamos a origem do voleibol nos Estados Unidos e a difusão da modalidade pelo mundo, bem como o processo de profissionalização e espetacularização desse esporte no Brasil. Também tratamos da evolução das regras do voleibol e dos motivos que determinaram o formato que assumiu na atualidade.

Por fim, descrevemos o perfil desejado do professor de voleibol, que deve ter como pilares de sua atuação o domínio técnico, a filosofia de trabalho e os valores, elementos que se sustentam também na organização e no planejamento.

■ **Atividades de autoavaliação**

1. Pode-se afirmar que o voleibol foi uma modalidade criada para atender a objetivos específicos da ACM de Holyoke, em Massachusetts, nos Estados Unidos. Assinale a alternativa que explica corretamente quais foram esses objetivos:

   a) O basquetebol, criado poucos anos antes do voleibol, era praticado somente dentro de ginásios e ambientes cobertos, razão pela qual foi solicitado que fosse inventada uma modalidade que pudesse ser praticada em ambientes abertos.

   b) As crianças de 8 a 12 anos, associadas da ACM, estavam sofrendo muitas lesões ao praticarem o basquete por causa dos choques entre os competidores, razão pela qual os pais não queriam deixar mais seus filhos praticarem essa modalidade. Por esse motivo, pensou-se em uma modalidade com uma rede separando as equipes para evitar os choques.

c) O basquete praticado durante a temporada de inverno nos Estados Unidos foi considerado muito violento e cansativo, em virtude dos deslocamentos constantes, para os homens na faixa etária de 40 a 50 anos, associados da ACM. O voleibol foi criado para ser uma alternativa, uma modalidade menos cansativa e mais recreativa para os "homens de negócio" da ACM.

d) Pensando em uma prática que exigisse pouco material, somente uma bola e uma rede que poderia ser adaptada, o voleibol foi criado para ser um passatempo para os soldados das forças armadas, que tinham poucas opções de atividades além da ginástica.

2. No processo de desenvolvimento do voleibol, as regras da modalidade passaram por uma série de modificações que alteraram a forma de jogar. Assinale a alternativa que explica corretamente quais foram as principais motivações para as atualizações das regras do voleibol:

a) As alterações têm o objetivo de tornar o jogo mais lento. Como os jogadores estão fisicamente muito fortes, as alterações tendem a deixar o jogo mais lento para que ele se prolongue mais e para que os espectadores possam acompanhar por mais tempo as exibições da modalidade.

b) Além de priorizarem a segurança dos atletas, as alterações nas regras aconteceram para facilitar o entendimento da modalidade pelos espectadores e também para facilitar a inserção das transmissões dos jogos pela televisão, favorecendo o processo de massificação e espetacularização do esporte.

c) O objetivo principal foi favorecer os patrocinadores, que queriam mais tempo de exposição de suas marcas nos jogos. Deixando o jogo mais longo, por mais tempo os espectadores ficariam nos ginásios e por mais tempo a televisão exporia as marcas.

d) O foco principal nas mudanças das regras realizadas foi facilitar a arbitragem. As regras antigas permitiam muitos problemas de interpretação da arbitragem, com reclamações das equipes nos campeonatos nacionais ou internacionais. Com a adaptação das regras, diminuíram os erros da arbitragem.

3. Atualmente o voleibol é uma modalidade amplamente praticada em vários países, sendo a segunda mais praticada no Brasil. O profissional de educação física deve compreender a modalidade como uma prática que apresenta diferentes possibilidades de intervenção. Marque V (verdadeiro) ou F (falso) em cada uma das afirmações a seguir e depois assinale a alternativa que indica a sequência correta de respostas:

( ) O voleibol de rendimento, praticado em clubes com equipes de competições profissionais, é a única área de atuação do profissional de educação física relacionada à modalidade. Somente nesse espaço o profissional pode exercer plenamente sua profissão.

( ) A prática do voleibol pode ser realizada com diferentes objetivos, como lazer, educação, sociabilização, saúde, competição, reabilitação, entre outros, e cabe ao profissional de educação física conhecer todas essas possibilidades e estar apto para aplicar os conhecimentos de acordo com o objetivo do local onde está inserido.

( ) A preocupação com o ensino da técnica correta da modalidade deve acontecer somente quando esta se volta para a competição; em outras manifestações, como lazer, saúde ou educacional, não existe a necessidade de ensino da técnica. Nesses casos, o professor deve somente supervisionar as atividades.

( ) Na prática do voleibol com objetivo educacional, deve-se evitar a hipercompetitividade e deve haver uma preocupação maior com a formação integral do ser humano.

a) F, V, F, V.
b) F, F, F, V.
c) V, V, F, F.
d) V, V, F, V.

4. Ao vir dos Estados Unidos para o Brasil, a prática do voleibol manteve inicialmente as características de sua origem dentro da ACM norte-americana, não somente no que se refere às regras e ao formato de jogo, mas também no que diz respeito ao perfil dos praticantes. Assinale a alternativa que mostra o perfil da modalidade ao chegar ao Brasil:

a) A inserção e a difusão da modalidade no Brasil foram feitas por meio das escolas. Primeiramente, o voleibol foi praticado dentro das escolas públicas para depois atingir outros espaços, como os clubes.

b) Inicialmente, no Brasil o voleibol foi praticado em praças, espaços públicos de lazer que reuniam crianças da comunidade. Como era fácil de adaptar uma rede, que podia ser uma corda amarrada entre dois postes, o esporte se fixou nas comunidades do Rio de Janeiro.

c) Como no continente norte-americano, no Brasil também era praticado em ambientes externos, tendo se iniciado na praia. Somente depois de dez anos é que a modalidade voltou a ser praticada em ginásios dentro dos clubes.

d) O local de inserção e expansão do voleibol no Brasil foram os clubes de elite. O perfil dos praticantes de voleibol nos Estados Unidos era o dos "homens de negócio", a elite que frequentava a ACM. O mesmo acontece no Brasil, tendo sido o voleibol considerado um esporte de elite, com as práticas concentradas dentro dos clubes, somente para os sócios.

5. A função de professor de vôlei é extremamente complexa e reúne uma série de competências que precisam estar alinhadas para o desempenho completo e coerente da função. Assinale a alternativa que apresenta todos os elementos do perfil do professor de voleibol:

a) Os elementos primordiais para o professor de voleibol são uma boa organização e um bom planejamento. Se o espaço de treino estiver organizado (quadra montada, espaço limpo e iluminado, bolas novas) e a equipe for inscrita nas competições dentro do prazo, o professor estará cumprindo seu papel.

b) Os elementos do perfil do professor de voleibol são: ter domínio técnico da modalidade, ser exemplo de atitudes e valores e estabelecer uma filosofia de trabalho que norteará todas as ações. A organização e o planejamento estão sempre presentes em todas elas, contribuindo para o alcance dos objetivos propostos pelo grupo.

c) Um ex-atleta será um excelente professor, considerando-se que a execução perfeita dos movimentos é fundamental no treinamento de equipes. Saber executar os fundamentos do voleibol é mais que suficiente para ser um professor de destaque.

d) O professor precisa estabelecer uma filosofia de trabalho em que o objetivo será sempre a vitória. Com essa filosofia, de vencer sempre e a qualquer custo, o professor utiliza os meios corretos e necessários para alcançar esse objetivo e assim será um excelente professor.

▪ Atividades de aprendizagem

Questões para reflexão

1. Agora que você conhece a origem e todo o processo pelo qual o voleibol passou até os dias atuais, com mudanças nas regras e na gestão do esporte, você acredita que seria possível que essa modalidade tivesse alcançado os resultados expressivos das últimas décadas e fosse o segundo esporte mais praticado no país sem essas transformações? Você consegue pensar em exemplos de outras modalidades que tiveram o mesmo êxito obtido pelo voleibol ou identificar aquelas que não tiveram sucesso? Quais seriam os fatores que teriam contribuído para isso?

2. Supondo que você seja um profissional de educação física, reflita: Quais de suas características mais se aproximariam das do perfil do professor de voleibol? Quais características você pode desenvolver para melhorar ainda mais sua atuação?

Atividade aplicada: prática

1. A depender de seu envolvimento com o voleibol – como praticante da modalidade, como profissional de educação física ou como amante do esporte –, relembre os tempos em que o sistema de pontuação do voleibol ainda era jogado com direito de vantagem. Isso pode ser feito por meio de um jogo de vôlei com as regras antigas ou mediante a busca de vídeos de campeonatos antigos.

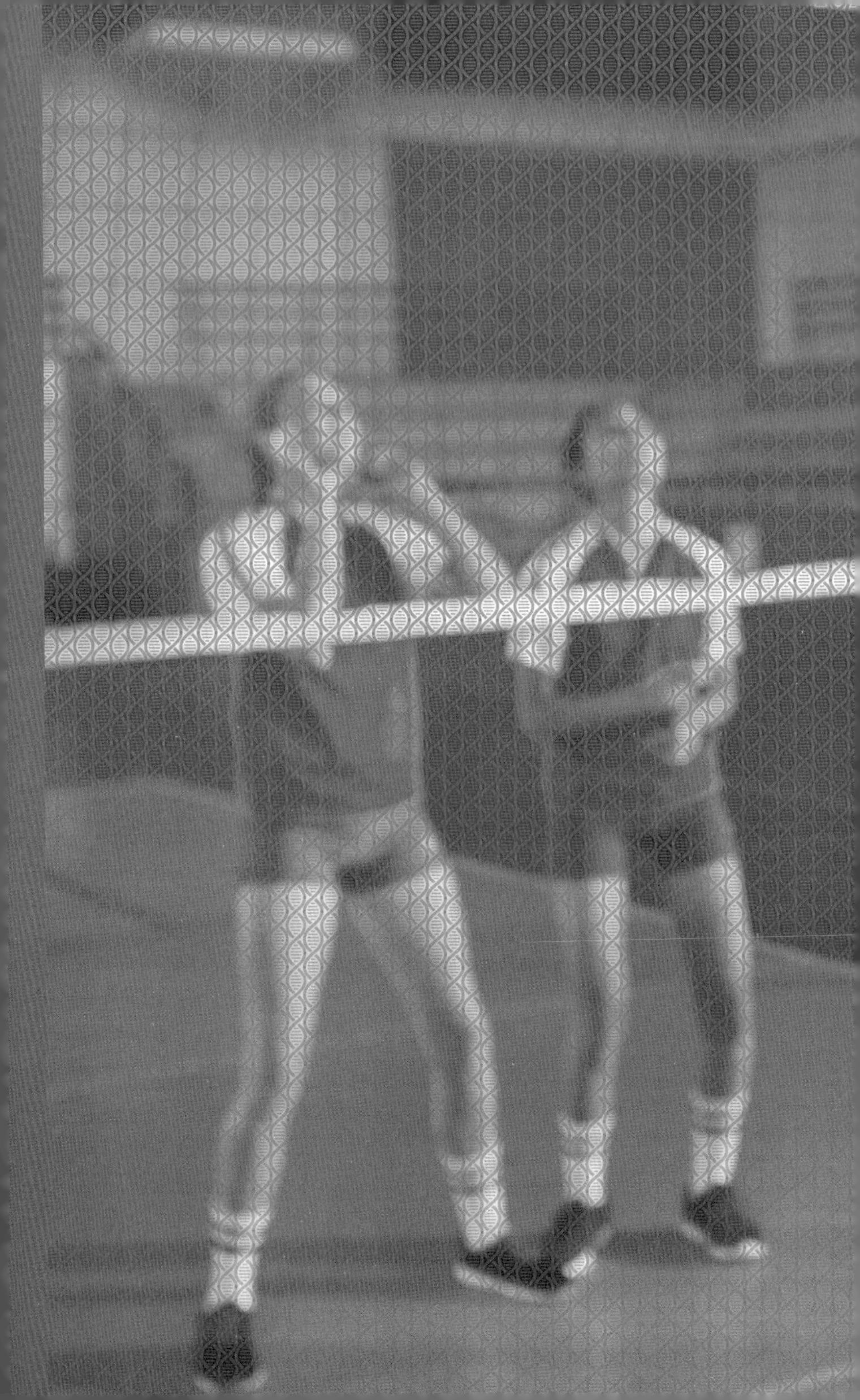

Capítulo 2

Construção de uma metodologia de ensino do voleibol

Neste capítulo, abordaremos os conhecimentos específicos do voleibol para a construção de uma metodologia de ensino da modalidade que seja eficaz e prazerosa para o praticante. Nesse processo de construção, é preciso entender as características do esporte, identificando-se quais são as habilidades motoras e a lógica de construção e desenvolvimento do jogo e entendendo-se principalmente como isso interfere na aprendizagem e com ela se relaciona. Com essa reflexão sobre a forma de jogar voleibol, avançaremos para o estudo de maneiras de ensinar por meio de progressões pedagógicas adequadas. Trataremos da estruturação e da elaboração de um planejamento de aula, reunindo os conhecimentos sobre as características da modalidade e os procedimentos pedagógicos. Por último, apresentaremos o exemplo de uma metodologia de ensino do voleibol já sistematizada e utilizada pelo Instituto Compartilhar.

2.1 Características da modalidade *voleibol*

Como vimos no primeiro capítulo, o voleibol é uma modalidade muito difundida e apreciada por pessoas de diferentes idades, de crianças a idosos. Isso desperta também a vontade de jogar e realizar os movimentos executados pelos jogadores profissionais que são exibidos na televisão. A identificação com o esporte gera uma demanda de pessoas que vão procurar espaços para aprender a jogar voleibol. Nesse contexto de aprendizagem, a modalidade é também conteúdo frequente das aulas de Educação Física escolar. O professor dessa disciplina precisa conhecer as características da modalidade para adotar os procedimentos metodológicos corretos nesse processo de ensino.

O jogo de voleibol se caracteriza pela velocidade em que as ações acontecem. Há, por exemplo, rápida troca de papéis da posição de ataque para a posição de defesa. De acordo com Bojikian (2013), a duração média de um *rally* no jogo de voleibol masculino é de 4 a 6 segundos, ao passo que, no feminino, ele dura entre 7 e 9 segundos. Essa quantificação de tempo mostra a velocidade do jogo e a necessidade de uma movimentação rápida, porém consciente das necessidades táticas.

Podemos afirmar que o voleibol é uma modalidade complexa para ser ensinada. A velocidade do jogo, as exigências técnicas e táticas e a predominância de movimentos não usuais contribuem para essa complexidade. Vamos analisar melhor cada uma dessas características para, então, reunir os conhecimentos necessários para uma metodologia que considere essa complexidade, mas estabeleça procedimentos que facilitem a aprendizagem.

O entendimento tático do jogo é fundamental, contudo o voleibol apresenta uma exigência técnica muito grande. Um erro de execução técnica de um jogador representa ponto para o adversário. Podemos elencar algumas situações que evidenciam essa exigência técnica:

- o saque que é executado para fora da quadra ou que não passa da rede;
- o levantamento em decorrência do qual o árbitro marca dois toques;
- a defesa de um ataque que não é controlado e acaba saindo da quadra sem possibilidade de recuperação pelos outros jogadores.

Esses são apenas alguns exemplos em que a falha na execução técnica do saque, do toque ou da defesa gera pontos para o adversário. No caso do basquetebol é diferente. Se o jogador da equipe que ataca realiza um arremesso na cesta e não pontua, somente a posse de bola pode passar para a equipe adversária, ou seja, não são computados pontos para esta última em decorrência de tal erro.

Outra característica do voleibol à qual o professor deve estar atento, e que influencia na forma como a modalidade é ensinada, é que não se pode segurar a bola, isto é, quando a bola vem na direção do jogador, este já precisa saber o que vai fazer com ela, antecipar para onde vai passá-la, além de estar no posicionamento correto. Vejamos novamente uma comparação com outras modalidades coletivas para facilitar o entendimento: no caso do futebol, quando um jogador recebe um passe, é possível que ele pare a bola, olhe o posicionamento dos outros companheiros de equipe e realize outro passe ou siga conduzindo a bola de acordo com a marcação da equipe adversária. O mesmo ocorre no handebol e no basquetebol. Essa característica do voleibol de não poder reter a bola exige a preocupação direcionada à execução técnica dos fundamentos e a compreensão tática do time, sendo necessário saber quais posições ou ações o jogador deve assumir ou executar em determinada situação.

Também é necessário analisar as habilidades motoras básicas predominantes no voleibol. Os deslocamentos mais usuais que todas as pessoas estão acostumadas a fazer, ou a desenvolver, são os deslocamentos para a frente e para trás. Deslocamentos em velocidade são realizados principalmente para a frente, nas corridas. No voleibol são exigidos muitos deslocamentos laterais em posição de defesa ou deslocamentos laterais com passada cruzada, para realizar um bloqueio. Isso não quer dizer que deslocamentos para a frente e para trás não sejam utilizados, mas que eles acontecem sempre com algumas especificidades técnicas que diferem das observadas nos deslocamentos usuais.

Nas habilidades de manipulação, o voleibol apresenta fundamentos técnicos que envolvem o rebater, como no caso da manchete, e o lançar, no caso do toque. Usualmente, as habilidades de lançamento são mais desenvolvidas nas idades iniciais, considerando-se as variações de lançar com uma mão, com as duas mãos, por cima da cabeça etc. O toque do voleibol pode ser considerado um lançamento, para o qual o jogador retém a bola entre as pontas dos dedos, por frações de segundo, e a lança na direção e na altura desejadas. Apesar de ser mais estimulado nas idades iniciais, dificilmente o lançamento é praticado com a ponta dos dedos e em velocidade tão rápida. Bizzocchi (2016) propõem uma leitura diferente para o toque: embora afirme que este seja derivado da habilidade de rebater, também acrescenta que não se estimula a rebatida com a ponta dos dedos, o que seria resultado, portanto, de um movimento não natural.

A manchete se caracteriza pela habilidade de rebater. Os esportes que também utilizam essa habilidade são o tênis, o *badminton*, o golfe, entre outros, todos os quais, no entanto, utilizam um implemento (raquete, taco) para a rebatida. No vôlei, a manchete é feita com o antebraço rebatendo a bola. Além de ser uma habilidade não muito praticada, a bola de vôlei deve ser rebatida com o antebraço em uma região entre os punhos e o cotovelo. Essa caracterização deixa a aprendizagem do voleibol um pouco mais complexa.

Observando todas as características da modalidade, percebemos a necessidade de uma combinação veloz de ações e boa execução técnica, dentro de um pequeno espaço físico e temporal. Nesse sentido, a antecipação e a concepção tática (Dürrwächter, 1984) devem ser o objetivo do processo de aprendizagem e treinamento.

Para atingir esses objetivos, o professor deve ter em mente sempre a necessidade de aproximar treinamentos, exercícios ou atividades propostas das situações reais que podem acontecer em jogo. O acontecimento global do jogo de voleibol pode ser resumido em nove situações básicas que se repetem, com trocas rápidas entre si, e que em alguns momentos se sobrepõem. São elas:

1. saque;
2. recepção;
3. levantamento;
4. ataque;
5. cobertura de ataque;
6. bloqueio;
7. cobertura;
8. defesa;
9. contra-ataque.

Nem sempre todas essas nove situações acontecem em todos os *rallies*. Além disso, dependendo do nível técnico e da idade dos jogadores, algumas situações podem apresentar variações – o ataque é uma delas. O ataque se caracteriza por ser a terceira bola que deve ser enviada para a quadra adversária obrigatoriamente, e a expectativa é que seja feita na forma de uma cortada, com força e velocidade. Entretanto, a terceira bola, quando for enviada por toque e por manchete ou for decorrente de uma "largada" para a quadra adversária, também será considerada um ataque.

A transição rápida entre as situações e a impossibilidade de segurar a bola implicam que se classifiquem os padrões de movimento da modalidade como **habilidades abertas**. Gallahue, Ozmun e Goodway (2013) classificam as habilidades motoras, também chamadas de *tarefas motoras*, quanto aos aspectos ambientais, em habilidades abertas e habilidades fechadas. "A tarefa aberta é aquela realizada em um ambiente onde as condições estão constantemente em mudança" (Gallahue; Ozmun; Goodway, 2013, p. 34). Já a tarefa fechada "é uma habilidade motora desempenhada em um ambiente estável e previsível, em que o executante determina quando começar a ação" (Gallahue; Ozmun; Goodway, 2013, p. 35). Nesse contexto, de que forma essa classificação das habilidades motoras pode influenciar o processo de aprendizagem do voleibol?

Vamos apresentar exemplos de outras habilidades abertas e fechadas para facilitar a compreensão. Nas habilidades abertas, o executante precisa estar em constante adaptação de postura, posicionamento e padrão do movimento para responder às alterações do ambiente, porque ele não tem o controle da ação. Um exemplo ocorre quando uma criança está correndo e quicando uma bola e outro colega, que faz a marcação, tenta lhe tomar a bola. A altura do drible, a direção do deslocamento e a mão com que se realiza o drible precisam ser constantemente ajustadas para que a bola não lhe seja tomada. Outro exemplo é a rebatida no tênis: o jogador não sabe como o adversário lhe enviará a bola – curta, longa, veloz, lenta – e, por isso, precisa estar pronto para reagir a todas as possíveis situações. Toda vez que rebate a bola, deve estar preparado para uma recepção diferente na próxima jogada.

Nas habilidades fechadas, o executante tem total domínio do início da ação, e o ambiente é estático. Vamos utilizar o exemplo do basquete: no momento do lance livre, o jogador, com domínio completo da ação, segura a bola e arremessa quando está preparado. Em uma ação mais cotidiana, podemos usar como exemplo a tarefa de martelar um prego. O prego está estático, e o executante tem o domínio completo do ambiente, podendo iniciar a ação no momento que achar mais adequado.

As habilidades do voleibol são, quase em sua totalidade, abertas. O jogador não sabe como será o saque adversário (se curto ou longo). O levantador não tem a certeza de que o passe será realizado no alto, próximo à rede ou no meio da quadra. O bloqueador não sabe se o ataque será realizado no meio, na entrada de rede ou na saída de rede[1]. Todas essas situações exigem que os jogadores se movimentem para a frente ou para trás, saltem mais rápido e estejam preparados para uma grande variação de possibilidades.

> Somente o momento do saque pode ser classificado como habilidade fechada, em que o jogador tem o controle da bola. Em todos os outros momentos, o voleibol é composto por habilidades abertas.

Somente o momento do saque pode ser classificado como habilidade fechada, em que o jogador tem o controle da bola. Em todos os outros momentos, o voleibol é composto por habilidades abertas. Ter essa classificação em mente auxilia o professor a planejar atividades ou exercícios em ambientes que proporcionem essa necessidade de adaptação. Podemos usar como exemplo exercícios em que o professor sempre lança a bola na mão do aluno, sem impor-lhe qualquer movimentação para pegá-la. É evidente que é preciso considerar o nível de habilidade dos alunos e as dificuldades para cada um deles. Com um aluno completamente iniciante, a bola deve ser lançada de forma mais fácil, porém, conforme se vai avançando, é possível acrescentar movimentações.

Os exercícios de toque ou manchete na parede também podem ser analisados nessa perspectiva. No início do ensino da

---

[1] Os conceitos específicos do voleibol serão desenvolvidos no decorrer dos tópicos do livro, principalmente no Capítulo 4.

técnica dos dois movimentos, esses exercícios têm sua validade, mas o treinamento de toque e manchete não pode resumir-se a essas práticas. Durante um jogo, a variação de altura, distância e velocidade da bola dificultará a execução dos fundamentos se o treinamento do aluno tiver acontecido somente em situações fechadas, como no momento em que a bola é lançada na parede.

Considerando-se todas essas particularidades da modalidade, é possível avançar para a construção de uma proposta pedagógica que, apesar da complexidade da modalidade, apresente possibilidades de ensino que tornem essa tarefa mais fácil e divertida.

2.2 Progressões pedagógicas de ensino

O gosto pelo esporte é um dos itens fundamentais para iniciar o processo de aprendizagem da modalidade. A vontade de aprender pode ser anterior ao início das aulas ou pode ser desenvolvida durante os treinamentos, por meio de práticas pedagógicas estimulantes e facilitadoras, com foco sempre em possibilitar experiências prazerosas e desafiadoras, porém possíveis de serem realizadas. O professor deve estar atento a essas duas situações para não desestimular os alunos que gostavam do voleibol e se dispuseram a aprender mais, assim como para cativar os alunos que não tinham tanto interesse pela modalidade. O gosto pelo esporte é um grande aliado para vencer as dificuldades que se apresentam pelo caminho.

A organização dos conteúdos e de atividades propostas pelo professor deve obedecer a uma evolução no grau de dificuldade, partindo de situações simples para situações complexas. O aumento no grau de dificuldade pode estar relacionado à execução de somente um fundamento, com exercícios que exijam deslocamentos mais complexos e também com a combinação entre mais de um fundamento, aumentando a dificuldade das atividades. Essa evolução na complexidade também passa pelo formato dos jogos propostos pelo professor para os alunos. Alunos iniciantes podem jogar de forma simplificada, executando somente um fundamento, até que as habilidades técnicas permitam o avanço para outros formatos mais elaborados e que se chegue ao formato oficial do jogo.

A aprendizagem do voleibol inicia-se pelo fundamento do toque. Por ser derivado da habilidade motora de receber e lançar, representa uma familiaridade um pouco maior em relação à manchete, que é derivada da habilidade motora de rebater, conforme explicado anteriormente. Normalmente, na sequência do ensino do toque, ensina-se a manchete e, depois, ensina-se o saque por baixo. Com esses três fundamentos, é possível realizar todas as ações do jogo, já que o início do *rally* se faz por meio do saque, a recepção pode ser feita por toque ou manchete, o levantamento preferencialmente é feito pelo toque e o ataque também pode ser realizado por toque.

É importante reforçar que as formas para a aprendizagem desses fundamentos devem considerar as características da modalidade. Ou seja, o domínio do gesto técnico é importante, porém o voleibol é uma modalidade de habilidades abertas cujas formas de jogo são as situações que mais estimulam a adaptação e a movimentação do aluno. Em razão disso, mesmo nas primeiras aulas, é possível propor jogos 1x1, em que seja necessário somente realizar três toques, ou, em um passo anterior, segurar a bola e lançá-la mediante toque para o outro lado.

Ainda nesse contexto, não podemos nos esquecer da dinamicidade do jogo de voleibol. A preocupação com a integração entre os fundamentos técnicos (toque, manchete, saque, cortada, bloqueio e defesa) deve caminhar lado a lado com a aplicação tática desses fundamentos nas situações de jogo. Os alunos devem ser estimulados a pensar sobre as diferentes situações e sobre as decisões que devem tomar durante o jogo. O alinhamento das capacidades técnicas e uma boa leitura tática são tarefas árduas do professor, porque exigem automatização de fundamentos e, ao mesmo tempo, boa análise e antecipação das situações táticas.

Vamos usar como exemplo uma situação muito frequente em um jogo de voleibol de alunos que sejam iniciantes ou que não tenham tido uma proposta pedagógica preocupada com integração técnica e tática. Depois de realizar o saque, o jogador permanece fora da quadra, sem retornar para a posição de defesa. O passe do time adversário, então, volta diretamente para a quadra do time que havia sacado, e a bola, por sua vez, cai na posição na qual o jogador que havia realizado o saque deveria estar. Essa situação acontece não porque há deficiência técnica no saque ou no passe do outro time, mas porque o aluno que realizou o saque não compreendeu sua função tática – a de que, logo após o saque, precisaria posicionar-se para a defesa, tendo ficado, em vez disso, fora da quadra observando o jogo.

Provavelmente, nesse caso, os treinamentos de saque sempre foram direcionados tendo em vista apenas a eficiência técnica, sem nunca estimularem o aluno a sacar e entrar na quadra para defender uma bola. O mesmo acontece quando o jogador que está na entrada ou na saída da rede não abre para atacar ou quando o levantador não realiza a cobertura de ataque, momento em que apenas olha a bola do ataque bater no bloqueio e cair em sua própria quadra.

Os exemplos dados servem para mostrar a importância de compreender o jogo na totalidade e trazer essa dinâmica para os exercícios e as atividades, estimulando sempre a movimentação e a compreensão das funções de cada jogador em quadra. Algumas outras orientações podem facilitar não só a conjugação desses fatores como também uma progressão pedagógica correta:

- **Redução do espaço**: a diminuição do tamanho da quadra facilita muito a aprendizagem e a execução dos fundamentos técnicos e táticos do voleibol. Aprender a jogar voleibol em uma quadra oficial dificulta a execução correta dos fundamentos técnicos porque exige a aplicação de força ou do uso das alavancas de joelhos, as quais, por exemplo, podem ser feitas de forma errada somente para fazer a bola percorrer uma grande distância. Além disso, crianças até 12 anos ainda não apresentam maturação física suficiente para jogar em uma quadra de tamanho oficial. Reduzir a largura e o comprimento da quadra estimula o acerto do aluno, facilitando a realização das atividades propostas.

- **Redução do número de jogadores**: um número menor de jogadores na equipe estimula um contato maior com a bola. Dessa forma, o aluno pratica mais e, consequentemente, tem um aprendizado mais rápido. Vamos considerar o caso de alguém que está aprendendo a andar de bicicleta para ilustrar essa situação. Se a pessoa só pode andar de bicicleta por 10 minutos ao dia, provavelmente demorará mais tempo para aprender a fazê-lo do que se pudesse andar por 30 minutos todo dia. O mesmo acontece no caso do voleibol; se o aluno pode dar 40 toques ou manchetes ou saques na bola, ele vai aprender bem mais rápido do que se executar os movimentos somente 15 vezes. É possível iniciar com jogos de 1x1, passar para os de 2x2, 3x3, 4x4 e chegar então aos de 6x6.
- **Altura da rede**: a rede deve estar regulada de acordo com o objetivo da aula proposta pelo professor. Eventualmente, pode-se pensar que a rede mais baixa facilita o jogo. No entanto, é preciso observar que uma rede mais baixa costuma deixar o jogo mais veloz, exigindo movimentação mais rápida dos jogadores. Com a rede mais alta, a bola precisa ser enviada para o outro lado da quadra com um movimento de parábola maior do que em jogos nos quais se utiliza uma rede mais baixa, o que torna o jogo mais lento. Observar o nível dos alunos e o objetivo das aulas é

fundamental para ajustar a altura da rede e favorecer a aprendizagem dos alunos.

Essas três características aparentemente se relacionam somente ao momento do jogo e não às propostas das atividades da aula como um todo. Entretanto, essas adaptações devem ser utilizadas em todos os momentos, desde o aquecimento até o encerramento das atividades. Mesmo com um grupo de alunos adultos, é necessário utilizar uma quadra menor em algumas situações, como, no caso de se iniciar o ensino do saque por cima do meio da quadra para que o movimento correto seja automatizado e, assim, aumentar a distância até a linha de fundo.

Essas modificações permitem um aprendizado técnico facilitado, além de uma compreensão da tática do jogo de maneira gradual, uma vez que, em um primeiro momento, os deslocamentos são pequenos por causa da dimensão reduzida da quadra e as funções táticas são mais simplificadas. A Figura 2.1 ilustra a adaptação da quadra oficial de voleibol em quatro quadras menores, que podem ser utilizadas para times de 3x3.

Figura 2.1 Quadra de voleibol adaptada para jogos 3x3

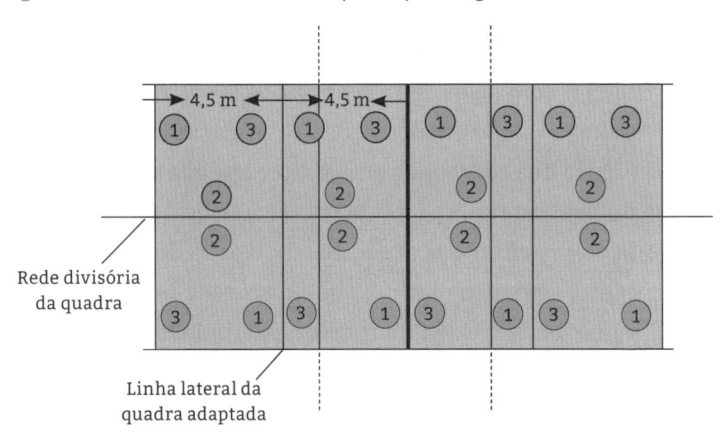

Repetidas vezes, mencionamos que é necessário aliar o ensino do gesto técnico com a compreensão tática do jogo que é composto por habilidades abertas. Isso quer dizer que o professor precisa propor atividades que estimulem sempre os deslocamentos variados (frente, trás, lateral) e também a sequência de ações que sejam reflexo das ações de jogo. Anteriormente, citamos as nove situações que se repetem sempre em uma partida, às quais o professor precisa estar atento, além de pensar essa sequência para cada jogador.

Na disposição tática de uma quadra reduzida para um jogo de 3x3, há um levantador (jogador 2), que também realiza o bloqueio, e dois passadores (jogadores 1 e 3), que também realizam o ataque e a defesa. Caso o jogador 1 realize a recepção do saque, quais são as próximas ações que ele poderia realizar no jogo? Ele deve "abrir" para atacar e esperar o levantamento e, caso o levantamento não seja direcionado para ele, deve realizar a cobertura de ataque do jogador 3 que estará atacando.

Outro exemplo para exercitar esse olhar da compreensão tática do jogo refere-se à movimentação do levantador. Quando a bola está em jogo na quadra adversária, o levantador da equipe de defesa deve se posicionar para realizar o bloqueio. Após a realização do bloqueio, o levantador deve virar rápido para sua quadra para poder realizar o levantamento da bola defendida. Uma boa sugestão de exercícios para o levantador é saltar para realizar o bloqueio e virar para realizar o levantamento de uma bola lançada pelo professor.

Com base na visualização dessa situação, uma aula que estimule o desenvolvimento técnico da recepção e a compreensão tática deve promover a recepção com vários deslocamentos e estimular o jogador a "abrir" para atacar. Essa movimentação toda fará com que, durante os jogos, os alunos tenham consciência das suas funções táticas e dos movimentos que precisam realizar.

Certamente, o exemplo utilizado foi de uma tática de jogo com possibilidades limitadas, em uma equipe composta por três jogadores, na qual não se permitem muitas variações. Quando se avança para o jogo com seis jogadores, as possibilidades são bem maiores, e os jogadores também precisam compreender as suas funções em cada uma das posições. Mais uma vez, as adaptações se mostram necessárias para facilitar a aprendizagem e possibilitar uma compreensão tática gradual do jogo.

Todos os conceitos apresentados na construção dessa proposta pedagógica precisam estar interligados. Resumidamente, esses conceitos são:

- gosto pelo voleibol;
- situações simples para situações complexas;
- adaptações necessárias no espaço e no formato do jogo;
- alinhamento entre a técnica e a tática, com foco na compreensão e na antecipação.

O professor deve pensar nesses pilares em todos os momentos, independentemente do nível de habilidade dos alunos. O processo de ensino do voleibol é lento e precisa ser feito de forma integrada. A aprendizagem de todos os fundamentos técnicos isoladamente, sem uma evolução no grau de dificuldade, não garante um padrão de jogo suficiente. É necessário considerar também as características da modalidade, que, em conjunto com a proposta pedagógica, conduzem a reflexão para a proposição de atividades que facilitem o ensino do voleibol.

2.3 Estruturação de aula

Os conceitos norteadores da proposta metodológica precisam ser organizados para serem aplicados no dia a dia das aulas. A estruturação de aula deve colaborar para que todos os conceitos apresentados anteriormente sejam contemplados de forma equilibrada, permanente e para que, assim, sejam alcançados os objetivos propostos no planejamento realizado pelo professor.

Ao utilizarmos o termo *aula* estamos nos referindo a todas as oportunidades de prática do voleibol – os chamados *treinamentos*, *escolinhas* ou outras possíveis nomenclaturas. A opção pelo uso da denominação *aula* segue o mesmo raciocínio segundo o qual o momento de prática esportiva é sempre um momento de aprendizagem. Por esse mesmo motivo, optamos por utilizar o termo *professor* ao nos referirmos ao profissional de educação física que conduz as práticas e o termo *aluno* em referência a todos os praticantes (de atletas a membros de um grupo da terceira idade).

Algumas partes são essenciais nas aulas de voleibol, todas as quais devem ser respeitadas. Aquecimento, desenvolvimento técnico, desenvolvimento tático, jogo e avaliação da aula são as divisões que precisam ser observadas para organizar as atividades propostas.

Ao final da explicação das partes estruturantes da aula, indicamos o tempo médio de duração de cada uma delas, considerando uma aula com duração de 60 minutos.

■ **Aquecimento:**

O aquecimento tem por objetivo preparar o corpo para a realização de atividades mais intensas a partir do aquecimento dos músculos. O aumento da temperatura corporal promove uma variedade de melhorias fisiológicas, aprimorando o desempenho durante as aulas e também prevenindo o risco de lesões (Wilmore; Costill, 2004).

O aquecimento pode ser feito por meio de atividades específicas, já com bola de vôlei, ou também por meio de atividades lúdicas. O aquecimento específico se refere a exercícios de deslocamentos individuais variados, exercícios em duplas de lançamento e ataque para aquecimento de membros superiores e também exercícios de toque e manchete em duplas. O aquecimento lúdico pode reunir todos esses objetivos, porém de maneira descontraída. Atividades de pega-pega, com todas as variações possíveis, promovem deslocamentos variados e mudanças de direção que são importantes no voleibol. É possível aliar as habilidades específicas de toque e manchete a outros tipos de brincadeiras, como pique-cola, em que o aluno que estiver "colado" (ou seja, que estiver parado depois de ter sido tocado pelo perseguidor) precisa dar 3 toques de controle para ser "descolado" (ser liberto por um companheiro). Em um grupo de crianças, a estratégia de fazer o aquecimento sempre com uma atividade lúdica deixa o clima da aula mais relaxado e motiva os alunos para as próximas atividades.

Tempo médio de duração: 10 minutos.

■ **Desenvolvimento técnico:**

O desenvolvimento técnico objetiva aprimorar as habilidades do toque, da manchete, do saque, da cortada e do bloqueio. Mesmo que o grupo de alunos já tenha um bom domínio da técnica, sempre é importante que os fundamentos sejam refinados. Novamente lembramos que os erros de execução técnica no voleibol resultam em pontos para o time adversário.

Nesta parte da aula, o professor precisa estar atento à evolução dos exercícios simples para os exercícios complexos, considerando o nível de aprendizagem e evolução de seu grupo. Deslocamentos e variações de fundamentos se encaixam nas possibilidades para tornar os exercícios mais complexos. Como exemplos de variações, podemos citar os fundamentos técnicos de toque com controle, toque para a frente, toque em suspensão (saltando) e toque de costas. Essas variações aumentam a complexidade do gesto técnico, cabendo ao professor ensinar e dosar essa transição.

Tempo médio de duração: 15 minutos.

■ **Desenvolvimento tático:**

O objetivo do desenvolvimento tático é fazer o aluno compreender a dinâmica do jogo de voleibol e as funções que precisa desempenhar para obter êxito. Para Costa e Nascimento (2004, p. 51), "as experiências táticas devem ser orientadas inicialmente a partir da análise da estrutura do jogo, para configurar a especificidade de cada esporte e dessa forma realizar o planejamento de acordo com os objetivos". A aprendizagem tática está relacionada à tomada de decisão correta diante das situações que acontecem no jogo. O jogador precisa compreender o encadeamento das nove situações que se repetem no jogo de voleibol, a transição de uma para a outra e seu papel em todas essas possibilidades.

Essa compreensão só pode ser adquirida com exercícios que simulem situações de jogo. Os exercícios propostos neste momento da aula devem ser combinados e devem relacionar mais de uma situação de jogo. Já utilizamos o exemplo do levantador que, depois de realizar o bloqueio, deve girar rápido para levantar a bola que foi defendida. Inicialmente, o aluno precisa conhecer as possibilidades de ação que tem para, então, poder analisar o jogo e tomar as decisões corretas. O professor precisa conhecer o desenvolvimento do jogo para propor exercícios coerentes e, assim, facilitar a compreensão tática de seus alunos.

Tempo médio de duração: 15 minutos.

■ **Jogo:**

Certamente, o jogo é o momento mais esperado de qualquer aula, tanto por crianças quanto por adultos. Para a grande maioria dos praticantes de voleibol, as aulas seriam somente de jogo, mas o professor, que conhece as características da modalidade, sabe da necessidade de realizar os treinamentos técnicos e táticos para aprimorar ainda mais o momento do jogo. A realização do jogo é importante por diversos fatores, entre os quais destacamos a motivação, a aplicação do que foi executado durante a aula e o momento de avaliação do professor. Coakley (2015) afirma que o jogo é a principal motivação das atividades físicas, é o momento de maior divertimento e também o que faz com que as pessoas retornem para uma próxima aula. O professor deve propor jogos que se aproximam da realidade do voleibol mesmo para alunos iniciantes, que não tenham domínio nenhum dos gestos técnicos. Os jogos 1x1 são excelentes opções, uma vez que as regras variam de acordo com as habilidades dos alunos, que podem iniciar a prática segurando a bola e passando-a para o outro lado da rede de toque.

No momento do jogo, o professor pode observar como estão as habilidades técnicas e táticas dos alunos, fazendo uma avaliação constante do planejamento. Além disso, é possível estabelecer algumas regras específicas que sirvam para colocar em prática o que foi trabalhado durante a aula. Se o objetivo do desenvolvimento técnico e tático for direcionado para a recepção de toque, durante o jogo o professor vai estabelecer que somente será possível fazer a recepção de toque.

Tempo médio de duração: 15 minutos.

- **Avaliação da aula:**

Os minutos finais da aula são designados para conversar com os alunos. O objetivo do professor deve ser dar um retorno a respeito das atividades desenvolvidas, dos progressos e das necessidades, além de passar instruções para a próxima aula. Também é o momento de escutar os alunos, aproximar as relações e saber qual é a opinião deles sobre o que foi realizado.

Tempo médio de duração: 5 minutos.

As partes das aulas apresentadas mostram a rotina mais comum das aulas específicas de voleibol. Dependendo do planejamento do professor e do nível de aprendizagem dos alunos, as proporções podem variar. Alunos iniciantes podem precisar de mais tempo de desenvolvimento técnico nas aulas iniciais, o qual é mais importante que o desenvolvimento tático. Da mesma forma, um grupo avançado pode necessitar de mais desenvolvimento tático do que de aprimoramento de habilidades dos fundamentos técnicos básicos.

Para que o tempo das aulas seja otimizado e toda a estrutura planejada seja alcançada, o professor também deve se preocupar com a **organização do espaço e dos materiais** e com a **organização e o controle do tempo**.

Dar aulas em um espaço organizado, limpo, com os materiais necessários para as atividades em condições de uso facilita a rotina das aulas. Algumas verificações devem ser feitas antes do início das atividades. Por exemplo: é preciso verificar se as bolas estão cheias, separar o material necessário (arcos, cones etc.) e levá-lo para a quadra, montar a rede, acender as luzes se for necessário etc. O professor pode contar com o auxílio dos alunos nessas tarefas, mas essa organização deve ser feita antes do horário de início das aulas.

O controle do tempo se refere à pontualidade no início e no término das aulas e também ao tempo de duração dos exercícios propostos para que não falte tempo para a realização de todas as partes da aula. Algumas vezes, o professor pode não atentar para o controle do tempo, razão pela qual a aula pode ficar restrita somente a uma atividade, ou o tempo destinado ao jogo pode acabar sendo ocupado pelo desenvolvimento de outros exercícios.

Essa proposta de estruturação de aula está baseada nas características da modalidade e na proposta pedagógica para seu ensino. O próximo passo é pensar no planejamento da aula, com o intuito de realizar uma condução coerente dela a fim de que os alunos aprendam a jogar voleibol.

2.4 Planejamento de aula

O ato de planejar está relacionado à intenção de "pensar sobre", refletir, organizar as ideias. De acordo com Gandin (2002, p. 14),

> o planejamento se desenrola ao redor da tensão entre uma realidade desejada e uma realidade existente. Assim o planejamento é uma ferramenta

para: compreender o futuro desejável; para avaliar a realidade existente, em função dele, a fim de ver as distâncias da realidade em relação a este futuro e as possibilidades de alcançá-lo ou dele se aproximar; para propor o que fazer e como ser para desmanchar ou diminuir esta tensão, isto é, para aproximar a realidade existente à realidade desejada.

Importante!

Podemos entender o planejamento como o momento de estabelecer os objetivos que se espera alcançar e de traçar o caminho, pensando-se nas melhores estratégias, que levará até a meta proposta.

O planejamento faz parte de nossas ações cotidianas, uma vez que dele necessitamos para a grande maioria de nossas atividades diárias. Como exemplo, podemos pensar no objetivo de fazer uma viagem, tanto para uma cidade próxima quanto para outro país. É necessário planejar o transporte, pensar no local de hospedagem e reservar o hotel, guardar dinheiro para as despesas com alimentação e passeios e, por último, fazer as malas com as roupas adequadas para o clima do local de destino. E, nessa mesma lógica, podemos considerar tantas outras situações, como cursar uma faculdade, conseguir um estágio ou emprego e comprar uma casa.

A seguir, elencamos três aspectos fundamentais para a elaboração do planejamento e sua utilização:

1. **Definição de objetivos**: todo grupo de alunos que esteja sob a responsabilidade do professor deve ter um objetivo a ser alcançado durante o ano ou mesmo ao final de um seminário com duração de uma semana, por exemplo. Esses objetivos devem ser estabelecidos pelo professor em conjunto com os alunos para que haja o comprometimento de todos nas etapas necessárias para atingir a meta. Mesmo que o grupo seja de crianças, o professor

deve conversar com os alunos e dizer o que deseja para eles durante o período das atividades. Uma avaliação diagnóstica do grupo auxilia o professor a estabelecer, junto com todos, quais são os objetivos possíveis para o grupo. Dependendo dos locais onde o professor está inserido, esses objetivos podem variar muito. Para um grupo, por exemplo, a intenção pode ser a de que todos saibam os fundamentos básicos do vôlei e entendam o rodízio e, para outro grupo, o intuito pode ser o de vencer o campeonato regional. Independentemente do alcance e das dificuldades das metas estabelecidas, o comprometimento do professor em traçar as melhores estratégias deve ser o mesmo para ambos os grupos.

2. **Definição de estratégias metodológicas:** a partir da definição do objetivo, cabe ao professor pensar nas melhores estratégias ou nos caminhos que levem a essa realização. O conhecimento técnico da modalidade é fundamental. O conhecimento das características da modalidade e o uso de uma proposta metodológica são essenciais para a escolha das estratégias corretas.

3. **Avaliação:** uma das funções do planejamento é oferecer a possibilidade de avaliação e correção dos caminhos caso seja necessário. Para isso, é preciso dividir o planejamento em unidades menores. Normalmente, elabora-se um planejamento anual, com o objetivo máximo para o ano e utilizam-se o planejamento mensal ou bimestral e o planejamento de aula. Essa divisão é essencial para que, depois dessas unidades de trabalho, seja possível avaliar se os objetivos foram alcançados. Vamos utilizar como exemplo o objetivo anual de ensinar os fundamentos técnicos básicos e o rodízio para um grupo de alunos iniciantes. Cada aula deve ter um objetivo e, ao final do primeiro bimestre, um objetivo maior; por exemplo, o grupo deve executar toque e manchete,

passe de toque e iniciar a recepção de manchete. Se, ao final do primeiro bimestre, essas habilidades não estiverem dominadas, o professor precisará rever as estratégias utilizadas, porque pode ser que ao final do ano não consiga cumprir o objetivo. Se o professor não planejar corretamente as várias etapas, não terá meios para avaliar o que deu errado no caso de o objetivo não ter sido alcançado e também não será possível mudar as estratégias durante o percurso, uma vez que não saberá aonde quer chegar em cada momento.

Além desses três aspectos fundamentais que têm de estar presentes no planejamento de aula, outros itens são importantes para facilitar a organização do professor. O quadro seguinte mostra um modelo de planejamento de aula preenchido.

PLANO DE AULA

IDENTIFICAÇÃO

Data da aula: 04/04
Faixa etária: 12 anos
Dias da semana: ( ) seg. (X) ter. ( ) qua. (X) qui. ( ) sex. ( ) sáb.
Horário: 14:00 – 15:30
Aula número: 10
Conteúdo: Recepção de toque
Objetivos: Realização da recepção de toque (toque de controle e toque direto)
Materiais necessários: bolas, 12 cones, 6 arcos

ESTRATÉGIAS METODOLÓGICAS

Aquecimento: jogo de queimada.
Tempo: 10 min

Desenvolvimento técnico: os alunos, divididos nas quadras de minivôlei em duas colunas atrás da linha de fundo, devem se deslocar dando toques de controle na bola até a rede e dar um toque direcionado ao arco que está posicionado no meio da outra quadra. Variações: determinar quantos toques podem ser dados até que cheguem próximos à rede. Mudar o lugar do arco-alvo para mais perto da rede ou mais distante dela.

Tempo: 15 min

Desenvolvimento tático: os alunos devem ser divididos em dois grupos – um que faz o exercício e outro que auxilia com bolas. Devem ser dispostos dois cones para marcar as posições de passe 1 e 3 e um cone em cima de cada linha lateral da quadra com a distância de 1 metro da rede. Um aluno do grupo auxiliar na posição de levantador deve servir de referência para o passe. Os alunos se posicionam para o passe ao lado do cone, o professor lança a primeira bola para o aluno da posição 1, que, por sua vez, faz um toque de controle e, em seguida, um toque direto para o levantador. O aluno que fizer a recepção se desloca até o cone posicionado em cima da linha, simulando a abertura para o ataque, e retorna para a posição de recepção. Enquanto o aluno que realizou o passe na posição 1 retorna à posição de origem, o professor lança a bola para o aluno que está na posição 3 executar o mesmo procedimento. O professor lança mais uma bola para o aluno da posição 1 realizar um toque direto para o levantador e, após isso, esse aluno também se desloca simulando a abertura para atacar, momento em que o professor lança a segunda bola para o aluno da posição 3, que também faz um toque direto e o deslocamento. Os dois alunos vão para o final da fila e outros dois alunos assumem a posição de recepção.

Tempo: 20 min cada grupo

Jogo: jogo em trios. A recepção só poderá ser feita por toque. Permite-se somente saque por baixo para facilitar a recepção.

Tempo: 20 min

AVALIAÇÃO

O objetivo da aula foi atingido: ( ) Sim ( ) Não (X) Parcialmente.

Principais dificuldades: a recepção com controle foi realizada a contento, porém a recepção direta não chegava à mão do levantador, passando direto para a quadra adversária. Faltou controle da força no passe direto.

A descrição dos exercícios pode ser feita de forma escrita ou por meio de desenhos de esquemas. O importante é que o professor reflita sobre o objetivo para determinada aula, para o bimestre ou para o ano e planeje estratégias metodológicas adequadas para contemplar o objetivo proposto. A avaliação realizada após a aula serve como referencial para o planejamento da sequência: se é necessário em algum momento retornar àquele conteúdo ou se é possível avançar na proposta estabelecida no planejamento mensal ou bimestral.

Alguns procedimentos didáticos são importantes na elaboração das atividades de aula. Vejamos alguns deles:

- **Evitar filas longas para a realização do exercício:** isso permite que o aluno realize a habilidade o maior número possível de vezes. Quando são utilizadas quadras adaptadas, é possível dividir a turma de alunos na extensão delas ou então em dois grupos, um dos quais somente realiza o exercício e o outro o auxilia nos lançamentos e na coleta das bolas. Isso diminui a quantidade de alunos na espera das filas e agiliza a reposição das bolas.

- **Procurar corrigir somente um erro de cada vez e não passar muitas informações na mesma correção:** caso se identifique que o aluno tem dificuldades nos posicionamentos das mãos e no posicionamento das pernas para a execução de determinado movimento, é preciso analisar o que é mais relevante e repassar somente uma informação para correção. Se houver correção de todos os problemas, o aluno não vai conseguir processar toda a informação necessária.

- **Propor desafios realizáveis, estimulando mais o acerto do que o erro**: o professor deve conhecer o nível de habilidades de seus alunos e entender que uma aula muito fácil e/ou uma aula muito difícil têm o mesmo poder de desestimular a participação.

Organizar todos esses conceitos apresentados sobre o voleibol e sobre a forma de ensiná-lo é complexo e exige estudo e dedicação do professor. A realização do planejamento facilita essa organização e pode garantir o sucesso para alcançar os objetivos estabelecidos. A seguir, apresentaremos uma metodologia sistematizada de ensino do voleibol utilizada em projetos sociais do Instituto Compartilhar, que adota o minivôlei e suas progressões como estratégias de ensino.

2.5 Metodologia sistematizada de ensino do voleibol

Como exemplo de uma metodologia sistematizada de ensino do voleibol, vamos analisar a adotada pelo Instituto Compartilhar (IC), uma organização não governamental que desenvolve projetos socioesportivos e utiliza o voleibol como meio de atingir sua missão de desenvolvimento humano pelo esporte. A **Metodologia Compartilhar de Iniciação ao Voleibol (MCIV)**, sistematizada pelo IC há 20 anos, busca facilitar o ensino da modalidade e incluir o ensino de valores para a formação do cidadão.

Fundado por Bernardinho, ex-técnico da seleção brasileira feminina e masculina de vôlei, o IC desenvolve projetos esportivos prioritariamente em escolas públicas. Atualmente, o IC atende 3,6 mil crianças por ano em 42 núcleos nos estados de Minas Gerais, Paraná, Rio Grande do Norte, Rio Grande do Sul, Rio de Janeiro e São Paulo. A grande maioria dos núcleos encontra-se dentro de escolas públicas, e os alunos, por meio da MCIV, aprendem a jogar voleibol.

A MCIV começou a ser utilizada em 1997, com o início do projeto Centro Rexona de Excelência de Voleibol, que englobava uma equipe feminina adulta para disputar competições nacionais e núcleos de iniciação ao voleibol espalhados pelo estado do Paraná. Essa metodologia se utiliza dos conceitos do minivoleibol, apresentado pela Federação Internacional de Voleibol (FIVB) na década de 1960 (Instituto Compartilhar, 2016).

De acordo com o material que descreve a referida metodologia (Instituto Compartilhar, 2016), os diferenciais dessa forma de trabalho são:

- a visão integral sobre a formação de crianças e adolescentes, ultrapassando as habilidades esportivas;
- o redimensionamento dos espaços e do número de jogadores;
- o aprendizado sempre relacionado ao jogo;
- a qualidade e a quantidade dos materiais utilizados;
- a realização de um bom planejamento;
- a formação continuada dos profissionais;
- o cuidado no atendimento dos alunos;
- a transferência dos valores do esporte para a formação do cidadão.

Os alunos atendidos pelos projetos do IC têm idade entre 9 e 15 anos e participam das aulas duas vezes por semana, cada uma das quais tem 1 hora de duração, sempre no contraturno escolar. A faixa etária dos alunos tem relação direta com a categoria em que eles fazem aula. A metodologia divide os alunos em quatro categorias, a saber: **Mini 2x2**, **Mini 3x3**, **Mini 4x4** e **Vôlei**. Os nomes das categorias representam o número de jogadores de cada equipe, ou seja, na categoria Mini 2x2, cada equipe é composta por 2 jogadores; o mesmo acontece nas categorias

Mini 3x3 e Mini 4x4. Na categoria Vôlei, cada equipe é composta por 6 jogadores, como na modalidade oficial que conhecemos.

Os alunos com idade entre 9 e 10 anos jogam na categoria Mini 2x2; os alunos com idade entre 11 e 12 anos jogam na categoria Mini 3x3; os alunos com 13 anos jogam na categoria Mini 4x4; e os alunos com 14 e 15 anos jogam na categoria Vôlei. Essa divisão por idades está relacionada às características de desenvolvimento físico dos alunos e às características do jogo de cada uma das categorias, cuja complexidade é menor na primeira delas e segue aumentando até o formato do jogo oficial na última.

As quadras também apresentam dimensões diferenciadas para cada categoria. A quadra de Mini 2x2 tem 3,5 m x 7,0 m de dimensão; o tamanho da quadra de Mini 3x3, por sua vez, é de 4,5 m x 12 m; a quadra de Mini 4x4 mede 7,0 m x 14,0 m; por fim, a quadra da categoria Vôlei tem o tamanho oficial de 9,0 m x 18,0 m. As proporções também estão de acordo com o número de jogadores e algumas características de aprendizagem. Se compararmos, por exemplo, a quadra de Mini 2x2 com a de Mini 3x3, perceberemos que, da primeira para a segunda, em relação à largura, há um aumento de somente 1,0 m e, em relação ao comprimento, há um aumento de 5,0 m, sem que se siga, portanto, o padrão quadrado comum às outras categorias e à quadra oficial. É possível justificar essa proporção diferenciada na quadra de Mini 3x3 pela facilidade que ela possibilita à criança de realizar nela deslocamentos frente/trás em relação a deslocamentos laterais. Além disso, é nessa categoria que o aluno aprende a cortada, contexto no qual a tendência é que a bola do ataque seja mais longa, já que o gesto técnico ainda não está bem consolidado e o salto e a velocidade de movimentação de braços estão em desenvolvimento. Assim, a possibilidade de uma bola atacada ir para dentro da quadra é maior, uma vez que há mais profundidade.

O Quadro 2.1 apresenta um resumo das informações referentes às categorias da MCIV.

Quadro 2.1 Resumo da Metodologia Compartilhar de Iniciação ao Voleibol (MCIV)

CATEGORIA	IDADES	JOGO	TAMANHO DA QUADRA	Nº DE QUADRAS (por área*)	ALTURA DA REDE**
Mini 2x2	9 e 10	2 x 2	3,5 m x 7,0 m	3 ou 4	1,80 m a 2,00 m
Mini 3x3	11 e 12	3 x 3	4,5 m x 12,0 m	2 ou 3	2,00 m a 2,15 m
Mini 4x4	13	4 x 4	7,0 m x 14,0 m	1 ou 2	2,10 m a 2,20 m
Vôlei	14 e 15	6 x 6	9,0 m x 18,0 m	1	2,20 m a 2,30 m

* A área mínima recomendada para montagem da estrutura é uma quadra esportiva de 25 m por 15 m.

* A variação da altura da rede acontece de acordo com a altura dos alunos e o trabalho a ser realizado.

Fonte: Instituto Compartilhar, 2016, p. 12.

Com os tamanhos das quadras redimensionados para as capacidades físicas dos alunos, a MCIV preconiza que se monte mais de uma quadra para as categorias. Nesse sentido, é possível dividir o grupo de alunos durante os exercícios, evitando-se, assim, longas filas e permitindo-se também que haja mais espaços no momento do jogo. O ideal para essa metodologia é a montagem de quatro quadras de Mini 2x2, três quadras de Mini 3x3, duas quadras de Mini 4x4 e uma quadra oficial de vôlei (Instituto Compartilhar, 2016).

A aula é dividia em três partes:

- O aquecimento e a técnica individual integram a primeira parte da aula e têm duração de 15 minutos.
- A segunda – e principal – parte da aula é aquela em que são realizados exercícios combinados e situações de jogo, a qual tem duração de 30 minutos.
- O jogo corresponde à terceira parte da aula e tem duração de 15 minutos.

As atividades de aquecimento são mais lúdicas nas categorias Mini 2x2 e Mini 3x3 e mais técnicas nas categorias Mini 4x4 e Vôlei. A parte principal da aula envolve sempre exercícios táticos com duas ações. Ou seja, o aluno dificilmente realiza um exercício em que dá apenas um toque na bola ou executa somente um passe ou uma defesa para, então, ir até o final da fila. O exercício com duas ações considera a lógica das situações do jogo e sempre envolve um deslocamento ou mais uma ação, com lançamento de mais uma bola para a realização de um toque, passe ou defesa. Dessa forma se aproxima da realidade do jogo de voleibol. Os exercícios táticos dessa parte da aula são recortes das situações de jogo. Como exemplo, podemos pensar na categoria Mini 3x3, em que o aluno que faz o passe para o levantador deve realizar a movimentação de "abrir" para atacar, esperando a bola que vem do jogador para o qual ele fez o passe. Pensando nessa lógica do jogo, o aluno deverá realizar esse deslocamento após a execução do passe (Instituto Compartilhar, 2016).

Na MCIV, os conteúdos são tratados como **fundamentos técnicos**, que são os movimentos básicos do voleibol, como o toque, a manchete, o saque por cima e por baixo, a cortada, o bloqueio e a defesa, e como **fundamentos de jogo**, que correspondem à aplicação dos fundamentos técnicos em situação de jogo, por exemplo, a recepção de toque em que este é utilizado para recepcionar o saque em uma determinada posição. O levantamento é a aplicação do toque para uma bola que vem da recepção. No caso do bloqueio, o nome do fundamento técnico e do fundamento de jogo é o mesmo. No entanto, no fundamento técnico, busca-se a execução correta do gesto e, no bloqueio como fundamento de jogo, o foco é uma leitura da bola do levantador, o posicionamento correto em frente à bola, a composição correta do bloqueio duplo etc. O bloqueio como fundamento de jogo está sempre relacionado à leitura do levantamento e do ataque da equipe adversária.

Cada uma das categorias apresenta uma gama de conteúdos que devem ser ensinados durante o ano. Apesar de se repetirem nas diferentes categorias, os conteúdos necessitam de adaptações em razão do aumento da complexidade das categorias. O fundamento técnico da cortada na categoria Mini 3x3 tem ênfase na movimentação dos braços, no encaixe da bola na mão e somente no início da passada. Na categoria Mini 4x4, esse fundamento técnico é abordado com ênfase na coordenação da passada com movimentação de braço. O Quadro 2.2 mostra como os conteúdos são trabalhados em cada categoria.

Quadro 2.2 Divisão de conteúdos por categorias na MCIV

	Conteúdos	Mini 2X2	Mini 3X3	Mini 4X4	Vôlei
Fundamentos técnicos	Habilidades motoras	X			
	Iniciação ao toque	X			
	Aperfeiçoamento do toque		X	X	X
	Iniciação à manchete	X			
	Aperfeiçoamento da manchete		X	X	X
	Saque por baixo	X	X	X	
	Saque por cima				X
	Largada	X	X		
	Cortada		X	X	X
	Bloqueio		X	X	X
	Defesa		X	X	X
	Defesa com queda				X

(continua)

(Quadro 2.2 – conclusão)

	Conteúdos	Mini 2X2	Mini 3X3	Mini 4X4	Vôlei
Fundamentos de jogo	Passe de toque	X	X	X	X
	Passe de manchete		X	X	X
	Levantamento de toque	X	X	X	X
	Levantamento de manchete		X	X	X
	Ataque na forma de largada	X	X		
	Ataque		X	X	X
	Bloqueio		X	X	X
	Defesa		X	X	X
	Sistema de jogo	X	X	X	X
	Sistema de jogo (levantador na posição 3)				X
	Sistema de jogo (levantador na posição 2)				X
	Sistema de jogo (levantador na posição 1)				X
	Sistema de defesa		X	X	X

Fonte: Elaborado com base em Instituto Compartilhar, 2016.

As regras do jogo para cada categoria também são adaptadas. Com a simplificação das regras de acordo com as habilidades dos alunos, evita-se que o jogo seja interrompido a todo momento, favorecendo a troca de bolas entre as equipes e, consequentemente, o aprendizado. O Quadro 2.3 mostra as regras de cada uma das categorias.

Quadro 2.3 Regras do jogo para cada uma das categorias

Categorias	Regras básicas
Mini 2x2	- Saque por baixo; - Proibido tocar na rede; - Não há bloqueio;
Mini 3x3	- Saque por baixo; - Proibido tocar na rede; - Deve-se respeitar o rodízio; - Bloqueio simples;
Mini 4x4	- Ataque realizado somente pela entrada e saída de rede; - Bloqueio simples; - Recepção e defesa realizadas com três jogadores; - Saque por baixo; - O jogador que realiza o saque vai para o meio da quadra e não ataca, assumindo uma função de jogador de defesa;
Vôlei	- Segue as regras oficiais de voleibol.

Fonte: Instituto Compartilhar, 2016, p. 30.

O ensino dos valores é incluído em vários momentos da aula. Cada categoria desenvolve um valor específico durante o ano: para a categoria Mini 2x2, é a cooperação; para a categoria Mini 3x3, é a responsabilidade; para a categoria Mini 4x4, é o respeito; e, para a categoria Vôlei, é a autonomia. As atividades utilizadas no aquecimento e na parte principal da aula apresentam dinâmicas que reforçam esses valores, além da intencionalidade do professor ao direcionar e orientar as atividades. No momento do jogo, a divisão das equipes também é pautada pelos valores. Na categoria Mini 2x2, em uma aula da semana, a escolha das duplas para o jogo é feita pelo professor, que normalmente coloca um aluno mais habilidoso para jogar com um menos habilidoso. Dessa forma, o mais habilidoso deve cooperar, auxiliando o menos habilidoso. Na outra aula da semana, são os alunos que escolhem as duplas, o que já estimula também o respeito pelas decisões tomadas.

Além da inclusão de atividades que exemplificam na prática os valores trabalhados em cada categoria, a MCIV prevê a realização de uma atividade específica ao final de cada mês relacionada a essa temática. As atividades envolvem o conceito de cada valor, a aplicação do valor no ambiente do projeto, da escola, da família e, para a categoria Vôlei, também na comunidade (Instituto Compartilhar, 2016). Nessas tarefas especiais, os alunos devem conversar com pais, professores da escola onde estudam, fazer pesquisas na internet sobre como aplicar, por meio de ideias práticas, a cooperação, a responsabilidade, o respeito e a autonomia.

A apresentação de uma metodologia sistematizada de ensino do voleibol une todos os conhecimentos abordados no decorrer deste capítulo para a construção de uma metodologia de ensino. O exemplo examinado aqui – referente à metodologia utilizada pelo Instituto Compartilhar – deve servir de ponto de partida para que cada professor possa adaptá-la para a sua realidade, preocupando-se sempre, no entanto, em analisar as necessidades específicas para realizar uma prática eficaz e prazerosa no ensino do voleibol.

■ Síntese

Neste capítulo, apresentamos uma proposta metodológica de ensino do voleibol que considera as características do esporte em questão e segue progressões pedagógicas que facilitam o aprendizado dessa complexa modalidade. Vimos como se deve estruturar uma aula no contexto de ensino do voleibol e como elaborar um planejamento que possibilite o alcance dos objetivos estabelecidos e auxilie o professor a avaliar os caminhos percorridos. Na sequência, examinamos a metodologia de ensino utilizada pelo Instituto Compartilhar, a qual contempla todos os conceitos discutidos ao longo do capítulo.

■ **Atividades de autoavaliação**

1. A aprendizagem do voleibol pode ser considerada complexa por uma série de fatores que caracterizam a forma de jogo da modalidade. A seguir, marque V (verdadeiro) ou F (falso) para cada uma das características apresentadas e depois assinale a alternativa que indica a sequência correta de respostas:

   ( ) Modalidade caracterizada por ser composta predominantemente de habilidades classificadas como fechadas.

   ( ) Exigência de domínio técnico, já que o erro na execução técnica de um fundamento confere ponto ao adversário.

   ( ) Impossibilidade de reter a bola, contexto em que o jogador já deve ter a compreensão tática e saber o que fazer quando a bola está vindo em sua direção.

   ( ) Transição de situações como recepção, levantamento, ataque, bloqueio, defesa, contra-ataque, cobertura de ataque e cobertura de bloqueio acontece sempre na mesma ordem e é sempre constante em todos os *rallies*. Essa quantidade de situações dificulta a aprendizagem.

   a) V, V, F, V.
   b) F, F, V, F.
   c) F, V, V, V.
   d) F, V, V, F.

2. Ao pensar em uma progressão pedagógica adequada para o ensino do voleibol, o professor precisa atentar para alguns conceitos importantes que facilitam a aprendizagem. A seguir, marque V (verdadeiro) ou F (falso) para cada uma das afirmativas dadas e depois assinale a alternativa que indica a sequência correta de respostas:

( ) A adaptação do tamanho da quadra e o número de jogadores são dois conceitos importantes para um ensino coerente do voleibol porque auxiliam na realização dos gestos técnicos, respeitam as capacidades de desenvolvimento das crianças e ainda estimulam o maior contato com a bola, acelerando a aprendizagem.

( ) As falhas na execução técnica são fatores que conferem pontos ao adversário, razão pela qual a progressão pedagógica ideal é ensinar todos os fundamentos técnicos (toque, saque, manchete, defesa, cortada, bloqueio) até a perfeição para, então, colocar os alunos para jogar. A soma da boa execução dos fundamentos técnicos garante um excelente jogo.

( ) O gosto pelo esporte ajuda a enfrentar a complexidade do processo de aprendizagem. O professor deve atentar para a manutenção do gosto pelo esporte dos alunos e também estimular esse gosto por meio de atividades condizentes com o nível de desenvolvimento.

( ) O professor deve ter clareza da necessidade de evoluir de situações simples para situações complexas no processo de ensino do voleibol. Isso diminui a frustação dos alunos por não conseguirem realizar as atividades solicitadas.

a) F, V, V, V.
b) V, F, V, V.
c) V, V, V, F.
d) V, F, F, F.

3. Todas as partes que estruturam uma aula são importantes porque desenvolvem componentes específicos do voleibol que se complementam no processo de ensino. A seguir, correlacione a primeira coluna com a segunda e depois assinale a alternativa que indica a sequência correta de correlações:

1. Aquecimento	( ) Mesmo que o grupo em questão seja iniciante e apresente domínio limitado dos fundamentos, esta parte da aula deve sempre estar presente por ser o momento de maior interesse e motivação para os alunos.
2. Desenvolvimento técnico	( ) Refere-se aos fundamentos básicos do jogo de vôlei. O professor deve atentar para a evolução das situações simples para as situações complexas. Uma das possibilidades é acrescentar deslocamentos para deixar os exercícios propostos mais difíceis.
3. Desenvolvimento tático	( ) Auxilia na preparação do corpo para atividades mais intensas e promove a melhoria de reações fisiológicas. Pode contar com um componente lúdico e um específico. O lúdico sempre é muito agradável e motivador para um grupo de crianças.
4. Jogo	( ) Deve favorecer a compreensão geral do funcionamento do jogo e o papel do jogador em cada situação. Relaciona-se à tomada de decisão correta diante das diferentes situações do jogo. Preconiza-se o uso de exercícios que simulem situações de jogo e trabalhem com sequência de ações.
5. Avaliação	( ) É o momento de verificar e esclarecer com os alunos se os objetivos da aula foram alcançados, estreitar as relações com os alunos e de passar orientações para ações futuras.

a) 4, 1, 5, 3, 2.
b) 4, 3, 1, 2 ,5.
c) 4, 2, 1, 3, 5.
d) 3, 2, 1, 4, 5.

4. A realização do planejamento é fundamental para a orientação do trabalho do professor de voleibol. Assinale a alternativa correta referente aos aspectos fundamentais para a elaboração e a utilização do planejamento:

a) Antes de iniciar o período de aulas, o professor deve ter o planejamento pronto, com objetivos e estratégias metodológicas estabelecidas. Dessa forma, o trabalho será efetivo desde a primeira aula, rumo aos objetivos definidos pelo docente.

b) Um bom planejamento se faz com o estabelecimento do objetivo principal do grupo em conjunto com o professor. Todos do grupo devem estar cientes dessa meta, e o professor deve balizar as ações para o alcance desse objetivo conjunto. Após uma avaliação diagnóstica do grupo, já é possível definir qual é o objetivo ou quais serão os objetivos, e, assim, o planejamento necessário estará pronto.

c) A criação de um planejamento passa por uma construção conjunta de objetivos entre o professor e os alunos. Além disso, o professor precisa elaborar planejamentos bimestrais e planejamentos de aula para servir de avaliação das estratégias metodológicas escolhidas para alcançar essa meta final.

d) O ato de planejar, ou fazer o planejamento das aulas em papel, é um desperdício de tempo para o professor de voleibol. Como a evolução dos alunos é percebida aula após aula, não é possível estabelecer um objetivo bimestral. Definir apenas de quais campeonatos a equipe vai participar durante o ano e comunicar isso aos alunos é o planejamento que o professor precisa fazer. O conhecimento da modalidade é o planejamento que está na cabeça do professor.

5. MCIV reúne os conhecimentos necessários para a construção de uma metodologia de ensino adequada. Assinale a alternativa correta sobre os principais conceitos da MCIV:

a) A divisão das categorias é feita com base na habilidade técnica dos alunos. Os alunos iniciantes, sem domínio do vôlei, são alocados na categoria Mini 2x2, os que já dominam os fundamentos básicos vão para a categoria Mini 3x3, os alunos com domínio de técnicas de defesa e bloqueio jogam na categoria Mini 4x4, e os que precisam aprimorar sistemas de jogo fazem aulas na categoria Vôlei. Essa divisão está relacionada única e exclusivamente a critérios técnicos.

b) O trabalho de valores é muito importante na MCIV. Sempre na última aula do mês, os alunos assistem a uma palestra sobre cooperação, responsabilidade, respeito e autonomia e devem entregar uma redação para os professores sobre o que foi abordado na palestra. Essa é a única forma eficaz de ensinar valores.

c) Como o foco nas categorias iniciais é o desenvolvimento de fundamentos técnicos, o jogo só passa a fazer parte da aula na categoria Vôlei. Antes dos 14 anos, os alunos não jogam. Dessa forma, eles chegam a essa categoria com fundamentos técnicos sólidos e com muita vontade de jogar, apresentando um bom padrão de jogo.

d) Os conteúdos são divididos em quatro categorias e seguem uma progressão de dificuldade relacionada à complexidade do jogo específico. Nesse sentido, na categoria inicial, são trabalhadas a iniciação ao toque, a iniciação à manchete e a iniciação ao saque por baixo. Nas outras categorias, são acrescentados os outros fundamentos, como ataque, bloqueio e defesa, visto que o sistema de jogo dessas outras categorias já requer a execução desses fundamentos. Na categoria Vôlei, os alunos reforçam todos os fundamentos e aprendem variações e recursos como defesa com queda e bloqueio duplo.

■ *Atividades de aprendizagem*

Questões para reflexão

1. Você já tinha analisado o voleibol levando em consideração as características das habilidades motoras que ele envolve? Já tinha levado em conta a classificação ambiental das habilidades motoras (habilidades abertas ou fechadas)? Normalmente,

essas classificações não são consideradas importantes, mas elas fazem toda a diferença no tipo de exercício que o professor precisa propor aos alunos para uma boa aprendizagem da modalidade. Você consegue pensar em outro esporte, diferente dos exemplos dados no capítulo, nos quais predominam as habilidades abertas? Como devem ser os exercícios para ensinar a modalidade na qual você pensou?

2. Ao se fazer um planejamento, o objetivo deve ser construído e acordado entre professor e alunos. Assim, fica mais fácil que os alunos aceitem as exigências necessárias para atingir a meta estipulada. No papel de professor de Educação Física, você teria o hábito de conversar com seus alunos sobre os objetivos das aulas? Mesmo com crianças, você explicaria o que seria esperado delas ao final do período de aulas? Essa prática pode aumentar o comprometimento de todos com as atividades.

Atividade aplicada: prática

1. Entender a lógica do jogo de vôlei não é muito simples. Saber qual posicionamento tomar em determinada situação (permanecer perto da rede ou afastar-se dela para a defesa, por exemplo) é difícil para os praticantes e apreciadores da modalidade. Para aprimorar o entendimento tático da modalidade, faça questionamentos a você mesmo ou ao seu grupo de amigos quando estiver praticando ou assistindo a um jogo de vôlei. Considere, por exemplo, as seguintes questões: Depois que o jogador realiza o saque, onde devem estar posicionados os outros jogadores? Após a realização da recepção, qual posicionamento deve ser adotado pelos jogadores? Reflita sobre esses e outros aspectos para aperfeiçoar seu entendimento sobre o assunto.

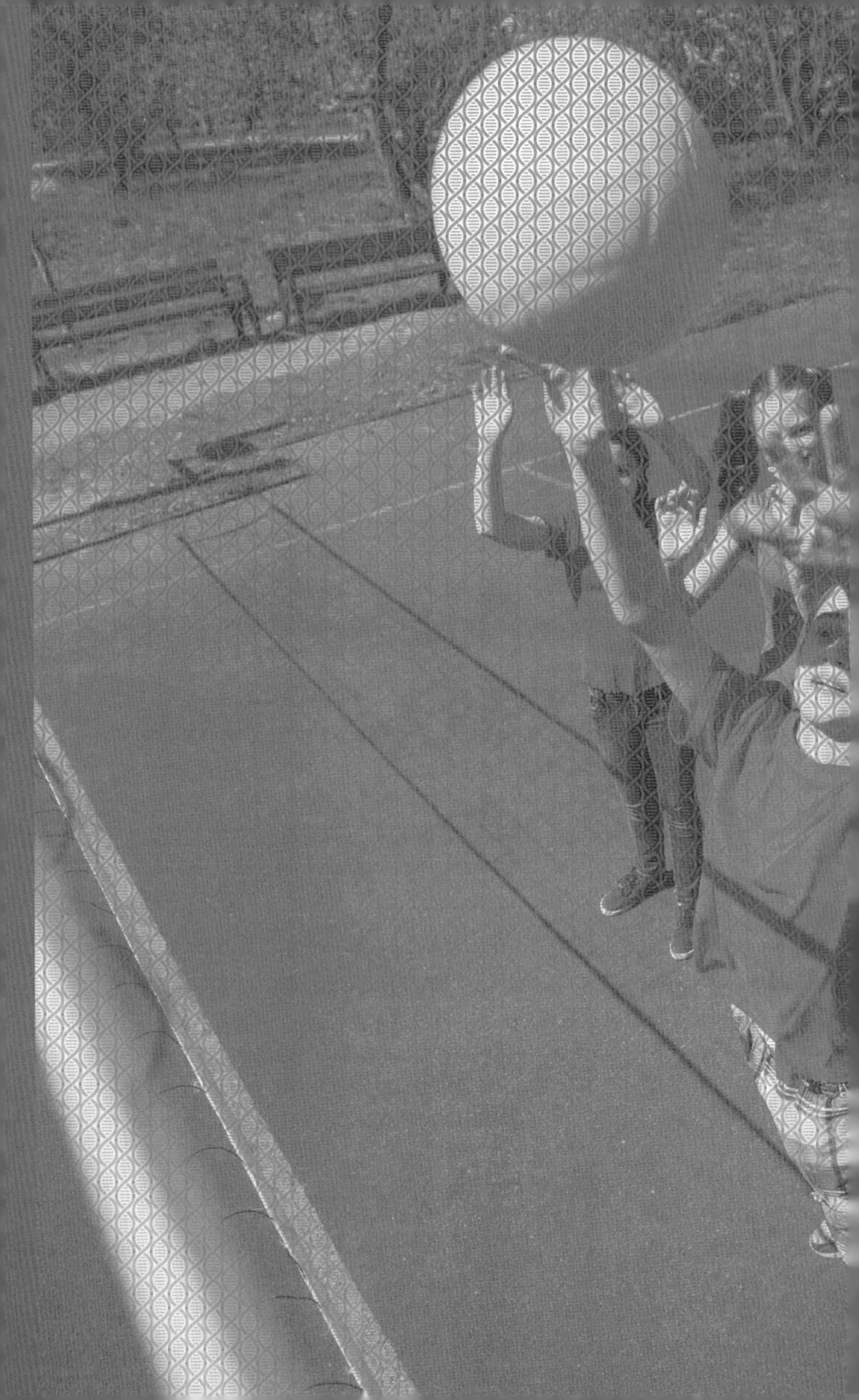

Capítulo 3

Ensino do voleibol – fundamentos técnicos e aplicação tática

Neste capítulo, aprofundaremos os conhecimentos sobre os fundamentos técnicos do voleibol – saque, toque, manchete, ataque, defesa e bloqueio – e sua aplicação tática em situações de jogo. O objetivo é esclarecer como o professor deve ensinar o gesto técnico de cada fundamento, identificando os principais pontos de atenção, e também propor exercícios que facilitem a aprendizagem em uma progressão pedagógica correta, utilizando sempre situações de jogo para o desenvolvimento das habilidades. A aplicação tática dos fundamentos será abordada para favorecer a compreensão da dinâmica da modalidade, contribuindo para a construção do jogo.

3.1 Saque

No voleibol, a bola é sempre colocada em jogo pela execução do saque. A disputa de um ponto – no início, no meio ou no final de uma partida – é sempre iniciada com a execução do saque. Nos primórdios da história do voleibol, o saque era definido somente como o ato de colocar a bola em jogo. Com o aumento da velocidade e da potência das ações no jogo, o saque passou do simples ato de "colocar a bola em jogo" para ser considerado a primeira ação de ataque. Isso ocorreu porque a escolha do tipo de saque e da direção do saque para a quadra adversária é feita com o objetivo de dificultar as ações adversárias de recepção, de levantamento e de ataque, podendo resultar em ponto direto por erro de recepção ou em retorno de uma bola defendida mais facilmente. Esse fundamento, portanto, deve ser encarado desde as primeiras aulas como um elemento vital na construção ofensiva de uma equipe.

3.1.1 Tipos de saque

Diversas formas de execução do saque já foram utilizadas desde o início da prática da modalidade até os dias atuais. Algumas formas foram aperfeiçoadas e continuam em uso, enquanto e outras, que não apresentam mais a eficácia de dificultar as ações da equipe adversária, caíram em desuso. O fato de os jogadores serem hoje técnicos, velozes e fortes e também as modificações nos locais (ginásios) onde são realizados os jogos favoreceram a mudança nas técnicas utilizadas na execução do saque.

Um exemplo na história do voleibol é o saque "jornada nas estrelas", que foi executado com sucesso por Bernard Razjman – jogador da seleção brasileira masculina nas décadas de 1970 e 1980, equipe que ganhou a medalha de prata nos Jogos Olímpicos de Los Angeles em 1984 – e que não é mais utilizado atualmente. Esse tipo de saque consistia em lançar a bola a uma grande altura, razão pela qual ela descia com grande velocidade e dificultava a ação do jogador passador adversário. Além disso, os ginásios da época tinham iluminação central que confundia a visão dos jogadores que olhavam para o teto do ginásio para visualizar a bola. A mudança na estrutura dos ginásios, que agora têm teto mais baixo e outra iluminação, e a evolução técnica dos jogadores não garantem mais o mesmo êxito da época.

Atualmente, três tipos de saques são os mais utilizados: o saque por baixo, o saque por cima – com salto e sem salto – e o saque "viagem" (Bizzocchi, 2016). As especificidades desses tipos de saque envolvem a mecânica de execução do gesto técnico e também a trajetória da bola. A Figura 3.1 esquematiza essas informações.

Figura 3.1 Tipos de saque

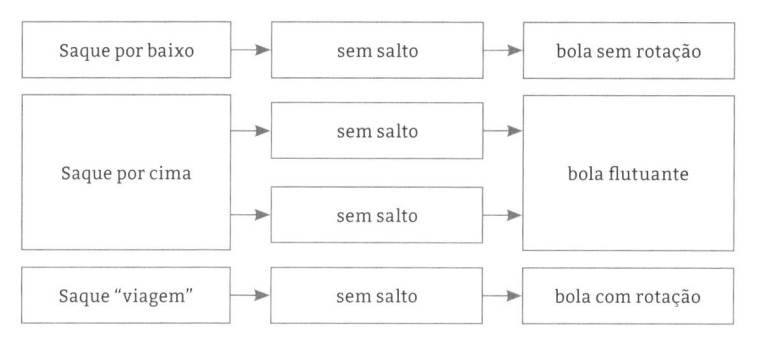

Saque por baixo	→	sem salto	→	bola sem rotação
Saque por cima	→	sem salto	→	bola flutuante
	→	sem salto	→	
Saque "viagem"	→	sem salto	→	bola com rotação

O **saque por baixo** é a primeira forma de execução do saque que é ensinada para os iniciantes na modalidade. Por ser de fácil execução se comparado aos outros tipos de saque, é facilmente assimilado e permite que seja realizado o início do jogo. O saque por baixo se caracteriza por ser um saque lento, que privilegia a recepção. Ele possibilita um ajuste mais adequado de posicionamento do jogador que vai recebê-lo. Utilizado em equipes iniciantes, o saque por baixo permite que o jogo se desenvolva, já que é mais fácil de ser recepcionado.

O **saque por cima**, também denominado saque "tipo tênis", pode ser realizado de forma sustentada, ou seja, diretamente do chão sem salto, ou em suspensão, quando se realiza o salto para sacar (Bizzocchi, 2016). No saque por cima, com salto ou sem salto, a trajetória da bola é flutuante, ou seja, a bola não apresenta rotação sobre seu eixo, e no percurso até a quadra adversária apresenta pequenas oscilações na trajetória, caindo repentinamente quando perde a velocidade. O saque por cima sem salto já é mais veloz que o saque por baixo. Por sua vez, o saque por cima com salto é ainda mais veloz. Essa característica dificulta a recepção adversária, e a trajetória irregular da bola exige um posicionamento rápido e correto do passador. A forma como o sacador bate a bola no momento do saque é que determina a falta de rotação e a trajetória flutuante da bola.

No **saque "viagem"**, a bola apresenta rotação em seu eixo durante a trajetória até a quadra adversária. As principais características do saque "viagem" são a velocidade e a força com que a bola sai da mão do sacador e atinge a quadra adversária numa trajetória parabólica. O sacador lança a bola à sua frente, realiza a mesma movimentação de um ataque e a golpeia com força e velocidade, projetando o corpo para a frente na aterrissagem do salto. Diferentemente do ataque, em que o salto deve ser vertical e não pode ser projetado para frente para evitar o toque na rede, no saque por cima essa projeção garante ainda mais força e velocidade para o saque. Os jogadores de recepção da equipe adversária devem estar muito bem posicionados e com excelente tempo de reação para realizar a recepção de um saque "viagem".

Esse tipo de saque foi batizado na década de 1980 com o nome de "viagem ao fundo do mar". William, Montanaro e Renan, jogadores da seleção brasileira masculina de voleibol, fizeram alusão a uma série televisiva ao atribuir esse nome ao estilo de saque.

Na sequência deste capítulo, vamos apresentar as características técnicas do saque e a progressão pedagógica para o ensino desse fundamento. Embora o saque por baixo e o saque por cima sem salto sejam os tipos de saque abordados nas próximas páginas, a discussão sobre a aplicação tática do saque é a mesma para todos os tipos de saque.

3.1.2 Características técnicas do saque e progressão pedagógica para o ensino

Quando nos referimos às características técnicas do saque, estamos aludindo ao gesto técnico, ou seja, a postura corporal correta para a execução do movimento do saque. A progressão pedagógica se refere a exercícios que podem ser utilizados para ensinar a execução do gesto técnico.

3.1.2.1 Saque por baixo

O saque é o único momento em que o aluno pode segurar a bola em um jogo de voleibol. O saque por baixo é mais fácil se comparado aos outros tipos porque a bola não precisa ser lançada para a execução da jogada, isto é, uma mão segura a bola e a outra rebate. Em razão disso, os possíveis erros de lançamento não acontecem. A Figura 3.2 ilustra a postura inicial do jogador para a realização do saque por baixo.

Figura 3.2 Postura inicial para a realização do saque por baixo

Alguns pontos precisam ser observados com cuidado para a execução correta do saque por baixo:

- A perna contrária à mão que golpeará a bola deve estar à frente. Ou seja, alunos que golpeiam a bola com a mão direita devem colocar a perna esquerda à frente; por sua vez, alunos que golpeiam a bola com a mão esquerda, devem colocar a perna direita à frente;
- O tronco deve estar levemente inclinado à frente.
- O movimento do braço que golpeia a bola deve ser feito em linha reta, razão pela qual a bola deve ser segurada à frente do braço que a golpeia. Isso evita que o braço que golpeia a bola realize uma trajetória em diagonal.

Destacamos também o posicionamento da mão que golpeará a bola. Tal como mostra a Figura 3.3, essa mão deve estar fechada. Outras formas de posicionamento da mão para golpear a bola no saque por baixo podem ser adotadas (Bizzocchi, 2016), porém entendemos que a mão fechada oferece uma maior e mais regular área de contato com a bola, proporcionando ao executante maior confiança na realização desse tipo de saque.

Figura 3.3 Posição da mão que golpeará a bola no saque por baixo

Will Amaro

A progressão pedagógica para o ensino do saque por baixo deve sempre considerar a postura inicial, contexto em que o professor deve observar e corrigir principalmente o posicionamento de pernas e o posicionamento da bola. Lembramos que a bola não deve ser lançada antes do golpe, ou seja, o braço que segura a bola deve permanecer imóvel, dando apenas suporte para a bola que será golpeada pela outra mão.

Inicialmente, deve-se reduzir a distância que a bola precisa percorrer até chegar ao outro lado da rede. Os alunos devem ser posicionados próximos à rede e, assim, executar o saque por baixo para o outro lado da quadra. A distância da rede deve ser aumentada gradativamente, com a evolução técnica dos alunos, até que eles estejam realizando o saque atrás da linha de fundo da quadra. Esse recurso pedagógico de aproximar o aluno da rede garante que ele se concentre na técnica e no posicionamento correto para a execução do saque e empregue a força necessária para fazer a bola passar para o outro lado da quadra. Se o aluno já está posicionado no fundo da quadra, é possível que ele focalize mais a força necessária para fazer a bola passar e realize um gestual errado, somente com o objetivo de fazer a bola chegar ao outro lado.

A Figura 3.4 apresenta o esquema de um exercício de iniciação ao saque por baixo.

Figura 3.4 Exercício em duplas de saque por baixo

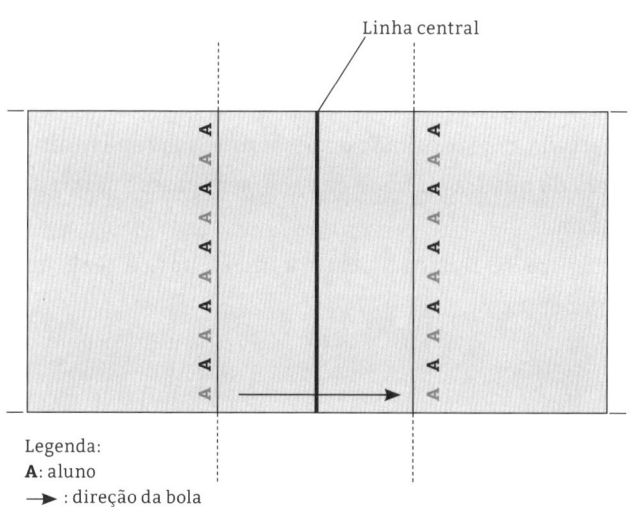

Legenda:
A: aluno
→ : direção da bola

Nesse exercício, os alunos devem ser separados em duplas, sendo que cada dupla deve se posicionar de forma que um deles fique de frente para o outro em lados opostos da quadra, atrás da linha de 3 metros da quadra de vôlei. Cada dupla porta uma das bolas, todas as quais devem estar posicionadas no mesmo lado da quadra. Ao sinal do professor, os alunos devem sacar a bola na direção do outro colega da dupla. Os alunos do outro lado buscam as bolas, posicionam-se atrás da linha dos 3 metros e seguem os comandos do professor, executando a mesma tarefa. O professor, ao perceber a evolução dos alunos, pode aumentar a distância do posicionamento inicial em relação à rede.

3.1.2.2 Saque por cima

O aprendizado do saque por cima exige coordenação mais desenvolvida e também o desenvolvimento de força e velocidade nos membros superiores. Isso ocorre porque, diferentemente do saque por baixo, o saque por cima requer o lançamento e o golpe da bola. Mesmo que o saque seja o momento em que o jogador de voleibol segura a bola, ele precisa realizar um lançamento antes de golpeá-la; se esse lançamento for executado da maneira equivocada, existe grande chance de o golpe na bola ser executado de forma errada, cujo resultado pode ser um saque que se direcione para fora da quadra ou fique na rede, sem passar para a quadra adversária.

A Figura 3.5 ilustra a postura inicial para a realização do saque por cima.

Figura 3.5 Postura inicial para a realização do saque por cima

Will Amaro

O professor deve atentar para alguns posicionamentos dos alunos quando da realização do saque por cima, que são muito similares aos da execução do saque por baixo:

- A perna contrária à mão que golpeará a bola deve estar à frente. Ou seja, alunos que golpeiam a bola com a mão direita devem colocar a perna esquerda à frente; por sua vez, a perna direita de alunos que golpeiam a bola com a mão esquerda deve estar à frente.
- A bola deve ser lançada na direção do braço que a golpeia, evitando-se, assim, que o golpe na bola seja realizado na diagonal.
- O cotovelo do braço que golpeará a bola deve estar elevado na altura do ombro.
- A bola deve ser lançada em altura um pouco acima da cabeça. Lançamentos muito altos podem tomar direções

irregulares, e lançamentos muito baixos não permitem a movimentação completa do braço que golpeia a bola.

- A mão que golpeia deve estar aberta e com os dedos unidos para realizar o contato com a bola.

A progressão pedagógica para o ensino do saque por cima se assemelha muito aos passos utilizados para o ensino do saque por baixo. A posição inicial de pernas e braços é muito importante, porém o professor também precisa atentar para o lançamento da bola e para a velocidade da movimentação de braço para golpeá-la. Se a posição estiver correta, se o lançamento for adequado e se a movimentação do braço e do golpe na bola não for veloz, esta dificilmente passará para o outro lado da quadra.

O mesmo exercício apresentado na Figura 3.4 pode ser utilizado para o ensino do saque por cima.

3.1.3 Aplicação tática do saque

Ao nos referirmos à aplicação tática de determinado fundamento, pensamos nas possibilidades de utilização deste em situações estratégicas de jogo. As características técnicas dizem respeito ao aprendizado do gesto técnico, estágio inicial com base no qual é possível ensinar aos alunos aplicações táticas que, por meio do aprimoramento do gesto técnico, surtirão efeito durante os jogos.

No contexto do conceitual técnico e tático para o fundamento em questão – o saque –, já vimos como deve ser a postura inicial e os elementos para os quais o professor deve atentar para corrigir possíveis erros. Agora, vamos pensar na execução do saque em determinadas posições na quadra adversária e na forma como definir o tipo de saque que possa dificultar o sistema de recepção do time adversário.

As variações no tipo de saque (saque por cima sem salto, flutuante ou saque "viagem") dependem muito da característica individual do aluno. Em muitos momentos do jogo, para a equipe é mais interessante que seja executado um saque por cima sem salto, com segurança – e em uma posição que dificulte a recepção adversária –, do que um saque "viagem", que tem grande possibilidade de ser executado com erro ou com uma baixa margem de segurança.

Os alunos precisam aprender, além das variações do saque – como saque curto e saque longo –, a sacar com precisão em determinadas posições. A execução de um saque curto tem como objetivo colocar a bola sempre perto da rede, preferencialmente dentro da zona de ataque, antes da linha de 3 metros da quadra adversária. O objetivo do saque longo é direcionar-se para o fundo da quadra, próximo da linha de fundo. Além disso, é possível haver variações de saque na paralela e na diagonal da quadra. Há também combinações de saque curto na diagonal ou saque longo na paralela, por exemplo.

Figura 3.6 Zonas de saque na quadra adversária

Legenda:
A: aluno sacador
⟶ : direção da bola

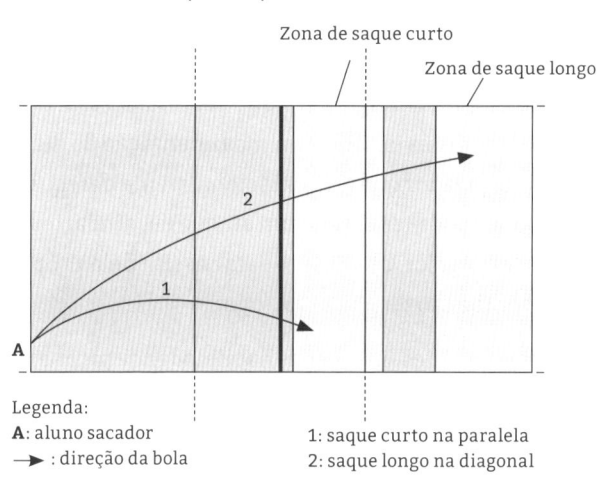

1: saque curto na paralela
2: saque longo na diagonal

O aluno precisa ter habilidade para conseguir direcionar o saque na posição desejada. Em um primeiro momento, o objetivo do aluno sacador é simplesmente fazer com que a bola passe para o outro lado da rede e caia dentro da quadra. Porém, com a evolução das habilidades e da análise tática do jogo, o aluno deve ser estimulado pelo professor a observar a quadra oposta e decidir quais são os pontos mais frágeis da equipe adversária para direcionar o saque. Apontamos a seguir algumas ações possíveis que podem ser observadas e realizadas pelo sacador, com o auxílio do professor:

- sacar em espaços vazios deixados na quadra pelos jogadores de recepção da equipe adversária (em alguns casos, os jogadores da equipe adversária estão posicionados mais próximos da rede, deixando o fundo da quadra vulnerável ou, ao contrário, deixando a área próxima à rede mais vulnerável);
- sacar nas infiltrações, ou seja, quando o levantador estiver no fundo de quadra e estiver "escondido" atrás de outro jogador (abordaremos o rodízio e os sistemas de jogo no Capítulo 4);
- realizar saque curto no jogador da posição de meio de rede, ou central, para que ele tenha dificuldade de deslocar-se para realizar o ataque em velocidade;
- sacar no ponteiro[1] que está na zona de ataque e que auxilia o sistema de recepção, o "ponteiro-passador"(realizar saque curto ou longo para que sejam necessários deslocamentos antes de iniciar a movimentação de ataque);
- sacar no jogador que está emocionalmente desequilibrado (o jogador pode ter errado um ataque ou, ainda, ter errado o passe anterior, ou mesmo estar assim pela própria condição/situação do placar de jogo).

Exercícios para desenvolver as habilidades de sacar em diversas posições são excelentes para auxiliar o desenvolvimento tático dos alunos e de uma equipe. O mesmo exercício pode ser aplicado para todos os tipos de saque: por baixo, por cima sustentado, por cima flutuante e "viagem". A Figura 3.7 apresenta o esquema da proposta de um exercício.

---

[1] As definições e características das posições e funções dos jogadores de voleibol serão apresentadas com mais detalhes no decorrer dos tópicos deste livro, principalmente no Capítulo 4.

Figura 3.7 Exercício tático de saque

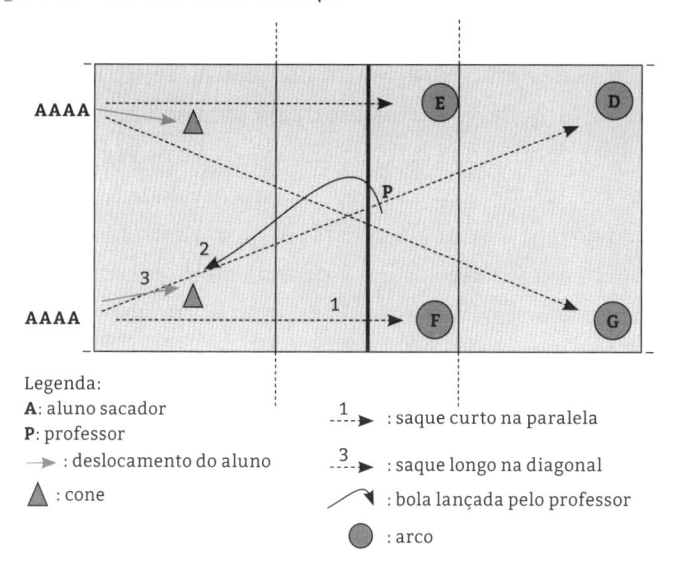

Legenda:
A: aluno sacador
P: professor
→ : deslocamento do aluno
▲ : cone

1▸ : saque curto na paralela
3▸ : saque longo na diagonal
⌒ : bola lançada pelo professor
● : arco

No exercício tático apresentado, os alunos devem formar duas filas ao fundo da quadra e precisam realizar um saque curto na paralela, indicado pelos arcos F e E, deslocar-se e tocar no cone que está posicionado à sua frente, dentro da quadra. O professor deve lançar uma bola para o aluno que sacou e este deve passá-la de toque ou manchete para o centro da própria quadra. Depois de lançada essa bola pelo professor, o aluno deve se posicionar novamente no fundo de quadra, realizar um segundo saque, longo e na diagonal, indicados pelos arcos G e D, e entrar novamente na quadra para tocar no cone. Terminadas todas essas ações, o aluno deve recolher as bolas e retornar para o final de sua fila, alternando para a outra a realização do exercício.

O exercício proposto é complexo, com variações nas direções dos saques, e pode ser realizado para todos os tipos de saque. O professor pode tornar o exercício mais simples solicitando que o aluno realize o mesmo tipo de saque nas duas ações ou, então, execute somente o primeiro saque e o deslocamento para dentro da quadra, retornando para o final da fila. É importante notar que, depois de realizar o saque, o aluno sempre precisa se deslocar para dentro da quadra, seja para passar uma bola lançada pelo professor, seja para somente tocar no cone. Esse detalhe do exercício envolve o que no segundo capítulo deste livro foi explicado sobre a necessidade de entender a lógica do jogo e estar em constante movimentação. Durante um jogo, o aluno deve sacar e entrar na quadra para defender, movimentação esta que deve ser estimulada também nos exercícios durante a aula.

Agora que você já conhece os tipos de saque – a primeira ação ofensiva do jogo –, compreende como eles são realizados e sabe quais são suas aplicações táticas, podemos avançar para o estudo do toque como fundamento técnico e sua função tática como levantamento.

3.2 Toque/levantamento

O toque é um fundamento técnico que pode ser utilizado em várias situações de jogo, como recepção do saque e ataque, mas principalmente como levantamento. Entretanto, a aprendizagem do gesto técnico alia movimentação em relação à bola, coordenação de membros superiores e inferiores e noção de tempo de bola, fatos que dificultam o aprendizado. Com exceção do saque, que foi abordado anteriormente, em todos os fundamentos que examinaremos a seguir não é permitido segurar a bola. Assim, o ajuste rápido da posição do corpo é fundamental para a realização correta do gesto técnico.

Essa grande quantidade de informações que precisam ser assimiladas pelo aluno demanda um olhar atento do professor no processo de ensino do toque, para que, com base em um bom aprendizado do gesto técnico, o aprendiz tenha uma boa base para desenvolver todas as variações possíveis e também realizar a função de levantador com eficiência.

3.2.1 Características técnicas do toque e progressão pedagógica para o ensino

O posicionamento de mãos e braços para receber a bola é extremamente importante no início da aprendizagem do toque. A Figura 3.8 mostra o posicionamento correto para executar o toque.

Figura 3.8 Posicionamento dos membros superiores para a execução do toque

O professor deve atentar principalmente para os seguintes detalhes na execução do toque pelos alunos:

- A bola deve estar sempre acima e à frente da cabeça.
- Os cotovelos devem estar semiabertos com as mãos abertas acima da cabeça e com os polegares e indicadores formando um triângulo. O posicionamento dos cotovelos interfere no posicionamento das mãos, ou seja, se os cotovelos não estiverem corretamente posicionados, as mãos também não estarão, e vice-versa. A Figura 3.9 mostra o correto posicionamento das mãos.
- Todos os dedos devem tocar na bola a partir das falanges distais.

- Ao término do movimento do toque, os cotovelos precisam estar estendidos. Isso significa que o aluno conseguiu empurrar a bola para a direção desejada.
- O movimento de extensão dos joelhos, em conjunto com a extensão dos braços, auxilia na finalização do gesto técnico.

Figura 3.9 Posicionamento correto das mãos para a execução do toque

Will Amaro

Fonte: Rocha; Lacerda, 2010.

Podemos observar na imagem anterior que o posicionamento dos polegares e dos indicadores deve formar um triângulo. Ressaltamos também que, embora todos os dedos devam tocar na bola, a palma da mão não encosta nela. Essa observação é importante porque alguns iniciantes, por insegurança, podem realizar o contato da mão inteira na bola, em um movimento muito próximo a um tapa, fato que os condiciona a uma execução errada do fundamento.

A ênfase inicial do processo de aprendizagem é direcionada especialmente à posição e à movimentação dos membros superiores. Os membros inferiores inicialmente devem oferecer uma boa base de sustentação, com os pés afastados na largura dos ombros. A movimentação das pernas passa a ser exigida principalmente quando há a necessidade de maior distância para o toque, sendo a flexão dos joelhos imprescindível para o aumento do alcance dele. Além disso, o posicionamento dos pés – o pé direito ou esquerdo disposto levemente à frente – está relacionado ao posicionamento do aluno dentro da quadra.

Uma dica interessante relacionada ao posicionamento dos pés, a qual pode ser repassada aos iniciantes, é a associação entre o pé relativamente à frente e a linha lateral mais próxima da quadra. Ou seja, se o aluno estiver próximo à linha lateral direita, é o pé direito que deve estar à frente – e o mesmo ocorre para o lado esquerdo. Essa dica também é válida para a recepção e a defesa.

A progressão pedagógica para o ensino do gesto técnico do toque deve se iniciar pelo reforço do posicionamento das mãos e dos braços, assim como da bola sempre à frente e acima da cabeça. Vejamos uma lista com exercícios de iniciação ao toque:

- lançar a bola para cima e segurar a bola na posição correta do toque;
- partir da posição correta do toque para lançar a bola para cima, deixá-la quicar no solo e segurá-la novamente na posição do toque;
- lançar a bola para cima, bater três palmas e segurá-la na posição do toque sem deixá-la cair no chão;
- lançar a bola para cima, dar-lhe um toque para cima e segurá-la na posição de toque;
- lançar a bola para cima, dar-lhe dois toques e segurá-la na posição de toque;
- na posição "em cima da linha lateral da quadra", deslocar-se executando toques de controle para cima até chegar à outra linha lateral;
- em duplas, sentados no chão a dois metros de distância entre si, cada um dos alunos deve realizar um toque de controle e um toque direto para o membro de sua dupla (o professor pode variar esse exercício aumentando a

quantidade de toques de controle ou fazendo toque direto entre os membros da dupla; a realização do toque na posição "sentado" reforça muito o posicionamento dos membros superiores e também oferece maior controle da bola).

Na progressão para o ensino do toque, o aluno aprende inicialmente o toque de controle (toque para cima) e também o toque direcionado para a frente. A diferença está na movimentação dos braços, que se direcionam para cima no toque de controle e para a frente no toque direcionado. Os próximos exercícios são exemplos da realização de toque para a frente:

- Posicionados na linha de fundo da quadra, os alunos devem se deslocar executando toques de controle até chegar à linha dos 3 metros e, então, executar um toque para a frente, passando a bola por cima da rede para o outro lado da quadra. O professor pode colocar arcos ou cones em posições variadas da quadra oposta para que os alunos tenham um alvo para direcionar o toque.

- Em duplas, cada aluno se posiciona sobre uma linha lateral da quadra e um cone é posicionado na metade da distância entre os dois alunos da mesma dupla. Um aluno da dupla deve se deslocar executando o toque de controle até o cone e fazer um toque direto para o colega da dupla. O aluno que executou o toque retorna de costas para a posição inicial, e o colega se desloca até o cone executando o toque de controle e faz um toque direto para o aluno que iniciou o exercício, seguindo, então, a mesma sequência.

Exercícios que envolvam deslocamentos são essenciais no ensino tanto do toque quanto da manchete da qual trataremos mais adiante. Deslocamentos para frente e para a trás, além de deslocamentos laterais, precisam ser treinados para o ajuste adequado do corpo. A Figura 3.10 apresenta o esquema da realização de um exercício de toque que envolve deslocamentos.

Figura 3.10 Exercícios de toque com deslocamentos

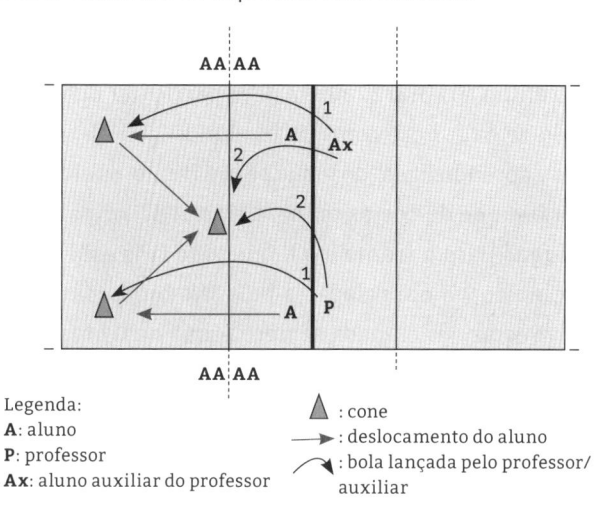

Legenda:
A: aluno
P: professor
Ax: aluno auxiliar do professor

▲ : cone
→ : deslocamento do aluno
⌒ : bola lançada pelo professor/auxiliar

A sequência apresentada na Figura 3.10 mostra o posicionamento inicial do aluno de frente para a rede, próximo à linha lateral. O professor deve bater a bola no chão, momento no qual o aluno deve se deslocar de costas até tocar no cone posicionado no fundo da quadra. O professor deve, então, lançar a bola para o aluno realizar um toque de controle e um toque direto para o meio da quadra. Depois de dados esses dois toques, o aluno deve se deslocar até o cone posicionado no meio da quadra. Em seguida, o professor lança uma segunda bola ao aluno, que, por sua vez, deve dar um toque direto nela para o centro de sua quadra e retornar para o final da fila, sempre alternando os lados de realização do exercício.

O professor pode adaptar esse exercício mudando os deslocamentos e também decidindo se o aluno deverá realizar um toque de controle ou passar a bola de toque direto. Além disso, nesse exercício, há um aluno auxiliar (Ax) para lançar as bolas com o professor. Essa é uma boa estratégia para deixar o exercício mais dinâmico e sem tantas filas. No entanto, lembramos sempre que o aluno auxiliar também deve participar dos exercícios, revezando-se na função com outros alunos.

Após a aprendizagem do toque para a frente, os alunos devem aprender o toque de costas ou para trás. A principal diferença entre o toque para a frente e o toque para trás está no posicionamento do corpo em relação à bola. No toque para a frente, a bola deve estar posicionada sempre acima e à frente da cabeça. No toque para trás, o corpo precisa estar posicionado embaixo da bola. Dessa forma, os braços que farão o contato com a bola estarão acima da cabeça e não mais à frente.

A posição semiflexionada dos braços com os cotovelos abertos e o posicionamento das mãos são os mesmos do toque para a frente. O professor deve atentar para a diferença que há entre o aluno estar posicionado embaixo da bola e ele "passar" da bola. Para que isso não ocorra, o professor deve solicitar que o aluno consiga sempre manter o contato visual com a bola no momento do toque para trás. Se o aluno não consegue visualizar a bola no momento do toque para trás, isso significa que o corpo dele "passou" da bola e que, então, ele terá dificuldades para executar o gesto técnico correto. Para a realização de um toque para trás, a coluna sofre um leve arqueamento, auxiliando na distância desse toque. Em toques para trás com uma distância menor, o movimento das mãos e punhos é suficiente para realizá-lo. A Figura 3.11 mostra o posicionamento correto do corpo, embaixo da bola, para a realização do toque para trás (jogador A) e o posicionamento incorreto, quando se "passa" da bola (jogador B).

Figura 3.11 Posicionamento correto do corpo em relação à bola para realizar o toque de costas

Como os alunos já aprenderam o posicionamento correto das mãos e dos braços no toque para cima e no toque para a frente, no ensino do toque para trás é necessário ensinar o posicionamento do corpo. Exercícios individuais em que o aluno lança a bola para cima, deixa a bola quicar no chão, posiciona-se embaixo da bola e realiza o toque para trás são uma possibilidade de iniciação. Exercícios em trios, nos quais um aluno fica posicionado entre outros dois e um aluno passa a bola de toque para o aluno do meio, o qual, por sua vez, deve dar um toque para trás para o outro colega, também auxiliam no aprendizado desse fundamento.

3.2.2 Aplicação tática do toque/levantamento

Sempre que fazemos alusão à aplicação tática de um fundamento, estamos nos referindo à aplicação do fundamento em uma situação de jogo. O toque, aplicado em situação de jogo, é utilizado principalmente para o levantamento, sendo menos empregado para recepção de saque e para defesa.

Apesar de algumas equipes já definirem posições específicas para os alunos (central, oposto, levantador, ponteiro, entre outras)[2], na iniciação é importante que todos os alunos aprendam a realizar todas as tarefas em quadra, o que inclui o levantamento. Algumas características técnicas para o bom levantamento devem ser treinadas com exercícios como posicionamento correto do corpo em relação à rede, precisão do levantamento para a entrada e a saída de rede e também execução das variações de toque de costas, lateral e em suspensão.

A execução correta do levantamento é fundamental para que o ataque da equipe seja bem-sucedido. O levantamento deixa a bola em condições ideais para que o atacante possa utilizar todo o seu potencial de ataque e confirmar o ponto para sua equipe.

Os exercícios iniciais de levantamento devem focalizar sempre o posicionamento correto do corpo, com o ombro perpendicular à rede. Além disso, é importante que o professor observe o posicionamento dos pés – estes devem estar paralelos ou um deles deve estar mais próximo à rede, levemente à frente. A Figura 3.12 apresenta o esquema de um exercício de levantamento.

---

[2] Vale lembrar aqui, mais uma vez, que as definições e características das posições e funções dos jogadores de voleibol serão apresentadas com mais detalhes principalmente no Capítulo 4.

Figura 3.12 Exercício de levantamento para a entrada de rede

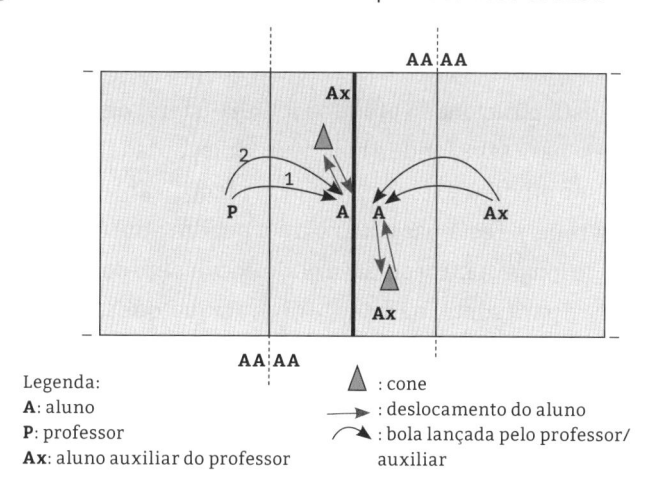

Legenda:
A: aluno
P: professor
Ax: aluno auxiliar do professor

▲ : cone
→ : deslocamento do aluno
⌒▶ : bola lançada pelo professor/auxiliar

No exercício mostrado na Figura 3.12, o aluno deve estar posicionado próximo à rede, no meio dela. O professor deve lançar a primeira bola para o aluno realizar o levantamento para a entrada de rede. Depois de realizar o levantamento, o aluno deve se deslocar até o cone e retornar para a posição de levantamento. O professor, por sua vez, lança a segunda bola, quando o aluno, então, deve realizar o segundo levantamento para a entrada de rede e fazer o mesmo deslocamento até o cone. Depois do deslocamento, o aluno deve se direcionar para o final da fila.

O professor pode variar o exercício incluindo uma terceira bola a ser levantada de frente ou de costas para a saída de rede ou, então, fazer o primeiro levantamento de frente para a entrada e o segundo levantamento de frente para a saída de rede. Outra opção de variação é o professor realizar o lançamento da segunda bola afastado da rede, ou seja, ele lança a bola para o meio da quadra, forçando o deslocamento do levantador. Além disso, o professor pode estar na posição de saque e um aluno fazer a recepção para o levantador, que deve realizar os mesmos levantamentos e deslocamentos, contexto muito próximo da situação real de jogo.

Alguns detalhes na construção do exercício de levantamento são importantes, como a presença de uma referência para o levantamento e também para o deslocamento do aluno. O aluno auxiliar que está posicionado próximo à linha lateral da quadra é a referência para saber onde a bola deve ser levantada; a presença desse aluno auxiliar é importante para identificar se a bola está longe da rede, se está passando para a quadra adversária ou se está muito longa. A incorporação do deslocamento do levantador até o cone é para simular a cobertura de ataque, que sempre deve ser realizada pelo levantador. Após o levantamento, o levantador sempre deve cobrir o ataque para, caso o atacante seja bloqueado, tentar recuperar a bola. É importante desde o início automatizar essa movimentação de cobertura nos alunos, lembrando que o levantador deve realizar a cobertura próximo à posição em direção à qual a bola foi enviada. Caso o levantamento seja para a saída de rede, o levantador deve realizar o deslocamento para a saída de rede.

Vimos que, prioritariamente, o levantamento é feito por toque, sendo possível realizá-lo com manchete em situações esporádicas ou em forma de recurso. Na próxima seção, vamos tratar da manchete e de sua utilização na recepção do saque.

3.3 Manchete/recepção

Assim como o toque, a manchete também pode ser empregada no jogo como recepção de saque, levantamento e defesa. É, no entanto, mais utilizada na recepção. A manchete se aproxima da habilidade motora de rebater, entretanto exige postura corporal apropriada para o fundamento. A posição inicial e final do gesto técnico pode influenciar na direção e no alcance da bola rebatida, por isso é necessário que o professor dê atenção ao ensino do posicionamento de membros superiores e inferiores como um todo.

Vale reforçar que tanto o toque quanto a manchete são gestos técnicos do voleibol que colocam o iniciante numa situação complexa de aprendizagem, tendo em vista que não são movimentos naturais, mas decorrentes de combinações deles. Portanto, ao professor cabe alertar sobre a necessidade de persistência e paciência no aprendizado desses gestos e habilidades.

3.3.1 Características técnicas da manchete e progressão pedagógica para o ensino

No ensino do gesto técnico da manchete, é importante dar atenção a vários elementos, que vão desde o posicionamento de mãos, braços e pernas até o ponto de contato da bola no antebraço. A coordenação e a execução de todos esses elementos de maneira correta garantem a realização de uma boa manchete e sua utilização durante os jogos.

A Figura 3.13 mostra a postura inicial para a realização da manchete.

Figura 3.13 Posicionamento inicial para a execução da manchete

Vamos iniciar nossa análise técnica pelo posicionamento dos braços e das mãos: os cotovelos devem estar estendidos, os dedos das mãos devem estar sobrepostos e os polegares devem estar unidos. Esse posicionamento de braços e mãos objetiva oferecer uma área de contato com a bola o mais plana possível, uma vez que o antebraço é o local de contato com a bola, conforme ilustrado na Figura 3.14.

Figura 3.14 Posicionamento das mãos e área de contato da bola na manchete

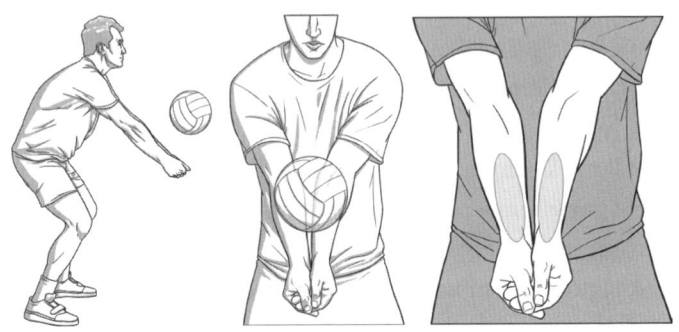

Fonte: Venâncio, 2010.

É comum ver alunos que realizam a manchete com os dedos das mãos entrelaçados, com os cotovelos dobrados e/ou usando a extensão da mão como a área de contato da bola. Esses erros de postura dificultam o controle e o direcionamento da bola e também provocam dor na mão, ou nos dedos, por causa do impacto sofrido. Em virtude disso, o professor precisa dar muita atenção à postura correta para que o aluno tenha êxito ao realizar a manchete.

O tronco deve estar levemente inclinado à frente, com as pernas abertas na largura dos ombros e os joelhos semiflexionados. A manchete é utilizada para o controle de bolas baixas e também de bolas que venham com mais velocidade. Caso os joelhos não estejam semiflexionados, o aluno dificilmente conseguirá recuperar uma bola muito baixa. Caso o tronco não esteja flexionado, é grande a possibilidade de a bola ser direcionada para trás do aluno em razão da elevação dos braços ao rebater a bola.

A progressão pedagógica para o ensino da manchete se inicia com exercícios individuais que focalizam o ponto de contato com a bola para, então, avança para posteriores exercícios em duplas, conforme sequência apresentada a seguir:

- rebater, individualmente, a bola de um antebraço para o outro com a mão fechada e os cotovelos estendidos (esse exercício auxilia o aluno a perceber o ponto de contato com a bola);
- realizar o mesmo exercício anterior, porém, após cada rebatida com um braço, deixar a bola quicar no chão e rebater com o outro braço;
- lançar a bola para o alto, estender os braços, deixar a bola passar no meio dos braços e quicar no chão, juntar as mãos e os braços rapidamente e realizar uma manchete para cima (o professor deve observar a posição das mãos e os cotovelos estendidos do aluno);
- lançar a bola para o alto, deixar quicar a bola no chão e dar duas manchetes de controle.

Assim como no toque, também se utilizam as denominações *manchete de controle*, que é aquela realizada para cima, e *manchete direta*, que é aquela direcionada para algum lugar. A movimentação dos braços é que vai direcionar a bola para cima ou para a frente, embora a postura básica de inclinação do tronco deva ser mantida. A Figura 3.15 ilustra um bom exercício para reforçar a postura inclinada do tronco e a movimentação dos ombros para uma manchete direta e uma manchete de controle.

Figura 3.15 Exercício de manchete em duplas

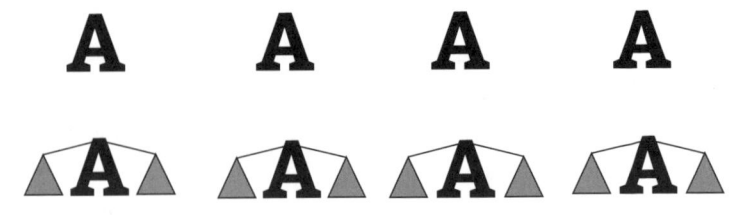

A   A   A   A

△A△ △A△ △A△ △A△

Legenda:
A: aluno

△ : cone

No exercício ilustrado, estão dispostas quatro duplas de alunos, e em cada uma delas um dos alunos deve estar posicionado entre dois cones com as mãos tocando cada um desses objetos. O outro aluno de cada dupla deve lançar a bola à frente do colega que está tocando os cones para que este junte rapidamente os braços e realize uma manchete de controle e uma manchete direta. O aluno da dupla segura a bola, espera o colega posicionar-se novamente com as mãos no cone e lança novamente a bola. Após dez repetições, as posições na dupla se invertem. Esse exercício estimula os alunos a manter o tronco e os joelhos semiflexionados a fim de tocarem nos cones e também ensina a movimentação de braços para a manchete de controle e a manchete direta sem levantar o tronco.

Os deslocamentos e o posicionamento do corpo também são fundamentais para a execução da manchete, razão pela qual exercícios que estimulem deslocamentos para a frente, para trás e para as laterais são muito importantes. Um detalhe que o professor deve observar nos alunos, quando são exigidos deslocamentos na execução do exercício, é que o corpo deve estar sempre posicionado atrás da bola. Isso significa que os braços não podem mover-se lateralmente de forma isolada e que o corpo todo precisa se deslocar lateralmente para ficar atrás da bola. Caso isso ocorra, o aluno estará se apoiando em recursos para a recepção ou defesa, o que não necessariamente é a forma esperada para a melhor execução do movimento. A Figura 3.16 mostra o exemplo de um gesto técnico em que o corpo não está completamente atrás da bola, e a Figura 3.17 mostra a execução correta do fundamento.

Figura 3.16 Execução incorreta do gesto técnico da manchete

Boris Ryaposov/Shutterstock

Figura 3.17 Execução correta do gesto técnico da manchete

ostill/Shutterstock

Um dos fatores que contribuem para esse erro de posicionamento é a demora nos deslocamentos para alcançar as bolas. A Figura 3.18 apresenta o esquema de um exercício que estimula os deslocamentos rápidos e o posicionamento correto do corpo.

Figura 3.18 Exercício de manchete com deslocamentos

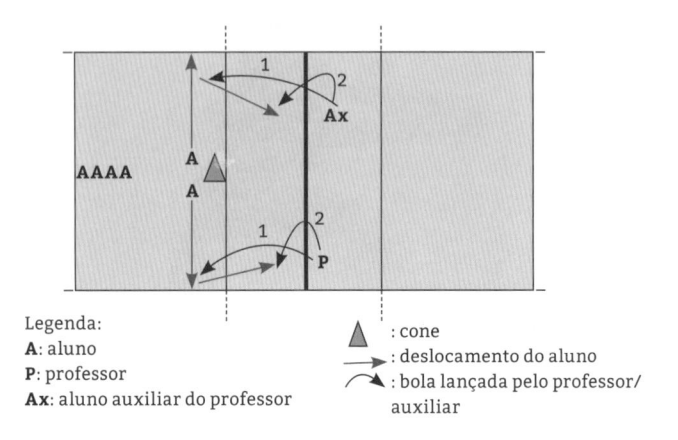

Legenda:
A: aluno
P: professor
Ax: aluno auxiliar do professor

▲ : cone
→ : deslocamento do aluno
⌒ : bola lançada pelo professor/auxiliar

Nesse exercício, um dos alunos que estão posicionados no meio da quadra, ao sinal do professor, deve se deslocar lateralmente até a linha lateral e tocar na linha. Nesse momento, o professor, ou o aluno auxiliar, deve lançar uma bola para que o aprendiz em atividade realize uma manchete direta para o outro lado da quadra. Depois de efetuada essa manchete direta, o professor deve lançar uma bola curta à frente do mesmo aluno, que, por sua vez, deve se deslocar para a frente e realizar uma manchete de controle e, logo em seguida, outra para o outro lado da rede. Após as duas bolas, o mesmo aluno deve seguir para o final da fila, alternando sempre o lado de realização do exercício.

O professor pode variar esse exercício mudando as direções dos deslocamentos, decidindo, por exemplo, trabalhar a execução apenas de manchetes diretas ou apenas de manchetes de controle, inclusive direcionando o passe/recepção para uma posição determinada de levantamento. A velocidade de lançamento da bola dependerá do nível técnico do grupo, contexto no qual o professor é quem definirá se lançará a primeira e a segunda bolas com pouco intervalo de tempo ou com um tempo maior, possibilitando o posicionamento mais correto do aluno.

A dica utilizada nos exercícios de toque para o posicionamento dos pés também é válida para a manchete. O pé que deve estar à frente é o mais próximo à linha lateral em que o aluno está posicionado.

3.3.2 Aplicação tática da manchete/recepção

A recepção de saque é a principal aplicação tática da manchete em situações de jogo. Apesar de ser possível realizar as recepções também pelo toque, a maioria delas é feita com a manchete.

Para a execução de uma boa recepção, a manchete precisa ser executada de maneira correta, além também de ser indispensável observar algumas características/informações que podem gerar um processo de antecipação ou mesmo uma melhor tomada de decisão. São eles: boa leitura dos sacadores do time adversário para identificar o tipo de saque que será efetuado (se será longo ou curto, na paralela ou na diagonal); desenvolvimento de agilidade para se posicionar corretamente para receber bolas que apresentam trajetória irregular, como no caso do saque flutuante, ou para executar o movimento de amortecimento em bolas sacadas com muita força e velocidade, no caso do saque "viagem". Além disso, a equipe tem de ter uma comunicação eficiente para que bolas direcionadas entre dois jogadores não caiam no chão por indecisão de quem deve executar a recepção. Para tanto, é possível realizar um trabalho de padronização e/ou de definição de prioridades no sistema de recepção.

O objetivo da recepção do saque é colocar a bola nas mãos do levantador para que ele possa realizar o levantamento sem a necessidade de se deslocar muito pela quadra e, assim, possa ter mais possibilidades de jogadas e manter a precisão do levantamento. O direcionamento da recepção deve ser alto, entre as posições 2 e 3, e próximo à rede (leia o Capítulo 4 para mais informações sobre as posições).

O jogador que realiza a recepção precisa ter cuidado também com a finalização do movimento da manchete para conseguir dar esse direcionamento correto para a bola. Nos saques flutuantes, em que a bola não tem tanta força e velocidade, o jogador precisa "empurrá-la"/direcioná-la, finalizando o movimento com a extensão dos joelhos, para que ela chegue às mãos do levantador, principalmente se ela estiver no fundo da quadra. Em um saque "viagem", a bola vem com muita força e velocidade, caso em que o jogador precisa amortecer a bola sem a necessidade de "empurrá-la". No saque "viagem", se o jogador finalizar o movimento da manchete "empurrando-a" na direção do levantador, muito provavelmente a bola passará para a quadra adversária. Na maioria das vezes, para a recepção do saque "viagem", opta-se mais pela segurança do que pela precisão, ou seja, pede-se que os responsáveis pela recepção somente coloquem a bola para o alto no meio da quadra.

Os exercícios de recepção podem ser realizados individualmente, para aprimoramento da técnica individual, ou envolver mais de um jogador e variações de saques longos e curtos, na paralela e na diagonal. A presença de mais de um jogador é útil para definir posicionamentos em quadra, além de determinar quem é responsável por bolas "duvidosas" que sejam direcionadas entre dois jogadores.

Pensando no aprimoramento da técnica individual da recepção, com foco em velocidade de reação e posicionamento, sugerimos a utilização de uma lona escura (ou pano) sobre a rede. Dessa forma, os alunos posicionados para o passe/recepção não conseguem visualizar o sacador, vendo a bola somente no instante em que ela passa por cima da rede.

A Figura 3.19 apresenta o esquema de um exercício individual com foco nos deslocamentos para a recepção de saques curtos e longos.

Figura 3.19 Exercício de recepção com deslocamentos para a frente e para trás

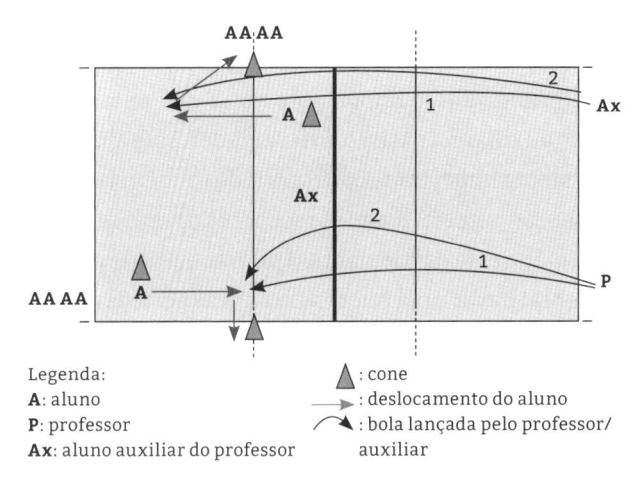

Legenda:
A: aluno
P: professor
Ax: aluno auxiliar do professor
▲ : cone
→ : deslocamento do aluno
⌒ : bola lançada pelo professor/auxiliar

Nesse exercício, são realizadas duas tarefas diferentes. Na fila correspondente ao professor, os alunos cuja posição inicial é o fundo da quadra devem deslocar-se para realizar uma recepção de um saque curto. Depois de executarem a recepção, eles devem se deslocar para o lado do cone que está sobre a linha dos 3 metros, simulando a movimentação de abertura para um possível ataque. Feitas a primeira recepção e a abertura para o ataque, o aluno se posiciona novamente no fundo da quadra e realiza uma segunda recepção de um saque curto, efetuando a mesma movimentação. Na fila correspondente ao aluno auxiliar, os alunos cuja posição inicial é próxima à rede devem deslocar-se de costas para realizar a recepção de um saque longo executado pelo aluno auxiliar. Feita a recepção, o aluno deve se deslocar para o cone que está sobre a linha dos 3 metros, simulando a movimentação para um possível ataque. Feitas a recepção e a abertura para o ataque, o aluno se posiciona novamente próximo à rede e realiza uma segunda recepção com a mesma movimentação da primeira bola. Depois de abrir para atacar, o aluno deve voltar para uma das filas, alternando-as sempre para a realização de todas as formas desse exercício.

No exemplo apresentado, além de serem propostos deslocamentos diferenciados, é importante notar que foi colocado um outro aluno auxiliar na posição do levantador. Esse aluno auxiliar é extremamente importante para servir de referência para a direção da recepção, ou seja, todas as recepções devem ser direcionadas para a mão desse participante. Assim como no levantamento, é fundamental haver uma referência para as posições de entrada e saída de rede – na recepção essa referência é o levantador.

Outro detalhe relevante é observar que o professor e o aluno auxiliar estão posicionados atrás da linha de fundo para executar o saque, e não próximos à rede. Esse posicionamento é aconselhado para deixar o exercício ainda mais próximo da realidade de jogo. A distância e a velocidade da bola sacada do fundo da quadra serão muito parecidas com as situações que os alunos encontrarão posteriormente numa circunstância de jogo propriamente dito.

O professor pode variar esse exercício modificando os deslocamentos e também variando o tipo de saque utilizado. De acordo com o nível técnico dos alunos, é possível usar um saque flutuante mais veloz ou manter um saque por baixo mais lento. O conhecimento sobre os alunos e sobre o nível de aprendizagem deles é, portanto, essencial para as decisões do professor.

Ao finalizar este tópico, não podemos deixar de destacar que a eficiência no fundamento da manchete e, consequentemente, na sua aplicação tática no sistema de recepção de uma equipe é de ordem vital para estabelecer e garantir um padrão de jogo e, invariavelmente, dar melhores condições para o que chamamos de "viradas de bola" (*side outs*), ou seja, efetividade ao buscar o ponto colocando a bola no solo adversário.

Na sequência, abordaremos o gesto técnico e a aplicação tática do ataque.

3.4 Ataque

A aprendizagem do fundamento do ataque é certamente um dos momentos de maior motivação para os alunos. Todos querem ser capazes de reproduzir os ataques potentes dos jogos que são transmitidos pela televisão. Para que os ataques sejam executados com precisão e potência, é necessária uma combinação de elementos que exigem coordenação entre movimentação de pernas, movimentação de braços, salto e noção de tempo de bola.

3.4.1 Características técnicas do ataque e progressão pedagógica para o ensino

Podemos dividir o ensino do ataque em blocos: a) passada (movimentação de pernas); b) movimentação de braços; e salto. c) ao final do processo de aprendizagem, todos esses elementos precisam estar coordenados e funcionar juntos.

Vamos adotar esta ordem de ensino: primeiro, trataremos da movimentação de braços e do encaixe da mão na bola; em seguida, apresentaremos o salto; e, por fim, passaremos ao ensino da passada. Com o início do ensino do gesto técnico do ataque pela movimentação de braços e pelo encaixe da mão na bola, avançando, posteriormente, para o salto, o aluno já pode executar esses movimentos durante os jogos mesmo sem antes ter aprendido a passada.

Nesta fase do ensino, o professor deve enfatizar que a movimentação correta dos braços consiste em fazer a "puxada" para o ataque. Essa "puxada" significa levar os dois braços esticados para trás do corpo e levantá-los (também esticados) para a frente com velocidade suficiente para golpear a bola no ponto mais alto, encaixando todos os dedos e a palma da mão na bola. É necessário reforçar a movimentação completa, com a "puxada" e a elevação dos dois braços, uma vez que esse movimento contribui para o equilíbrio e a direção no gesto técnico completo do ataque. Além disso, a movimentação do braço que golpeia a bola deve ser realizada de forma completa, ou seja, depois de golpeá-la, o braço não pode parar e precisa completar a movimentação até descer completamente e estar ao lado do corpo. Esse movimento completo de golpe na bola auxilia no direcionamento desta para o chão e também na potência do ataque.

Alguns exercícios, realizados em duplas, de movimentação dos braços para o ataque contribuem para o desenvolvimento da etapa em questão:

- Cada membro da dupla pode se posicionar sobre a linha lateral da quadra. Um aluno deve lançar a bola para cima, realizar a movimentação correta dos braços e golpeá-la para o chão. O outro aluno da dupla pega a bola e realiza os mesmos movimentos. O professor deve observar o posicionamento da perna contrária ao braço que golpeia a bola à frente. Alunos destros devem estar com a perna esquerda à frente e alunos canhotos, com a perna direita à frente.
- Seguindo-se o mesmo posicionamento do exercício anterior, agora deve ser colocado um arco entre os alunos de uma dupla, e cada um deles deve ficar posicionado sobre uma linha lateral da quadra. Neste caso, os alunos devem lançar a bola para o alto, fazer a movimentação de braço e golpeá-la para que ela quique dentro do arco. Esse exercício auxilia os

alunos a entender a necessidade de completar a movimentação de braço e também de utilizar o movimento do punho para dar direção ao ataque. Como variação, o professor pode aproximar ou distanciar o arco de um ou outro aluno, exigindo um ataque mais curto ou mais alongado para acertá-lo.

O próximo passo na progressão pedagógica é acrescentar o salto à movimentação de braços e, com isso, ensinar também o "tempo de bola", que consiste no cálculo que o aluno deve fazer para saber o momento em que deve saltar para conseguir golpear a bola no ponto mais alto.

Os aspectos importantes a serem observados pelo professor são: o salto na vertical, com a queda no mesmo local, sem que o aluno se projete para a frente, e também a posição do corpo atrás da bola. A bola não pode estar acima ou atrás da cabeça do aluno. Se isso acontecer, o ataque será direcionado para cima e não para o chão. Os exercícios podem ser os mesmos utilizados para a movimentação de braço, incluindo-se agora o salto para atacar a bola.

Uma variação para esses exercícios é posicionar cada aluno da dupla de um lado da rede sobre a linha dos 3 metros. Nesse posicionamento, os alunos devem lançar a bola para cima, saltar e golpeá-la. O obstáculo da rede vai auxiliá-los a sempre alcançar a bola no ponto mais alto.

A passada, por sua vez, garante o ajuste de posicionamento para a bola e a velocidade para a impulsão e o ataque. Em razão disso, o aluno que vai atacar precisa manter uma distância para realizar a movimentação completa do ataque. Por mais que a bola seja levantada perto da rede, o jogador precisa "abrir" (afastar-se da rede) para fazer a movimentação, ou seja, não pode estar próximo à rede e somente saltar para realizar o ataque. A passada é realizada de formas diferentes para destros e canhotos, conforme ilustra a Figura 3.20.

Figura 3.20 Passada de ataque para destros e canhotos

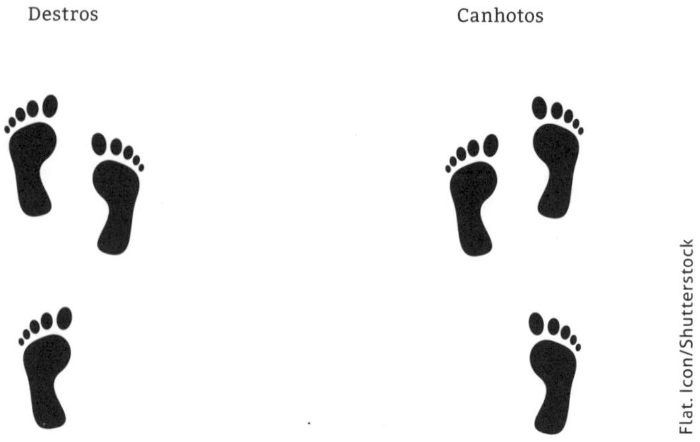

Destros   Canhotos

Flat.Icon/Shutterstock

A passada para os destros deve se iniciar com a perna esquerda, sendo seguida de um passo com a perna direita e da aproximação da perna esquerda, para realizar o salto com os dois pés. Para os canhotos, inverte-se a perna de início: a primeira passada deve ser feita com a perna direita, seguida de um passo com a perna esquerda, que se junta com a perna direita para realizar o salto com os dois pés. O professor precisa direcionar a atenção para erros muito frequentes dos alunos iniciantes que não realizam a última passada, ou seja, que não juntam os pés para realizar o salto e o fazem com somente um deles. Outro detalhe importante é que o pé contrário ao braço que vai atacar a bola deve sempre estar um pouco à frente, garantindo equilíbrio para o ataque. Na última passada, que é efetuada com a perna contrária ao braço de ataque, o pé contrário naturalmente fica à frente. A Figura 3.21 apresenta o esquema de um exercício de passada.

Figura 3.21 Exercício para aprendizagem da passada de ataque

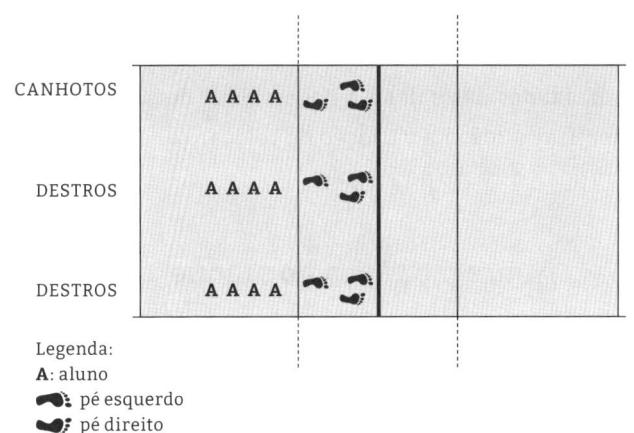

```
CANHOTOS    A A A A  👣 👣

DESTROS     A A A A  👣 👣

DESTROS     A A A A  👣 👣
```

Legenda:
A: aluno
👣: pé esquerdo
👣: pé direito

Nesse exercício, são feitas as marcações na quadra relacionadas com as passadas que os alunos destros e canhotos devem realizar. Essa marcação pode ser feita com arcos ou, se preferível, com giz. Os alunos que seguram a bola devem realizar a passada, saltar e arremessar a bola por cima da rede com as duas mãos. O salto deve ocorrer na vertical, sem projeção para a frente, evitando-se, assim, o contato com a rede.

A coordenação entre passada, salto e movimentação de braço pode ser feita nesse mesmo modelo de exercício. Inicialmente, os alunos podem fazer o lançamento da bola, a passada, a movimentação de braços, o salto e golpe na bola. Ainda nessa formação em que os alunos lançam a bola, é possível colocar cones ou arcos do outro lado da quadra indicando a direção para o ataque, seja na paralela, seja na diagonal.

O último passo para a aprendizagem do gesto técnico do ataque é fazer a coordenação de todos esses movimentos com uma bola levantada por outro aluno. Em um primeiro momento, o professor pode fazer o levantamento primando pela precisão, a fim de facilitar o ataque dos alunos. Na sequencia, os próprios alunos podem realizar o levantamento, acostumando-os com as irregularidades das bolas e a necessidade de adaptação. É possível realizar a mesma variação de colocar cones ou arcos para determinar a direção do ataque.

3.4.2 Aplicação tática do ataque

A aplicação tática do ataque está relacionada à visão de jogo que o aluno tem para identificar qual é a melhor alternativa para conseguir colocar a bola no chão e confirmar o ponto. Essa visão consiste em analisar o posicionamento do bloqueio e da defesa adversária e também em tomar a decisão correta ao optar por um ataque ou por uma largada, dependendo da situação de jogo. As habilidades técnicas usadas para conseguir variar o ataque, ou seja, para realizá-lo na paralela e na diagonal, são essenciais para que as decisões tomadas pela análise do jogo sejam bem executadas.

Cabe ressaltar aqui que, para a execução da largada no ataque, a movimentação e a coordenação de braços, pernas, salto e passadas continuam as mesmas. A única alteração ocorre na finalização do movimento de contato com a bola, quando as pontas dos dedos determinarão o direcionamento final. Além dessa forma de executar a largada, é possível também realizar um gesto de ataque sem potência e com menor velocidade do ataque, conhecido como "tapinha" na bola.

Os exercícios para o desenvolvimento da melhor aplicação tática do ataque incluem a presença de bloqueio, além da defesa adversária. A Figura 3.22 apresenta o esquema de uma possibilidade de exercício usado para essa finalidade.

Figura 3.22 Exercício de aplicação tática do ataque

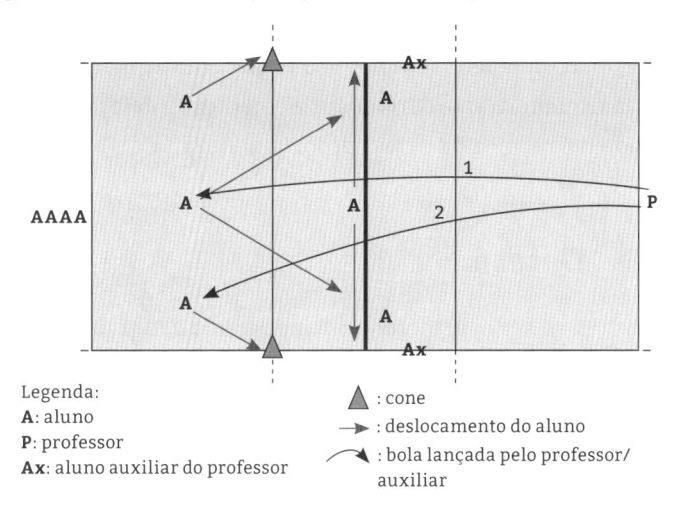

Legenda:
A: aluno
P: professor
Ax: aluno auxiliar do professor

▲ : cone
→ : deslocamento do aluno
⇠ : bola lançada pelo professor/auxiliar

No exercício ilustrado na Figura 3.22, o professor deve sacar a primeira bola na direção do aluno que está no meio da quadra. Os alunos que estão nas extremidades devem se deslocar para os cones, esperando o levantamento. Após a recepção, o levantador precisa escolher se a bola será levantada para a entrada ou para a saída de rede. O atacante da posição para a qual a bola foi levantada deve realizar o ataque, e o aluno que estiver na posição para realizar o bloqueio deve, por sua vez, saltar para tentar bloquear a bola. Os outros alunos da equipe que está atacando devem se movimentar para realizar a cobertura de ataque. Após o ataque, todos voltam para a posição inicial, o professor saca novamente e o levantador deve levantar a bola para o lado oposto ao primeiro levantamento. A movimentação dos outros alunos é a mesma, devendo ocorrer o deslocamento para o cone, o ataque, o bloqueio e a cobertura do bloqueio. Como variação, é possível colocar bloqueio duplo para o atacante ter de passar, bem como deixar o levantador livre para escolher para onde levantar, podendo levantar as duas bolas para a mesma posição. Outra opção é determinar a direção do ataque, sempre na paralela ou na diagonal, independentemente da marcação do bloqueio.

Na sequência, abordaremos os elementos da defesa, que compreendem a técnica da defesa propriamente dita e o bloqueio.

3.5 Defesa

A defesa deve ser considerada o fundamento capaz de definir o volume de jogo de uma equipe, ou seja, de determinar a capacidade que esta tem de manter a bola em jogo e ainda poder contra-atacar. A defesa também pode alterar a situação – inclusive emocional – e a dinâmica de uma partida. Muitas vezes, é por meio de uma defesa que a equipe tem a chance de conquistar um ponto, fechar um jogo ou ganhar um campeonato. Conseguir defender um ataque adversário em alguns momentos envolve muito mais do que somente técnica: é um misto de agilidade, bom posicionamento, coragem, personalidade e muito treinamento. Portanto, este é um fundamento que merece uma atenção especial dos professores para com seus alunos.

Apesar de o gesto técnico da defesa, ou posição básica, se aproximar muito do gesto técnico da manchete, alguns detalhes de posicionamento são diferentes. Além disso, a defesa pode ser realizada com a mão espalmada acima da cabeça (também chamada de *defesa alta*), somente com um braço, bem como com o uso de recursos como mergulhos e rolamentos. Neste livro, vamos observar o gesto técnico da defesa alta e da defesa baixa, realizadas com manchete.

3.5.1 Características técnicas da defesa e progressão pedagógica para o ensino

O posicionamento de braços e mãos e o local de contato da bola na defesa são os mesmos que os observados na manchete. A principal diferença está no posicionamento do tronco e no posicionamento das pernas. A Figura 3.23 mostra o posicionamento correto para a defesa.

Figura 3.23 Postura para a defesa

É necessário considerar que a postura para a defesa deve ser um pouco mais baixa que a postura para a manchete, ou seja, os joelhos precisam estar mais flexionados. Além disso, é importante que os calcanhares estejam fora do chão para facilitar o deslocamento, e o tronco deve estar inclinado para a frente. O posicionamento mais baixo para a defesa objetiva dinamizar a movimentação e também possibilitar que se defendam os potentes ataques que são direcionados para o chão.

Outra característica do posicionamento para a defesa é o amortecer a bola, ou seja, tentar dominá-la para dentro de sua própria quadra. Na defesa, ocorre o contrário do que foi explicado sobre a recepção do saque e a necessidade de terminar a movimentação da manchete "empurrando" a bola para fazê-la chegar às mãos do levantador no caso de um saque flutuante. A bola que vem do ataque não pode ser rebatida, devendo ser amortecida e controlada, trabalho que é feito pela movimentação dos braços em conjunto com o tronco e as pernas flexionadas.

Na defesa alta, mãos, dedos e braços precisam estar firmes para controlar o impacto da bola vinda do ataque. Para maior firmeza, recomendamos que uma mão seja sobreposta sobre a outra. A defesa alta também pode ser feita por toque, porém, como muitas vezes não é possível controlar a bola, a defesa é direcionada para trás.

No processo de aprendizagem, é frequente que alguns alunos tenham medo de realizar a defesa por causa do impacto da bola. O professor deve estar atento a esses comportamentos e explicar que o posicionamento correto ajuda a amortecer a bola, iniciando os exercícios de defesa com ataques não muito potentes para que os alunos possam se acostumar com o impacto da bola. A Figura 3.24 mostra um exercício de defesa.

Figura 3.24 Exercício de defesa

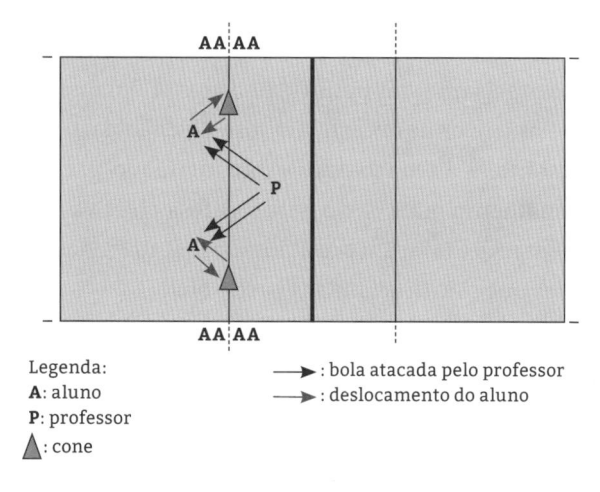

Legenda:
A: aluno
P: professor
▲: cone

⟶ : bola atacada pelo professor
⟶ : deslocamento do aluno

Nesse exercício, os alunos devem estar posicionados para a defesa. O professor ataca a primeira bola, a qual o aluno deve controlar para cima dando um toque para a entrada de rede. O aluno, então, se desloca até o cone e se posiciona novamente para a defesa. O professor, por sua vez, ataca a segunda bola, que o aluno deve defender em direção ao docente. As variações desse exercício são muitas. O professor pode incluir deslocamentos variados (frente, trás, lateral), sendo também possível fazer a primeira bola com defesa baixa e a segunda bola com defesa alta. Também se pode incluir uma terceira bola a ser largada pelo professor próximo ao seu posicionamento, momento em que o aluno deve se deslocar para a frente para recuperá-la. Conforme a habilidade dos alunos vai avançando, não será mais necessário ao professor determinar que a primeira bola será defesa baixa e a segunda defesa alta, sendo possível variar os golpes para estimular a velocidade de reação dos alunos.

Essa variação de defesa alta e defesa baixa é importante para o aluno não ficar com as mãos já posicionadas para a manchete. Quando os alunos se mantêm posicionados para a manchete, uma vez que a bola do ataque venha alta, eles não têm tempo de soltar as mãos e fazer a defesa alta. Os alunos precisam estar com as mãos soltas para reagir de acordo a situação de jogo.

Também enfatizamos que a elaboração do exercício precisa envolver pelo menos um deslocamento entre as defesas. Isso é importante para que o aluno não fique parado no chão esperando a bola, devendo mudar de posição para se posicionar novamente para a defesa. Outra informação importante é que os recursos para a defesa, especialmente os movimentos de mergulhos e rolamentos, devem ser introduzidos no processo de aprendizagem dos alunos somente quando estes apresentarem condições físicas mínimas e habilidades prévias já desenvolvidas e devidamente incorporadas a seu acervo motor.

3.5.2 Aplicação tática da defesa

A aplicação tática da defesa consiste em um domínio da técnica aliado aos deslocamentos rápidos e a uma boa relação com a marcação do bloqueio. Cada aluno precisa saber qual posição adotar se o ataque vier da entrada de rede, da saída de rede ou do meio de rede. Posicionamentos de defesa de ataque na paralela e na diagonal podem ser bastante praticados, visto que são movimentações frequentes. A Figura 3.25 apresenta o esquema de um exercício com essas movimentações.

Figura 3.25 Exercício de defesa na paralela e na diagonal

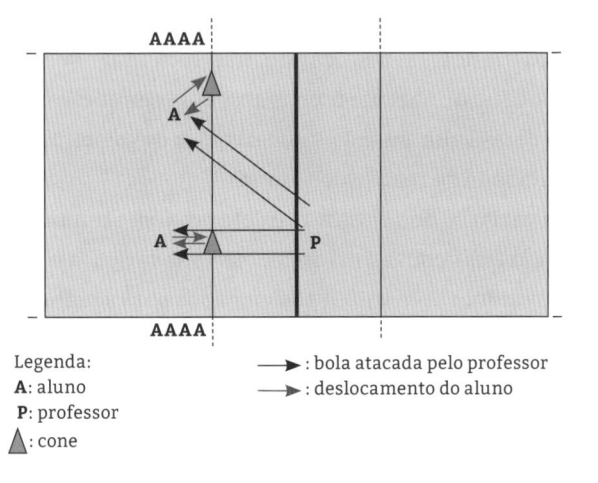

Legenda:
A: aluno
P: professor
▲ : cone

⟶ : bola atacada pelo professor
⟶ : deslocamento do aluno

Nesse exercício, a posição inicial dos alunos deve ser atrás dos cones que estão sobre a linha dos 3 metros. Ao sinal do professor, os dois alunos devem se deslocar para defender o ataque na paralela e na diagonal. O professor deve atacar a bola ou na paralela ou na diagonal. O aluno precisa defender a bola para o meio da quadra. O outro aluno que não defender deve se deslocar para fazer o levantamento da bola defendida para a entrada ou a saída de rede. Após o levantamento, os alunos se posicionam novamente nos cones e, então, repete-se a mesma ação, quando o professor deve atacar na direção contrária à do primeiro ataque. O aluno que não defendeu deve fazer o levantamento da bola defendida para a entrada ou a saída de rede. Nesse exercício, o professor pode usar algum implemento (banco ou caixote, por exemplo) para posicionar-se a uma altura superior ao bordo da rede para efetivar o ataque.

Como variação, o professor pode pedir que um aluno auxiliar se coloque na saída de rede para com ele revezar no ataque. Pode também pedir que um aluno permaneça na posição do levantador, que deve levantar as bolas para o professor atacar ou para o aluno auxiliar. Dessa forma, os alunos que fazem a defesa precisam esperar a decisão do levantador para definir se terão de se posicionar para a paralela ou a diagonal.

Nos posicionamentos de defesa, o pé que vai à frente é fundamental para o gesto técnico correto, essa definição, no entanto, depende da posição do aluno na quadra. A dica apresentada em relação ao toque, à manchete e à recepção também continua valendo para a defesa. O pé que vai à frente deve ser o pé mais perto da linha lateral mais próxima.

Os alunos que estão na defesa precisam estar atentos ao posicionamento do bloqueio de sua equipe e também às ações de levantamento e ao atacante da equipe adversária. Na relação com o bloqueio, o jogador de defesa não pode estar posicionado na área que o bloqueio deveria cobrir, isto é, o defensor não pode estar na sombra do bloqueio, representada na Figura 3.26.

Figura 3.26 Sombra do bloqueio posicionado para marcação na paralela

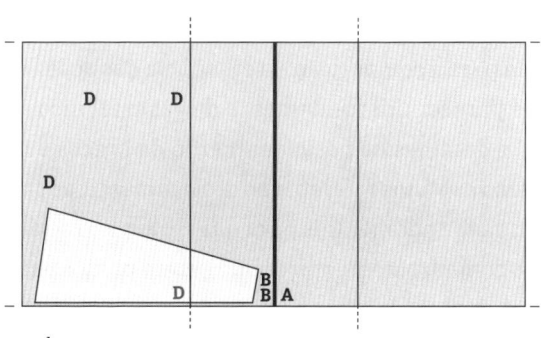

Legenda:
B: bloqueador
D: defesa
A: ataque
D: defesa posicionada na sombra do bloqueio

A sombra do esquema representa a área que será defendida pelo bloqueio. O aluno que estiver dentro da área sombreada estará posicionado incorretamente, uma vez que ele poderia se posicionar em outro local da quadra no qual a estivesse esteja descoberta. Nesse caso, o aluno só poderia se posicionar mais próximo ao bloqueio para fazer a defesa caso a bola fosse largada logo atrás dele.

A forma como foi feito o levantamento pela equipe adversária também ajuda a definir o posicionamento da defesa. Por exemplo, se a bola estiver baixa, muito próxima ("colada") da rede, ou se estiver muito longe dela, é possível prever a direção a ser tomada ou o tipo de ataque que o jogador terá condições de efetuar. Outro ponto importante para o posicionamento da defesa é a leitura das ações do atacante. A forma da passada e da movimentação de braço e o posicionamento do corpo também podem dar pistas importantes, principalmente das largadas.

Como já mencionamos, um bom sistema de defesa compreende o posicionamento dos alunos e a comunicação/relação com o bloqueio, o qual será abordado a seguir.

3.6 Bloqueio

O bloqueio é considerado um fundamento que compõe o sistema defensivo de uma equipe. Como visto anteriormente, ele é uma referência para a composição e a eficiência das ações defensivas. Apesar de parecer um fundamento de gesto técnico e execução simples, os detalhes de posicionamento de braços e mãos, bem como alguns aspectos referente ao deslocamento, ao salto e à aterrissagem, são fundamentais para que o bloqueio seja efetivo e o aluno não cometa erros técnicos que gerem pontos para a equipe adversária, como o de tocar na rede.

Além dessas considerações iniciais, há que se notar também o elemento psicológico que envolve o bloqueio, principalmente ao se levar em conta o êxito de sua execução diante de uma "quebra" do ataque adversário.

3.6.1 Características técnicas do bloqueio e progressão pedagógica para o ensino

Ao se analisar o gesto técnico do bloqueio, é preciso observar a posição inicial dos braços, que devem permanecer altos – um pouco acima do rosto –, os dedos das mãos, que devem estar abertos, e a distância ideal da rede, que deve ser aproximadamente a distância do antebraço, ou seja, a distância do punho até o cotovelo. As pernas devem estar afastadas entre si na distância da largura dos ombros.

Nessa postura inicial, é importante destacar para os alunos que os cotovelos devem permanecer "fechados" e que, durante o salto, ocorre a extensão dos cotovelos para cima, sem o afastamento dos braços e mãos.

O exercício a seguir ajuda a ensinar a postura básica do bloqueio:

- Em duplas, um dos alunos segura a bola em cima da rede. O outro aluno se posiciona, salta e segura a bola, trazendo-a para o seu lado. Após dez repetições, trocam-se as funções da dupla. Nesse exercício, o professor pode verificar a posição inicial, o salto, que deve ser vertical sem projeção para a frente, e também o gesto na volta do bloqueio. Ao pegar a bola, o aluno deve voltar com os cotovelos "fechados" à frente do corpo. Essa observação é muito importante na formação de bloqueios duplos e triplos, além de evitar que os bloqueadores recebam cotoveladas no momento da volta.

Além da postura adequada para o bloqueio, é necessário que o aluno observe o levantamento e o atacante para saber o momento exato de executar o salto para bloqueá-lo. A Figura 3.27 apresenta o esquemas de um exercício de bloqueio.

Figura 3.27 Exercício bloqueio

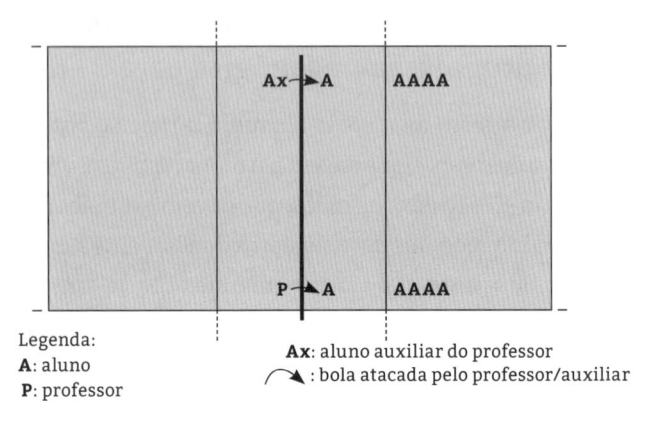

Legenda:
A: aluno
P: professor

Ax: aluno auxiliar do professor
⟨⟩ : bola atacada pelo professor/auxiliar

O professor e o aluno auxiliar devem se posicionar próximos à rede, enquanto os alunos que executarão o exercício se posicionam para o bloqueio. O professor deve lançar a bola para o alto e realizar o ataque, momento em que o aluno deve saltar para bloqueá-lo. Após o primeiro ataque, o aluno se posiciona novamente para o bloqueio e o professor ataca uma segunda bola a ser bloqueada pelo aprendiz. Para variar esse exercício, o professor pode atacar a bola em diferentes velocidades, com lançamentos mais altos ou mais baixos, estimulando o aluno a saltar antes ou depois deles. O professor também pode dar pequenos passos para dentro da quadra, obrigando o aluno também a se deslocar para fazer a marcação do bloqueio.

No processo de ensino do gesto técnico, a orientação para o posicionamento do bloqueio é posicionar-se em relação à bola, ou seja, posicionar-se na frente dela. O deslocamento do bloqueador pode ser feito com a passada lateral, com a passada cruzada e, ainda, com a passada mista (ou seja, passada cruzada + passada lateral).

A passada lateral é utilizada para deslocamentos pequenos na rede e pequenos ajustes de posicionamento, sendo realizada com deslocamentos laterais tanto para a direita quanto para a esquerda. Por sua vez, a passada cruzada é usada para distâncias maiores. A Figura 3.28 mostra a execução da passada cruzada.

Figura 3.28 Execução da passada cruzada de bloqueio

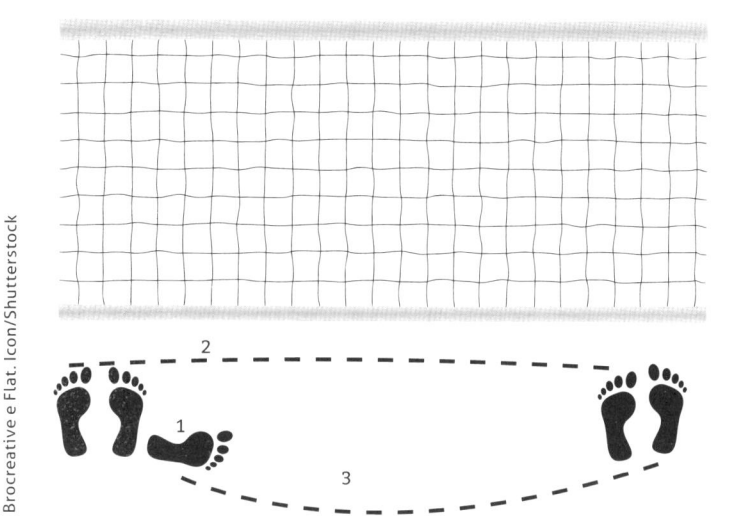

Brocreative e Flat. Icon/Shutterstock

Para a execução correta da passada cruzada, o primeiro movimento é girar o pé respectivo na direção em que vai acontecer o deslocamento e consequentemente girar o quadril para o lado em direção ao qual o deslocamento vai acontecer (se o deslocamento for para a direita, o pé direito deve ser girado para a direita). O segundo movimento é cruzar a outra perna (esquerda) pela frente (da direita) ampliando a passada para a direção desejada. Por sua vez, o terceiro movimento é juntar a outra perna (direita) e realizar o salto para o bloqueio. O mesmo procedimento deve ocorrer quando o deslocamento for para a esquerda. Inicialmente, os alunos devem aprender somente o gesto técnico da passada sem a bola e, em outro momento, podem realizar o exercício lustrado na Figura 3.29.

Figura 3.29 Exercício de bloqueio com a passada cruzada

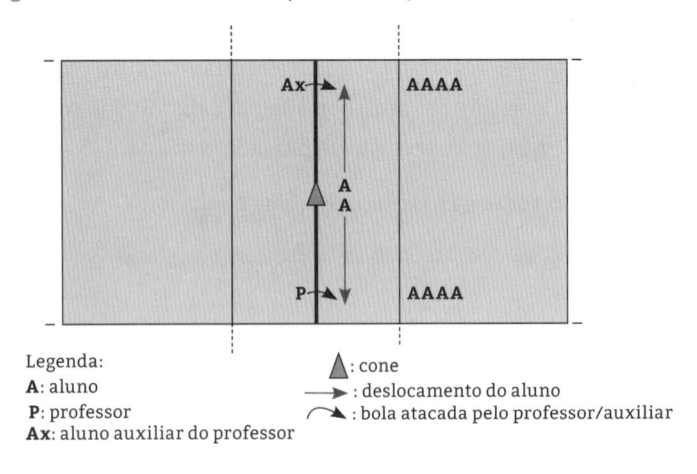

Legenda:
A: aluno
P: professor
Ax: aluno auxiliar do professor

▲ : cone
→ : deslocamento do aluno
⌒ : bola atacada pelo professor/auxiliar

Nesse exercício o aluno, deve se posicionar ao lado do cone que está no meio da quadra. Ao sinal do professor, que pode ser feito por um apito ou pelo quicar da bola no chão, o aluno deve realizar a passada cruzada e saltar para bloquear um ataque feito pelo profissional. O aluno, então, retorna à posição inicial e se desloca novamente para bloquear o segundo ataque do professor. O professor deve observar que o salto do aluno precisa ser realizado na vertical, ou seja, o aluno precisa frear o movimento de deslocamento para realizar o salto em vez de saltar ainda em deslocamento. O professor pode se utilizar de bancos ou caixotes para executar o movimento de ataque.

Além de diferentes tipos de passada para deslocamentos, há tipos diferentes para o posicionamento dos braços e das mãos durante o salto do bloqueio. No bloqueio ofensivo, ocorre uma invasão dos braços e das mãos no espaço aéreo da quadra adversária para tentar interceptar a bola após o ataque adversário, sem deixá-la passar para a própria quadra e, obviamente, sem tocar na rede. O bloqueio ofensivo deve ser realizado por jogadores que tenham o alcance do bloqueio maior ou igual ao do atacante da equipe oposta. No bloqueio defensivo, braços e mãos devem permanecer como prolongamento do tronco, sem invasão do espaço aéreo adversário, tentando apenas amortecer o ataque para que a defesa do próprio time possa dar continuidade ao jogo e contra-atacar. O bloqueio defensivo é efetuado quando o alcance do ataque do time adversário é maior do que o do bloqueio. A Figura 3.30 ilustra a diferença no posicionamento nos braços e das mãos dos dois bloqueios.

Figura 3.30 Bloqueios ofensivo e defensivo

Podemos identificar na ilustração os dois tipos de bloqueio mencionados. O jogador com a camisa número 7 está realizando um bloqueio defensivo, sem a invasão de braços e mãos no outro lado da rede, ao mesmo tempo que o jogador com a camisa número 9 está realizando um bloqueio ofensivo, com a invasão de braços e mãos na quadra adversária.

3.6.2 Aplicação tática do bloqueio

A aplicação tática do bloqueio está ligada diretamente ao posicionamento da defesa, visto que, a depender da marcação realizada pelos alunos que estão no bloqueio, quem defende se posiciona de determinada forma. Essa marcação do bloqueio também inclui o tipo de formação – simples (individual), duplo ou triplo.

Na composição de bloqueios duplos ou triplos, os jogadores que estão posicionados na entrada e na saída de rede têm papel fundamental, porque são eles que estabelecem onde deverá ser realizado o salto. Eles são considerados a base do bloqueio. Em outras palavras, o aluno que estiver na entrada ou na saída de rede é quem será responsável por fazer a marcação na paralela, na diagonal ou, simplesmente, na frente da bola. Por sua vez, o jogador que estiver na posição do meio da rede terá de se deslocar até o lado daquele aluno para efetuar o bloqueio. Quando a marcação não é bem feita pelos "alunos-base" da entrada ou da saída de rede, abre-se um espaço livre para o atacante que o bloqueio deveria ter coberto.

A Figura 3.31 mostra os posicionamentos correto e incorreto do bloqueio duplo para fazer a marcação do ataque na paralela.

Figura 3.31 Posicionamento de bloqueio duplo para marcação na paralela

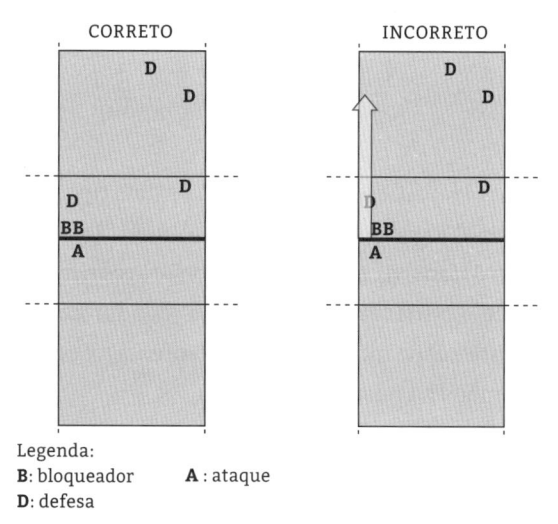

Legenda:
B: bloqueador **A**: ataque
D: defesa

É possível observar que o posicionamento dos jogadores de defesa foi todo para a diagonal, uma vez que o bloqueio definiu que iria marcar a paralela. Entretanto, no posicionamento incorreto, o jogador que está na saída de rede se posicionou um pouco para dentro da quadra e deixou o espaço para o ataque na paralela.

Nas equipes formadas por alunos iniciantes e intermediários, normalmente fica padronizado que o bloqueio ou sempre vai marcar a paralela ou sempre vai marcar a diagonal, razão pela qual a defesa adota sempre o mesmo posicionamento. Nas equipes de alto rendimento, a marcação do bloqueio é feita de acordo com as características do atacante da equipe adversária, e o bloqueio e a defesa assumem posicionamentos diferenciados a depender dos atacantes que estão na rede.

A Figura 3.32 apresenta o esquema de uma opção de exercício de bloqueio duplo para marcação na diagonal.

Figura 3.32 Exercício de formação de bloqueio duplo com marcação de ataque na diagonal

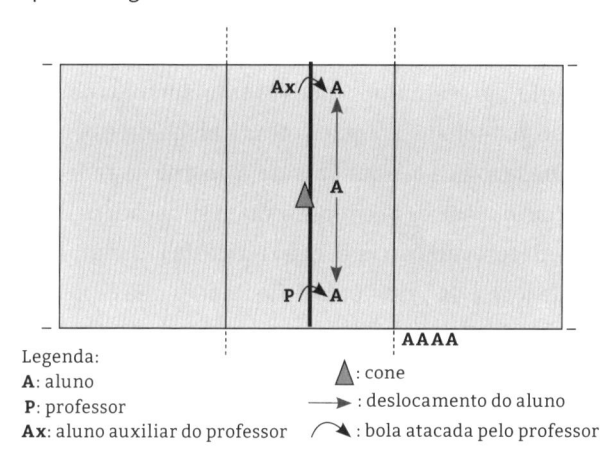

Legenda:
A: aluno
P: professor
Ax: aluno auxiliar do professor
▲ : cone
→ : deslocamento do aluno
⌒➤ : bola atacada pelo professor

Nesse exercício, ao sinal do professor, o aluno que estiver na posição do meio deve se deslocar com passada cruzada ou passada mista para compor o bloqueio duplo na entrada de rede. O aluno que estiver na saída de rede deve fazer a marcação, ou seja, posicionar-se para marcar o ataque na diagonal. Quando o aluno do meio chega ao lado do aluno da entrada de rede, os dois saltam juntos para fazer o bloqueio do ataque do professor, que deve ser direcionado para a diagonal. O aluno da posição do meio retorna à posição inicial e, ao sinal do aluno auxiliar, desloca-se para a saída de rede e executa a mesma movimentação para um bloqueio do ataque do aluno auxiliar. Como variação, o professor pode fazer a marcação na entrada de rede de um ataque na paralela e na saída de rede de um ataque na diagonal.

Cabe destacar que é importante para o professor observar a chegada do aluno que está na posição do meio e deve se deslocar para o lado, quase encostado no aluno da entrada ou da saída de rede. Caso o aluno não encoste, costuma-se dizer que o bloqueio ficou "aberto", com espaço para o ataque entre os bloqueadores. O professor, portanto, deve evidenciar também que o salto dos bloqueadores precisa ser realizado no mesmo momento, de forma sincronizada, para não deixar o bloqueio "quebrado".

■ Síntese

Neste capítulo, apresentamos todos os fundamentos do voleibol – saque, toque, manchete, ataque, defesa e bloqueio –, bem como a sequência pedagógica adequada para o ensino de cada um, propondo exercícios básicos que representam situações reais de jogo. Além disso, descrevemos a aplicação tática dos fundamentos em situações de jogo e as principais dificuldades que os alunos possam ter em seu aprendizado.

Com base nesses conteúdos e nos exemplos sugeridos, é possível criar outras possibilidades de atividades com vistas ao desenvolvimento dos alunos. Para a criação de outros exercícios, convém considerar as características de cada grupo de aprendizes e a experiência adquirida pelo professor ao longo de sua atuação na área. Esses aspectos correspondem à sensibilidade e à competência pedagógica necessárias para o ensino de modalidades esportivas.

■ Atividades de autoavaliação

1. No decorrer da história do voleibol, as técnicas e as táticas do jogo se modificaram em razão de vários fatores, como mudança das regra, e das características dos jogadores (altura e força

física). A execução do saque é um dos fundamentos que apresentaram mudanças ao longo do tempo. Hoje os mais utilizados são o saque por baixo, o saque por cima com salto, o saque por cima sem salto e o saque "viagem". Identifique se as características apresentadas a seguir se referem ao saque por baixo (SB), ao saque por cima (SC) ou ao saque "viagem" (SV). Depois, assinale a alternativa que indica a sequência correta de classificação:

( ) É um saque de muita potência (força e velocidade), em decorrência do qual a bola apresenta rotação em seu eixo. Para sua execução, o aluno lança a bola à sua frente e a golpeia depois de realizar uma movimentação muito parecida com a do ataque.

( ) É um saque muito utilizado na iniciação. Por ser um tipo de saque lento, permite um posicionamento adequado da recepção, privilegiando o desenvolvimento do jogo e o processo de aprendizagem.

( ) A trajetória da bola é flutuante e irregular, e esta cai rapidamente quando perde velocidade. Essa trajetória irregular dificulta a recepção do saque da equipe adversária.

a) SC, SB, SV.
b) SV, SC, SB.
c) SB, SV, SC.
d) SV, SB, SC.

2. Quando se ensina voleibol, não é suficiente ensinar apenas o gesto técnico dos fundamentos. É necessário sempre pensar no jogo como um todo, preocupando-se também com a tática. A combinação entre técnica e tática garante a formação de alunos capazes de praticar a modalidade em todas as suas possibilidades. Assinale a alternativa em que se define corretamente o que é a aplicação tática dos fundamentos:

a) A aplicação tática se refere aos deslocamentos e posicionamentos realizados dentro da quadra. No ensino do gesto técnico, executa-se o fundamento sem movimentação ou com pequenas movimentações e, na aplicação tática, incluem-se os deslocamentos para a frente, para trás e para a lateral.

b) A aplicação tática é o uso do fundamento em situação de jogo. A execução de um toque para a frente e/ou de um toque para trás em deslocamentos é o gesto técnico; a utilização do toque como levantamento é a aplicação tática. Saber a altura e o local em que deve ser realizado o levantamento, além de observar a equipe adversária, é um conhecimento decorrente de habilidades ensinadas na aplicação tática.

c) A aplicação tática só é utilizada nas equipes de alto rendimento, razão pela qual não tem muita utilidade nas equipes iniciantes. Para alunos iniciantes, é importante que o professor dê atenção ao gesto técnico, sem pensar no desenvolvimento do jogo. Após uma execução perfeita do gesto técnico, é possível pensar em aplicação tática.

d) A aplicação tática está relacionada ao conhecimento do rodízio e dos sistemas de jogo. Um conhecimento mais teórico pode ser explicado pelo professor com a utilização de um quadro. Dessa forma, os alunos saberão como se posicionar em quadra.

3. O bloqueio é um fundamento essencial no sistema defensivo da equipe. Uma marcação de bloqueio realizada de forma errada compromete todo o posicionamento de defesa dos outros alunos e deixa espaços na quadra para a bola cair. Marque V (verdadeiro) ou F (falso) para cada uma das características técnicas e táticas do bloqueio listadas a seguir e depois assinale a alternativa que indica a sequência correta de respostas:

( ) A passada cruzada e a passada mista são utilizadas para deslocamentos longos na rede. Os alunos posicionados na entrada e na saída de rede são os que mais utilizam esse tipo de deslocamento.

( ) A posição inicial dos cotovelos sempre à frente do corpo no bloqueio, a extensão dos braços e o retorno destes após o salto com os cotovelos à frente do corpo e não lateralmente são detalhes importantes para prevenir que, na composição de bloqueios duplos ou triplos, o aluno não receba uma cotovelada na aterrissagem.

( ) O bloqueio ofensivo é realizado com a invasão dos braços e das mãos na quadra adversária, tentando-se evitar que a bola passe para a própria quadra. No bloqueio defensivo, braços e mãos se posicionam no prolongamento do corpo, tentando-se amortecer o ataque para que a defesa do próprio time dê continuidade ao jogo.

( ) No início da aprendizagem da aplicação tática do bloqueio, o professor deve mostrar aos alunos que o salto deve ser realizado sempre na vertical, de modo que não ocorra a projeção do corpo para a frente, o que evita o toque na rede e o ponto para a equipe adversária.

a) F, V, V, V.
b) F, V, F, V.
c) V, V, F, V.
d) V, F, F, V.

4. Uma boa defesa vai muito além de um gesto técnico bem executado. A observação tática influencia muito na defesa durante um jogo. Com base nisso, a seguir, marque V (verdadeiro) ou F (falso) para cada uma das características que são importantes para a defesa e depois assinale a alternativa que indica a sequência correta de respostas:

( ) A defesa baixa se aproxima muito do movimento da manchete, porém com algumas diferenças. Como o gesto técnico é parecido, sempre que estiver posicionado para a defesa, o aluno já deve ficar com as mãos posicionadas para a manchete. Assim será mais fácil executar a defesa.

( ) A observação do levantamento da equipe adversária – verificar se a bola foi afastada ou se aproximou da rede – ajuda a prever se o ataque será executado com muita potência ou se será realizado como largada, possibilitando, assim, que se antecipe o posicionamento para esse tipo de bola.

( ) Além da defesa baixa, também é possível realizar a defesa alta, com as mãos espalmadas e sobrepostas, e utilizar recursos como defesa com um só braço, mergulhos e rolamentos.

( ) A posição inicial para a defesa difere da manchete porque os joelhos devem estar mais flexionados, o tronco deve estar ereto, e o pé deve permanecer inteiro no chão. Essa postura ajudar a dar uma boa estabilidade e facilita o deslocamento, que é raro nas defesas.

a) V, F, F, F.
b) F, F, V, V.
c) F, V, V, F.
d) V, F, F, V.

5. Embora seja motivante para os alunos, a aprendizagem do ataque é uma habilidade que reúne a coordenação entre os movimentos de pernas, de braços e de salto, todos os quais estão relacionados com o tempo de bola. Assinale a alternativa correta sobre o gesto técnico e a aplicação tática do ataque:

a) O atacante deve observar o posicionamento do bloqueio para escolher a melhor opção de ataque. A habilidade técnica de conseguir executar golpes variados auxilia na visão tática do atacante, que não precisa preocupar-se com a movimentação de defesa da equipe adversária.

b) Desde os primeiros exercícios de movimentação de braço e encaixe da mão na bola, o professor deve atentar para o posicionamento dos pés do aluno. Para a realização do salto do ataque, o corpo deve trabalhar em alinhamento: o pé direito à frente para os atacantes destros e o pé esquerdo à frente para os atacantes canhotos.

c) A realização da passada de ataque é importante para um ajuste de posicionamento e, principalmente, para conferir velocidade à impulsão do salto e ao ataque.

d) O salto após a passada de ataque é sempre realizado com um pé apenas, normalmente o pé contrário ao braço que golpeia a bola.

Atividades de aprendizagem

Questões para reflexão

1. O ensino das habilidades técnicas e de sua aplicação tática no voleibol não pode ser feito de forma desconectada. Isso significa que o professor precisa estar sempre pensando em situações de jogo para estruturar a aula. Você consegue pensar em outras modalidades nas quais esse modelo de aprendizagem seja possível de ser utilizado? Poderíamos transferir para outros esportes os conceitos apresentados neste capítulo em relação ao ensino do voleibol? Quais? Cite exemplos.

2. Neste capítulo, descrevemos as posturas básicas dos fundamentos e os principais erros que podem ser cometidos pelos alunos iniciantes. Mesmo que você não tenha muita experiência (ou nenhuma experiência) em ensinar voleibol, você acredita que a identificação das posturas básicas pode auxiliar na correção dos movimentos dos alunos?

Atividade aplicada: prática

1. Nas sugestões de exercícios deste capítulo, ressaltamos a necessidade de reproduzir situações ou sequências de movimentações que se repetem no jogo para que o aluno as incorpore desde cedo. Entretanto, além de executar a movimentação, o aluno precisa saber o motivo da realização de tal

atividade. Considerando seu envolvimento com a modalidade, seja como praticante, seja como professor, analise os exercícios propostos e aplique os motivos das movimentações empregadas, a fim de esclarecer a movimentação do jogo.

Capítulo 4

Ensino do voleibol – sistemas de jogo

N**este capítulo**, analisaremos os diferentes sistemas de jogo que podem ser utilizados por equipes de voleibol. Iniciaremos com o rodízio, troca obrigatória de posições entre jogadores na modalidade, e avançaremos para o exame dos sistemas 6x6, 4x2 simples, 4x2 com infiltração e 5x1. Essa é a progressão pedagógica mais adequada ao ensino dos sistemas, pois facilita a compreensão por parte dos alunos. Na abordagem de cada sistema de jogo, descreveremos o posicionamento da equipe nas situações de execução e de recepção de saques. Além das trocas de posições em cada rodízio, também destacaremos os melhores procedimentos e algumas dicas para o ensino desses sistemas.

4.1 Posições, rodízio e correspondência no sistema de jogo do voleibol

Ao observarmos o posicionamento em quadra de uma equipe de voleibol profissional, em um primeiro momento, podemos pensar que os rodízios e as trocas de posições são um pouco confusos e que os jogadores parecem poder adotar livremente uma posição qualquer ou a que melhor lhes convier na quadra. Entretanto, essa movimentação e esse posicionamento dos jogadores seguem as regras do rodízio e de correspondências entre as posições.

A quadra de voleibol é dividida em seis posições, e os jogadores são obrigados a realizar o rodízio, passando por todas elas. O rodízio acontece no sentido horário, e o jogador que está localizado na posição 1 é quem deve realizar o saque. A Figura 4.1 mostra as seis posições e o sentido do rodízio nos dois lados da quadra e também em somente meia quadra.

Figura 4.1 Posições e rodízio do voleibol

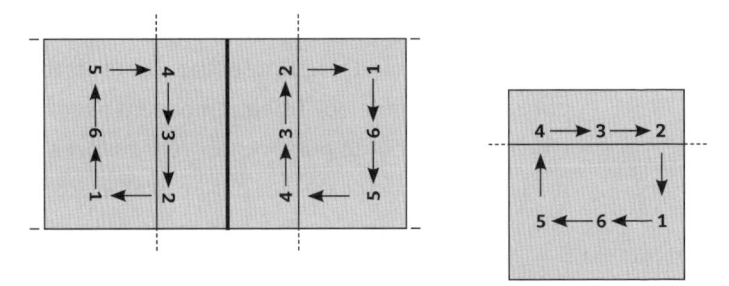

No início da partida, ou do *set*, o aluno da posição 1 da equipe que ganhou a posse de bola realiza o saque. Caso a equipe que tenha sacado confirme o ponto, o mesmo aluno da posição 1 deve repetir o saque. Se, ao contrário, a equipe adversária marcar o ponto, é ela que deve realizar o rodízio: o aluno da posição 1 passa para a posição 6, o aluno da posição 6 passa para a posição 5, e o aluno que estava na posição 2 passa para a posição 1 para executar o saque (fechando, portanto, o rodízio). Essa numeração de posições nada mais é do que a sequência ou ordem de sacadores, ou seja, o primeiro a sacar, o segundo a sacar, o terceiro a sacar, e assim sucessivamente, até o sexto. Feito isso, a sequência se repete na continuidade do jogo.

Embora as posições marcadas na quadra sirvam também como orientação para os alunos, eles podem se movimentar nela para ocupar melhor os espaços e desempenhar melhor as funções específicas (levantador, central, oposto etc.) conforme o sistema de jogo da equipe. Essa movimentação deve seguir uma correspondência entre as posições, isto é, um jogador de uma posição não pode ocupar o espaço de uma outra, como ilustra a Figura 4.2.

Figura 4.2 Correspondência das posições

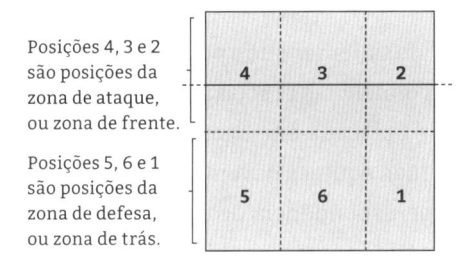

Posições 4, 3 e 2 são posições da zona de ataque, ou zona de frente.

4	3	2
5	6	1

Posições 5, 6 e 1 são posições da zona de defesa, ou zona de trás.

Na Figura 4.2, é possível visualizar uma linha pontilhada que limita lateralmente e também os posicionamentos anterior e posterior. As correspondências são as seguintes:

- O aluno da posição 1 deve estar sempre à direita do aluno da posição 6 e atrás do aluno da posição 2.
- O aluno da posição 6 deve estar entre os alunos das posições 1 e 5 e atrás do aluno da posição 3.
- O aluno da posição 5 deve estar à esquerda do aluno da posição 6 e atrás do aluno da posição 4.
- O aluno da posição 4 deve estar à esquerda do aluno da posição 3 e à frente do aluno da posição 5.

- O aluno da posição 3 deve estar entre os alunos das posições 2 e 4 e à frente do aluno da posição 6.
- O aluno da posição 2 deve estar à direita do aluno da posição 3 e à frente do aluno da posição 1.

Os alunos que estão nas posições 2, 3 e 4 estão em posições de ataque e podem realizar bloqueios e ataques. Os alunos que estão nas posições 1, 6 e 5 estão nas posições de defesa e não podem realizar ataques nem bloqueios na zona de ataque. O ataque de um aluno da zona de defesa só é permitido se ele saltar antes da linha dos 3 metros. A queda dentro da zona de ataque é permitida. Se o aluno que está na zona de defesa pisar na linha dos 3 metros para realizar o ataque, isso será considerado uma infração, razão pela qual o ponto é confirmado para a equipe adversária.

É importante salientar que o posicionamento correto do rodízio e as correspondências precisam se manter até no momento em que a bola é colocada em jogo, ou seja, após o final do *rally*, os alunos das duas equipes devem se posicionar de acordo com o rodízio e a correspondência de posições até que o saque seja executado. A partir de então, os alunos devem respeitar somente as posições das zonas de ataque e defesa, podendo efetuar troca de posições entre si conforme cada sistema de jogo.

> *Após o final do rally, os alunos das duas equipes devem se posicionar de acordo com o rodízio e a correspondência de posições até que o saque seja executado.*

Em competições oficiais, o posicionamento inicial dos alunos em cada *set* é passado ao árbitro mediante uma papeleta da ordem de saque, que controla os rodízios e o posicionamento correto de todos. Caso um erro de rodízio ou de correspondência seja detectado pelo árbitro, será marcada a infração e, ao mesmo tempo, será concedido ponto para a outra equipe (CBV, 2016).

Antes de avançarmos para as características dos sistemas especificamente, entendemos ser importante definir os termos *entrada de rede* e *saída de rede*, que serão bastante utilizados na explicação desses conteúdos. Chamamos de *entrada de rede* a posição 4, em que o aluno inicia sua passagem pelas três posições da zona de ataque, e de *saída de rede* a posição 2, a última posição da zona de ataque, uma vez que no próximo rodízio o jogador que nela está passa para a zona de defesa, na posição 1, para realizar o saque.

4.2 Sistema de jogo 6x6 ou 6x0

As funções específicas de cada aluno como levantador ou atacante e a quantidade de alunos nessas funções em quadra determinam o sistema de jogo utilizado. No sistema 4x2, em quadra deve haver quatro alunos atacantes e dois alunos levantadores. No sistema 5x1, cinco são os alunos atacantes e um aluno é o levantador. No sistema 6x6, por sua vez, todos os seis jogadores executam as funções de levantador e atacante, sem especificidades, razão pela qual também é comumente chamado de *6x0*.

Por não exigir especialização das funções ou posições dos jogadores e por ter uma movimentação simplificada, para a qual basta seguir a ordem do rodízio sem que se exija troca de posições, o sistema 6x6 é o mais utilizado na iniciação das equipes. Além disso, um dos principais motivos de utilização desse sistema no processo de iniciação é o fato de ele estar pautado na universalização das ações, ou seja, no fato de que todos passam por todas as funções: de ataque e de levantamento. Apesar de simples, esse sistema apresenta possíveis variações, com a definição do levantador na posição 3 e/ou com o levantador na posição 2.

O posicionamento do levantador na posição 3 permite que a equipe tenha ataque pela entrada e pela saída de rede, ou seja, o levantador poder levantar para a posição 4 ou para a posição 2. O toque de frente e o toque de costas são muito utilizados para o levantamento nesse sistema.

A Figura 4.3 mostra o rodízio no sistema 6x6 com o levantador na posição 3, quando a equipe está realizando o saque. As letras (A, B, C, D, E, F) utilizadas nas figuras representam os jogadores, sendo possível acompanhar as mudanças de posições em todos os rodízios.

Figura 4.3 Rodízio no sistema 6x6 com o levantador na posição 3 na execução do saque

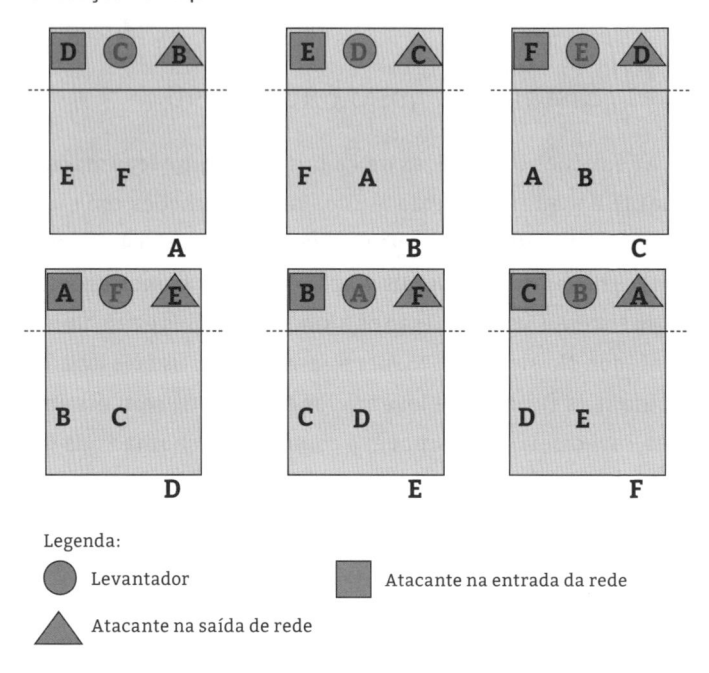

Legenda:
● Levantador
■ Atacante na entrada da rede
▲ Atacante na saída de rede

Devemos observar, como destacado anteriormente, que todos, de acordo com o rodízio, que passam pelas posições de levantamento e de ataque vão desempenhar essas funções. A importância da utilização de sistema de jogo na iniciação é justamente evitar a especialização precoce. Todos os alunos precisam aprender a levantar, a atacar, a defender e a bloquear. Depois do aprendizado de todas essas habilidades é que os alunos podem ser direcionados para posições específicas de acordo com características físicas, técnicas e de personalidade.

No posicionamento apresentado na Figura 4.3, todos os alunos das posições da zona de ataque estão próximos à rede. Isso ocorre porque a equipe está executando o saque e os alunos da rede estão posicionados para realizar o bloqueio do ataque da equipe adversária. Na linguagem do voleibol, quando os alunos estão próximos à rede, dizemos que eles "subiram" para a rede; quando os alunos se afastam da rede, em posicionamento para recepção ou defesa, dizemos que eles "desceram" dela. Essa movimentação de se aproximar da rede e de se afastar dela é uma constante durante o *rally*.

O esquema de recepção mais utilizado no sistema 6x6 é a formação em W, na qual cinco jogadores participam da recepção. A Figura 4.4 mostra os posicionamentos da equipe, respeitando-se as correspondências e os rodízios quando a equipe recebe o saque.

Figura 4.4 Rodízio no sistema 6x6 com o levantador na posição 3 na recepção do saque

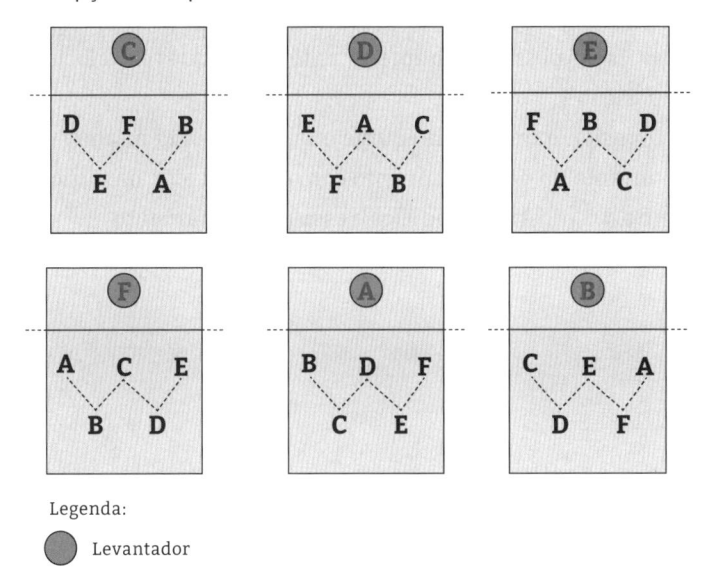

Legenda:
● Levantador

O levantador deve ficar sempre próximo à rede, "escondido" para não recepcionar a bola que vem do saque, também chamada de 1ª bola. O aluno da posição 6 deve avançar para mais perto da rede para cobrir o espaço deixado pelo aluno da posição 3, que está próximo à rede. Na correspondência de posições, não há problema nenhum em o aluno da posição 6 se aproximar da rede, porque, na regra, ele deve estar atrás do aluno da posição 3 e entre os alunos das posições 1 e 5.

Uma variação do sistema 6x6 é o posicionamento do levantador na posição 2. Todos os alunos continuam efetuando todas as funções em quadra, entretanto essa variação pode ser uma preparação para o ensino do sistema 4x2. A principal mudança, nesse caso, acontece nas possibilidades de ataque da equipe.

Com o levantador na posição 3, as possibilidades de ataque tendem a ser de bolas altas na entrada e na saída de rede. Com o levantador na posição 2, continua a haver possibilidade de bola alta na entrada de rede, além de ser possível também o ataque pelo meio de rede. Este último é decorrente de uma bola um pouco mais rápida, ou seja, não tão alta como a bola da entrada de rede. Essa variação possibilita o aprendizado dos ataques de velocidade pela posição 3.

O posicionamento da equipe quando executa o saque deve ser o mesmo do posicionamento com o levantador na posição 3. A Figura 4.5 mostra os rodízios e esse posicionamento.

Figura 4.5 Rodízio no sistema 6x6 com o levantador na posição 2 na execução do saque

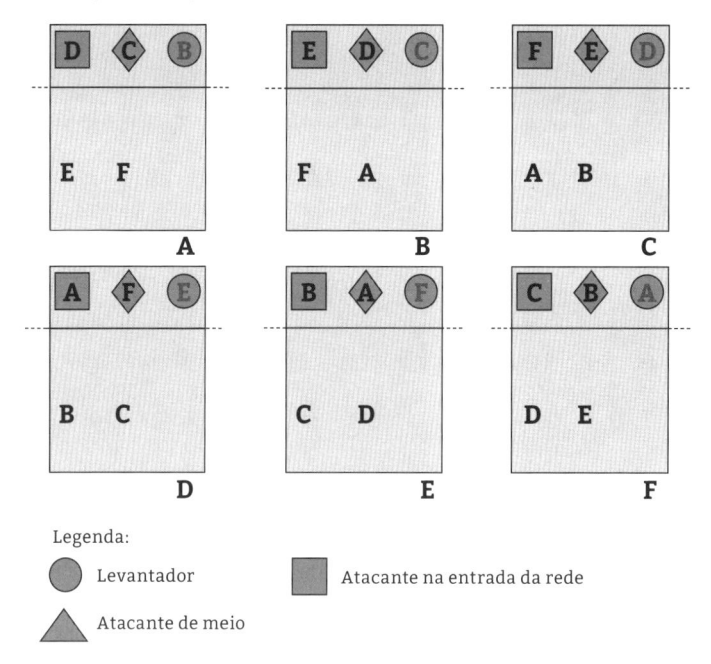

Legenda:
- ● Levantador
- ■ Atacante na entrada da rede
- ▲ Atacante de meio

O sistema de recepção com o levantador na posição 2 também se mantém na formação em W, com cinco alunos participando da ação. A Figura 4.6 mostra o rodízio e o posicionamento dos alunos para a recepção, respeitando-se sempre as correspondências.

Figura 4.6 Rodízio no sistema 6x6 com o levantador na posição 2 na recepção do saque

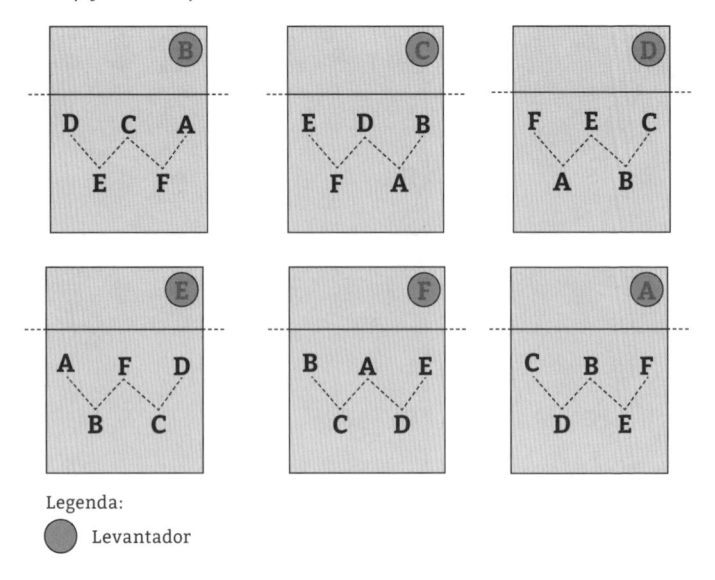

	B				C				D	
D	C	A		E	D	B		F	E	C
E	F			F	A				A	B

	E				F				A	
A	F	D		B	A	E		C	B	F
B	C			C	D				D	E

Legenda:
● Levantador

O posicionamento da recepção de saque parece igual ao do sistema 6x6 com o levantamento pela posição 3, mas algumas mudanças foram feitas. Com a aproximação do jogador da posição 2 para mais perto da rede, o jogador da posição 1, apesar de estar em uma posição da zona de trás, aproxima-se mais da rede para cobrir o espaço deixado. O aluno da posição 3, que antes ficava "escondido" próximo à rede, agora retorna ao posicionamento correto, e o aluno da posição 6, que na opção com o levantador na posição 3 cobria o espaço deixado por esse aluno, agora retorna para o fundo da quadra e desloca-se para a direita para cobrir a aproximação do aluno da posição 2 da rede. A Figura 4.7 mostra o posicionamento original de cada aluno e as mudanças para a recepção de saque.

Figura 4.7 Mudança da posição básica para a posição de recepção no sistema 6x6 com o levantamento pela posição 2

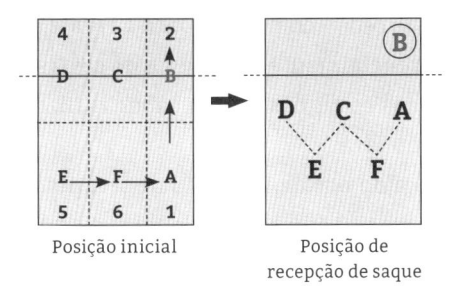

```
  4    3    2
  D    C    B          B
                    D  C  A
  E    F    A          E  F
  5    6    1
```

Posição inicial   Posição de recepção de saque

Na Figura 4.7 também é possível observar a correspondência das posições. O aluno da posição 1 deve ficar sempre atrás do aluno da posição 2 e à direta do aluno da posição 6. O aluno da posição 6 deve sempre ficar atrás do aluno da posição 3 e entre os alunos das posições 1 e 5; e o aluno da posição 5 deve ficar atrás do aluno da posição 4 e à esquerda do aluno da posição 6. O professor deve atentar para o posicionamento do aluno da posição 6 quando este se desloca para a direita. Esse aluno não pode ficar atrás do aluno da posição 1 porque seria um erro de correspondência e também porque ele não estaria cobrindo a área de sua responsabilidade para o passe. Veremos no tópico seguinte alguns procedimentos importantes para o ensino do sistema 6x6.

4.2.1 Procedimentos de ensino para o sistema 6x6

O rodízio deve ser o primeiro ensinamento para os alunos que estão iniciando o processo de aprendizagem do sistema de jogo. A movimentação correta, a ordem do saque e as correspondências das posições são fundamentais para o entendimento desse e dos próximos sistemas de jogo.

Com base nesse conhecimento, o professor deve praticar com seus alunos o passe direcionado para a posição 3 e o levantamento para a entrada de rede – com toque para a frente – e para a saída de rede – preferencialmente com toque de costas. É importante lembrar que todos os alunos devem saber realizar todas as funções dentro de quadra.

Na mudança do posicionamento do levantador para a posição 2, é importante trabalhar o direcionamento do passe. Se antes o passe era direcionado para o meio da quadra, agora ele deve ser direcionado mais à direita dela, para a posição 2. Além disso, há necessidade de treinar o levantamento da bola para o ataque de meio, uma vez que é feito com uma bola mais baixa e rápida. Os atacantes também precisam conhecer esse novo tipo de ataque e se adaptar a ele.

Esses são os pontos mais importantes que não podem ser esquecidos no início do ensino do sistema 6x6 e, principalmente, quando ocorre a mudança no posicionamento do levantador. Todos os outros fundamentos e movimentações também devem ser treinados em conjunto para fortalecer o desenvolvimento do jogo.

4.3 Sistema de jogo 4x2 simples

No sistema 4x2 simples, inicia-se o processo de especialização dos alunos em determinadas funções dentro da quadra. Diferentemente do sistema 6x6, em que todos os alunos, de acordo com o rodízio, realizam o levantamento, o ataque no meio de rede e os ataques na entrada e na saída de rede, no sistema 4x2 simples os aprendizes passam por especialização e, nele, o aluno levantador só realiza a armação das jogadas, sem realizar o ataque.

Além da função de levantador, há também as funções de ponteiro e a de meio de rede, também chamada de *central*. O atacante de ponta, ou ponteiro, realiza os ataques na entrada de rede; o atacante de meio, ou central, realiza os ataques pelo meio de rede; e o levantador, por sua vez, é o responsável pela 2ª bola, ou seja, por receber o passe e distribuir as opções de ataque. Devemos ressaltar aqui que essas funções são relativas ao sistema ofensivo da equipe e que os jogadores continuam realizando funções de recepção, bloqueio e defesa. Nesse sistema, o levantador que está nas posições de fundo de quadra também participa da formação da recepção.

Conforme explicamos anteriormente, o nome do sistema está relacionado à quantidade de jogadores em determinadas funções dentro da quadra. No sistema 4x2 simples, a equipe é composta por dois levantadores e quatro atacantes. Desses quatro atacantes, dois são ponteiros e dois são meios de rede. A Figura 4.8 mostra onde esses jogadores atuam dentro da quadra.

Figura 4.8 Área de atuação das funções de atacante de ponta, meio e levantador

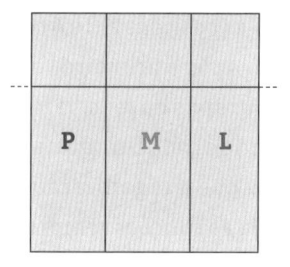

| P | M | L |

Legenda:
P: atacante de ponta
M: atacante de meio
L: levantador

Sempre que possível, os alunos especializados nessas funções devem estar nessas posições, mas não se pode esquecer que o rodízio é obrigatório. Por essa razão, os alunos especialistas passam por todas as posições na quadra. É por isso que ocorrem as trocas de posições características dos sistemas 4x2 e 5x1, que aprofundaremos mais adiante.

A distribuição dos alunos na quadra deve ser feita de forma que sempre haja um levantador, um central e um ponteiro nas posições 2, 3 e 4, respectivamente. Considerando-se que no sistema 4x2 dois levantadores, dois centrais e dois ponteiros, é necessário posicionar os alunos com a mesma função em diagonal, conforme ilustra a Figura 4.9.

Figura 4.9 Posicionamento inicial com funções em diagonal

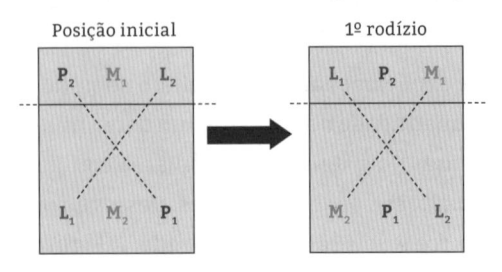

Posição inicial | 1º rodízio

P_2 M_1 L_2 L_1 P_2 M_1

L_1 M_2 P_1 M_2 P_1 L_2

Legenda:
P_1 e P_2: atacante de ponta 1 e atacante de ponta 2
M_1 e M_2: atacante de meio 1 e atacante de meio 2
L_1 e L_2: levantador 1 e levantador 2

A imagem mostra as posições 2, 3 e 4 com um levantador, um central e um ponteiro. Após o primeiro rodízio, enquanto L2 vai para o saque, L1 está entrando na rede, razão pela qual novamente passa a haver um aluno de cada função nas três posições da rede. Por isso, é importante que a organização inicial da equipe seja feita de forma que haja as funções sempre na diagonal.

Na Figura 4.9 também é possível observar que nem sempre os seis alunos estão nas posições da quadra exigidas por sua função. Na posição inicial, os alunos das posições 2, 3 e 4 estão em seus locais "corretos", ao passo que os alunos das posições 1 e 5 estão trocados na zona de defesa, em que somente M2 está na posição correta, razão pela qual precisa ser realizada a troca. Fazer os alunos entenderem o posicionamento correto e o momento certo de fazer as trocas é uma das prioridades no ensino do sistema 4x2.

A Figura 4.10 mostra o posicionamento da equipe e a troca das posições quando se está realizando o saque, ou seja, os alunos das posições 2, 3 e 4 estão próximos à rede para realizar o bloqueio do ataque adversário.

Figura 4.10 Rodízio e trocas de posições no sistema 4x2 na execução do saque

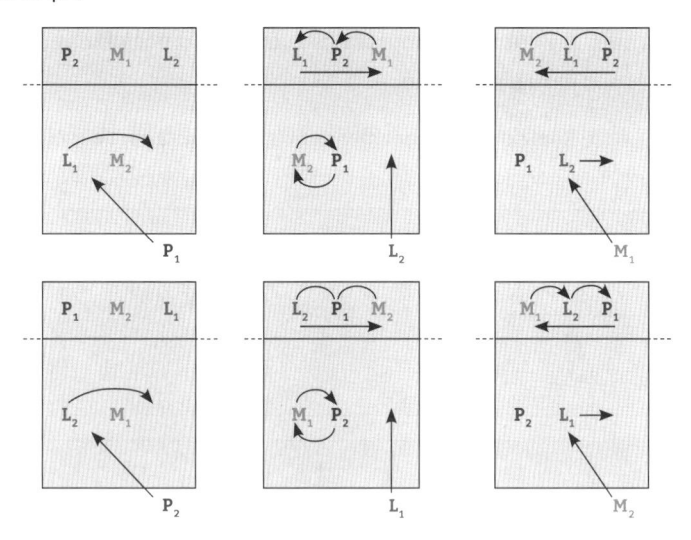

A movimentação das trocas de posições se repete após os três primeiros rodízios, quando mudam somente os alunos que as realizam. A orientação para o momento das trocas de posições é sempre a de que ela ocorra quando a bola passar para o outro lado da quadra. Assim, no momento em que é efetuado o saque, as trocas de posições acontecem.

O equilíbrio na distribuição da equipe na quadra também precisa ser feito de acordo com as habilidades técnicas. Nas figuras utilizadas para demonstrar os posicionamentos e rodízios, consideramos o "aluno 1" como tecnicamente superior ao "aluno 2", ou seja, o levantador 1 (L1) é tecnicamente superior ao levantador 2 (L2) na sua equipe. Se o professor colocar todos os "alunos 1" em uma sequência e todos os "alunos 2" em outra sequência, a equipe estará sempre em dificuldades ou no ataque ou na recepção e na defesa. É por isso que um jogador nível 1 é intercalado com um jogador nível 2. Essa montagem da equipe de forma equilibrada será abordada com mais detalhes no Capítulo 6.

No início da aprendizagem do sistema 4x2, é ideal manter o sistema de recepção na formação em W, com cinco alunos participantes. A Figura 4.11 mostra os rodízios e o posicionamento dos alunos para a recepção.

Figura 4.11 Rodízio e posicionamento no sistema 4x2 para a recepção do saque

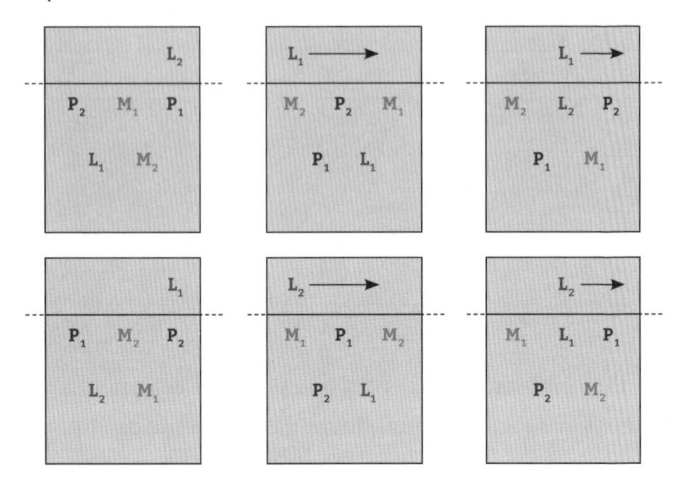

L_2	$L_1 \rightarrow$	$L_1 \rightarrow$
P_2 M_1 P_1	M_2 P_2 M_1	M_2 L_2 P_2
L_1 M_2	P_1 L_1	P_1 M_1

L_1	$L_2 \rightarrow$	$L_2 \rightarrow$
P_1 M_2 P_2	M_1 P_1 M_2	M_1 L_1 P_1
L_2 M_1	P_2 L_1	P_2 M_2

O posicionamento para a recepção do saque é feito de acordo com o rodízio, e as trocas de posições são feitas somente após o ataque da bola para a quadra adversária. O levantador que está nas posições da zona de ataque sempre fica "escondido" próximo à rede para não participar da recepção, e os outros jogadores se organizam para cobrir esse espaço vazio. Além disso, quando o levantador está nas posições 3 e 4, ele precisa se deslocar para posição 2 assim que o saque é executado. Veremos no tópico seguinte alguns procedimentos importantes para o ensino do sistema aqui apresentado.

4.3.1 Procedimentos de ensino para o sistema 4x2 simples

Para ajudar no processo de ensino, sugerimos a utilização de coletes de identificação para cada uma das posições, por exemplo: dois coletes vermelhos para os levantadores, dois coletes azuis para os atacantes de ponta e dois coletes verdes para os atacantes de meio. A identificação visual facilita a compreensão dos alunos sobre o posicionamento inicial do rodízio, em que os jogadores das mesmas funções devem estar posicionados na diagonal, e também após as trocas das posições em que eles devem estar alinhados, conforme ilustrado anteriormente na Figura 4.8. Com base na identificação visual, o professor deve posicionar as duas equipes na quadra e iniciar o jogo, porém sempre segurando a bola (tal como no jogo de câmbio[1]), para que a movimentação seja realizada de forma lenta e compreensível por todos.

A principal dúvida dos alunos costuma ser a respeito do momento em que se deve realizar a troca das posições. Uma das dicas observadas é considerar que a troca de posições deve acontecer quando a bola vai para o outro lado da quadra. Se a equipe está executando o saque, no momento em que a bola é colocada em jogo e vai para a quadra adversária, os alunos devem trocar de posição. A equipe que está recebendo o saque não pode trocar de posição nesse momento. Ela deve receber o saque, fazer o levantamento, executar o ataque e então, depois deste, quando a bola passar para a quadra adversária, realizar as trocas. Caso não sejam realizados os três toques e caso a bola seja passada de primeira por um erro na recepção ou de segunda, a troca de posições deve acontecer no momento em que a bola passa para

---

[1] O câmbio é um jogo muito parecido com o voleibol: duas equipes são posicionadas na quadra com o objetivo de derrubar a bola no chão da quadra adversária; entretanto, no lugar dos fundamentos do voleibol de passar a bola (toque, manchete, ataque), a bola é segurada toda vez que é passada para os companheiros de equipe ou para a equipe adversária (Darido; Souza Júnior, 2007).

a quadra adversária, independentemente de ter sido executado o ataque ou não.

A simulação de jogo com todos os alunos posicionados é fundamental para a aprendizagem das movimentações do sistema 4x2 simples. Após o final do *rally*, que pode ser determinado pelo professor, já que os participantes estão segurando as bolas, os alunos retornam às posições e realizam o rodízio. A identificação das cores auxilia os alunos a perceber se o posicionamento está correto ou incorreto. É importante realizar todas as passagens do rodízio para que todos compreendam o que devem fazer e quais posições precisam assumir nos diferentes locais da quadra para então, somente após essa apropriação do sistema, executar a dinâmica de jogo com os fundamentos propriamente ditos.

4.4 Sistema de jogo 4x2 com infiltração

A opção pelo sistema 4x2 com infiltração pode ser feita como transição para o sistema 5x1 e/ou pode ser utilizada em razão das características dos alunos que compõem a equipe. Nesse sistema, conta-se com dois levantadores e quatro atacantes (entre estes últimos, dois são atacantes de ponta e dois são atacantes de meio). A diferença encontra-se no fato de que o levantador que está na rede também assume a função de atacante, razão pela qual a equipe permanece sempre com três atacantes na rede.

No sistema 4x2 simples, o levantador que fica na rede é responsável pelo levantamento, e as outras posições devem ser sempre preenchidas com um atacante de ponta e um atacante de meio, havendo assim duas alternativas para o ataque. No sistema 4x2 com infiltração, o levantador responsável pela segunda bola é o levantador que está nas posições da zona de defesa (posições 1, 6 e 5). Esse aluno deve fazer a infiltração para realizar o levantamento e ter três opções de ataque: o atacante de ponta, o atacante de meio e o levantador na saída de rede, que também a função de atacar.

A possibilidade de contar com três atacantes na rede em todos os rodízios é importante para o sistema ofensivo da equipe, já que o bloqueio e a defesa adversária precisam estar atentos a mais de uma possibilidade de ataque, diferentemente do sistema 4x2 simples, em que há somente duas opções de ele acontecer. É importante destacar aqui que estamos nos referindo a equipes de iniciação, que ainda não utilizam o ataque de fundo da quadra.

As características dos alunos que fazem parte da equipe também são um diferencial na adoção do sistema 4x2 com infiltração. Ter dois levantadores habilidosos tanto para o levantamento quanto para o ataque é um indicativo para o uso desse sistema de jogo. As características necessárias para que os alunos ocupem cada posição serão detalhadas no Capítulo 6.

O rodízio e as trocas de posições quando a equipe está executando o saque são exatamente os mesmos do sistema 4x2, mostrados na Figura 4.10. O posicionamento do sistema de recepção em na formação W, no entanto, apresenta algumas mudanças, uma vez que há preocupação de "esconder" o levantador que está posicionado no fundo para que ele não participe da recepção do saque. A Figura 4.12 mostra esse posicionamento.

Figura 4.12 Rodízio e posicionamento no sistema 4x2 com infiltração para a recepção do saque

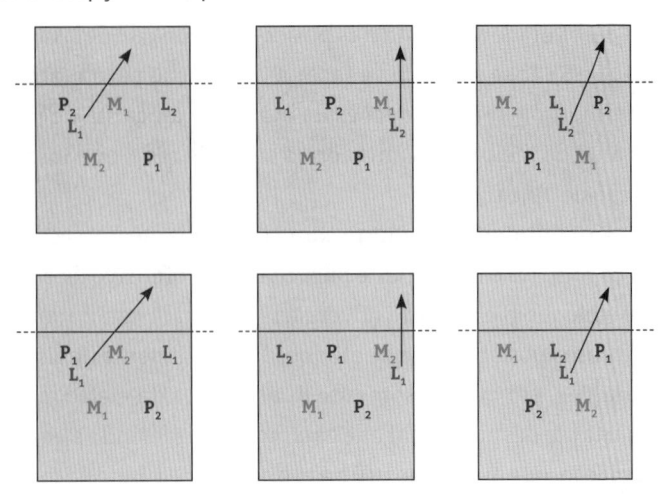

O posicionamento de recepção do sistema 4x2 com infiltração mostra que o levantador que está nas posições da zona de defesa (1, 6 e 5) sempre fica "escondido" atrás do jogador correspondente para evitar que possa participar da recepção. Dessa forma, assim que o saque é efetuado, o levantador se desloca para a posição 2 para esperar a bola que vem da recepção e assim armar o ataque de sua equipe, escolhendo entre as três opções possíveis.

As posições em que o levantador está "escondido" para fazer as infiltrações são normalmente mais sensíveis para a recepção, porque pode acontecer certa confusão entre o aluno que se desloca para fazer a recepção e a movimentação do levantador. Essas posições e infiltrações devem ser bem treinadas e, como opção tática para dificultar a recepção adversária, pode-se sacar na posição da infiltração. No tópico seguinte, apresentaremos alguns procedimentos importantes para o ensino do sistema 4x2 com infiltração.

4.4.1 Procedimentos de ensino para o sistema 4x2 com infiltração

Apesar de os alunos já conhecerem as funções e as trocas de posições do sistema 4x2 simples, o uso dos coletes de cores diferenciadas ainda é uma boa alternativa no processo de ensino do sistema 4x2 com infiltração. A identificação visual de qual levantador está na zona de ataque e de qual levantador está na zona de defesa e será responsável pelo levantamento é um facilitador na coordenação das movimentações.

As principais dificuldades que podem ocorrer são as indecisões entre os levantadores e também os deslocamentos das infiltrações, em que pode haver trombadas com os alunos que realizam a recepção. Exercícios de recepção nas posições onde acontece a infiltração são importantes para minimizar essas situações sensíveis.

O levantador precisa ter boa agilidade de deslocamento tanto para a frente como de costas, já que constantemente terá de se aproximar da rede para fazer o levantamento e retornar para a posição de defesa no fundo da quadra. No início do processo de aprendizagem da movimentação das infiltrações, o professor pode recomendar aos alunos que a recepção seja um pouco mais alta para que o levantador tenha mais tempo para o deslocamento e o posicionamento correto do corpo para realizar o levantamento.

O momento das trocas de posições continua o mesmo quando a equipe está executando o saque, ou seja, quando o saque é realizado e a bola vai para a quadra adversária, os alunos trocam as posições. Quando a equipe está recebendo o saque, somente o levantador se desloca para a posição 2 no momento da realização do saque, e o restante da equipe espera o ataque, ou seja, espera a bola passar para a quadra adversária para realizar as trocas.

E quando ocorre a infiltração? Como visto, somente o levantador que está no fundo de quadra, ou zona de defesa, é que efetua a infiltração, que ocorre quando a bola vem para a própria quadra, ou seja, quando se está na recepção ou se executa uma defesa.

Para facilitar o aprendizado, apresentam-se as seguintes dicas aos alunos:

- Troca de posição: quando a bola vai para quadra adversária = nosso saque e ataque.
- Infiltração: quando a bola vem da quadra adversária = nossa recepção e defesa.

4.5 Sistema de jogo 5x1

O sistema 5x1, o mais utilizado por equipes profissionais, exige nível de especialização em cada função bastante elevado. Nesse sistema, há um levantador e cinco atacantes, sendo que entre estes últimos dois são atacantes de ponta, dois são atacantes de meio e um é oposto. A função de oposto substituiu o segundo levantador do sistema 4x2. O sistema 5x1 é uma mistura de três posicionamentos de rede do 4x2 simples (quando o levantador está nas posições 2, 3 e 4) com três posicionamentos de rede do 4x2 com infiltração (quando o levantador está nas posições 1, 6 e 5).

Com a evolução das regras e da especialização das funções, o sistema 5x1 foi se desenvolvendo a partir da década de 1960. Nesse sistema, o levantador é o estrategista da equipe, já que todas as jogadas de ataque passam por ele. Para ter um bom levantador, que consiga coordenar as melhores opções táticas de ataque e tenha boa habilidade técnica, é preciso um processo de formação a longo prazo. Se a equipe não conta com um levantador com essas características, pode ser que seja o momento de, em vez de avançar para o sistema 5x1, continuar dividindo as responsabilidades no sistema 4x2.

Para aumentar as possibilidades de ataque nas três posições em que o levantador está na rede e conta somente com dois atacantes (um ponteiro e um central), utiliza-se bastante o ataque de fundo, realizado pelo oposto. Dessa forma, a equipe fica com três possibilidades de ataque, e não somente duas. Além disso, a instituição da função de líbero, jogador especialista em recepção e defesa, possibilita que a equipe tenha um atacante mais eficiente, que não precisa, necessariamente, portanto, ser efetivo na recepção e na defesa.

Como característica, o oposto, outra função relevante nesse sistema, é normalmente um atacante de força, isto é, um jogador de segurança que será responsável por bolas decisivas. Essa função recebe esse nome porque esse jogador se posiciona na diagonal oposta ao levantador. Ou seja, oposto e levantador nunca se encontram em uma mesma rede. Quando o levantador chega à posição 4 (entrada de rede), o oposto deve estar na posição 1. Apesar de estar na diagonal oposta do levantador, depois da troca de posições o oposto deve se posicionar sempre na saída de rede. A Figura 4.14 mostra o posicionamento na quadra das funções no sistema 5x1.

Figura 4.13 Área de atuação das funções de atacante de ponta, meio, levantador e oposto

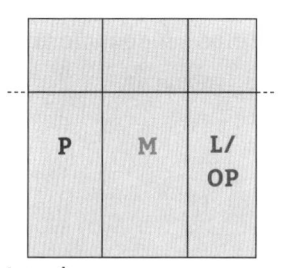

P	M	L/ OP

Legenda:
P: atacante de ponta   L: levantador
M: atacante de meio   OP: oposto

O rodízio e as trocas de posição no sistema 5x1 quando a equipe está executando o saque seguem o mesmo esquema observado no sistema 4x2 simples, com a mudança de um dos levantadores pelo oposto. A Figura 4.14 mostra esses posicionamentos.

Figura 4.14 Rodízio e trocas de posições no sistema 5x1 na execução do saque

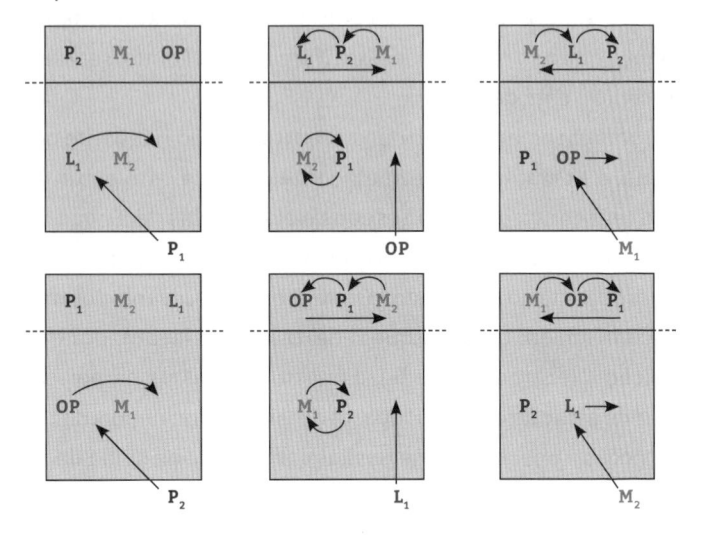

O aluno que atua como oposto realiza as mesmas trocas de posições que são realizadas pelo levantador. A Figura 4.15 mostra o rodízio e o posicionamento dos alunos para a recepção do saque. O sistema de recepção continua sendo na formação em W, com cinco alunos participando da recepção.

Figura 4.15 Rodízio e posicionamento no sistema 5x1 para a recepção do saque

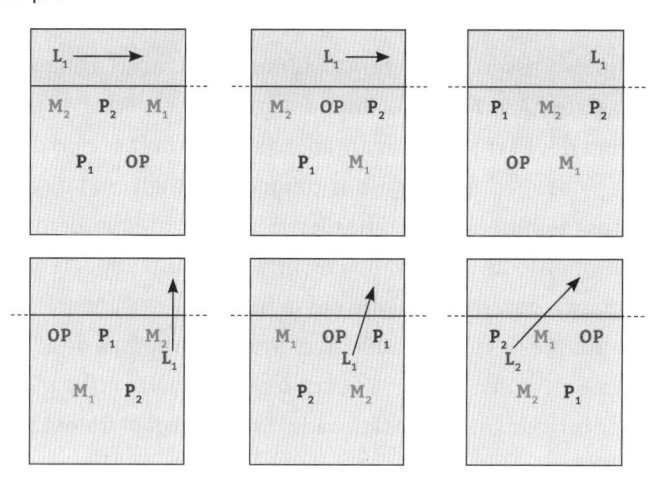

$L_1 \longrightarrow$	$L_1 \longrightarrow$	L_1
M_2 P_2 M_1	M_2 OP P_2	P_1 M_2 P_2
P_1 OP	P_1 M_1	OP M_1

OP P_1 M_2 L_1	M_1 OP P_1 L_1	P_2 M_1 OP L_2
M_1 P_2	P_2 M_2	M_2 P_1

Com a especialização das habilidades técnicas e as funções dentro de quadra, o número de alunos responsáveis pela recepção pode ser reduzido, ou seja, é possível organizar o time para fazer a recepção do saque em quatro ou até três alunos. A presença do líbero em quadra também permite que um aluno que não seja especialista em recepção seja substituído. Nesse sentido, normalmente o oposto é "escondido" da recepção para poder ficar livre para o ataque, e o meio/central é substituído pelo líbero. Vamos nos aprofundar nessas formações no Capítulo 5. No tópico seguinte, veremos os procedimentos para o ensino do sistema 5x1.

4.5.1 Procedimentos de ensino para o sistema 5x1

Se a equipe passou pelo sistema 4x2 com infiltração, a adaptação para o sistema 5x1 será facilitada. A atenção especial do professor agora deve ser para o levantador, já que todas as bolas devem passar pelas suas mãos. Equilíbrio emocional e leitura tática para tomar as melhores decisões na distribuição do ataque, bem como o treinamento de habilidades técnicas, são um suporte importante para o desenvolvimento dessa função.

O ataque de fundo, também chamado de *ataque de 2ª linha*, que nos outros sistemas era pouco ou quase nada utilizado, precisa ser introduzido e aperfeiçoado. Esse desenvolvimento deve ser feito tanto com os levantadores como com os alunos que se especializam na função de opostos.

Os sistemas apresentados neste capítulo são os mais utilizados por equipes de diferentes níveis, tanto escolares quanto profissionais. Acreditamos que, mesmo que uma equipe não tenha condições técnicas para jogar o sistema 5x1, é importante que os alunos conheçam as movimentações e as posições que o caracterizam. Dessa forma, esses alunos terão um conhecimento aprofundado que vai lhes permitir acompanhar um jogo profissional com a compreensão das táticas utilizadas.

■ Síntese

Neste capítulo, apresentamos os sistemas de jogo mais utilizados no voleibol, desde o mais simples, que é o sistema 6x6, até o mais complexo, que é o sistema 5x1. Também mostramos como funcionam o rodízio e a correspondência das posições que definem o posicionamento e as trocas durante o *rally*. Com esses conhecimentos, o professor pode ensinar as movimentações específicas de cada sistema e, conforme as características de cada um, escolher aquele que melhor se adapta à fase de desenvolvimento das equipes com as quais trabalha.

Atividades de autoavaliação

1. Analise a figura a seguir, que mostra o posicionamento da equipe para a recepção com três alunos. Com base nas regras de correspondência, assinale a alternativa que numera corretamente as posições dos jogadores:

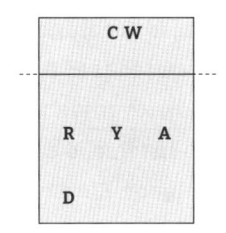

```
            C W
    ----------------
         R  Y  A

            D
```

a) Aluno Y na posição 1; aluno A na posição 2; aluno W na posição 3; aluno C na posição 4; aluno R na posição 5; e aluno D na posição 6.

b) Aluno A na posição 1; aluno W na posição 2; aluno C na posição 3; aluno R na posição 4; aluno D na posição 5; e aluno Y na posição 6.

c) Aluno D na posição 1; aluno W na posição 2; aluno C na posição 3; aluno R na posição 4; aluno Y na posição 5; e aluno A na posição 6.

d) Aluno A na posição 1; aluno W na posição 2; aluno C na posição 3; aluno R na posição 4; aluno Y na posição 5; e aluno D na posição 6.

2. Correlacione as características apresentadas na segunda coluna com os sistemas de jogo enumerados na primeira coluna e depois assinale a alternativa que corresponde à sequência correta de correlação:

1) Sistema 6x6	( )	A utilização deste sistema depende também das características dos alunos da equipe, uma vez que são necessários dois levantadores com habilidades técnicas para o levantamento e também para o ataque.
2) Sistema 4x2 simples	( )	É um sistema utilizado principalmente na iniciação dos alunos, uma vez que todos passam por todas as funções na quadra, aprendendo a levantar, a atacar e a defender.
3) Sistema 4x2 com infiltração	( )	Neste sistema, o estrategista da equipe é o levantador. Ele é o responsável pela armação ofensiva da equipe durante todo o jogo. O suporte emocional do professor é importante para a formação de um bom levantador.
4) Sistema 5x1	( )	Neste sistema, inicia-se o ensino das funções específicas e também das trocas de posições. Na quadra, há dois levantadores e quatro atacantes, sendo que, entre estes últimos, dois são atacantes de ponta e dois são atacantes de meio.

a) 2, 4, 3, 1.
b) 3, 1, 4, 2.
c) 3, 4, 1, 2.
d) 2, 3, 1, 4.

3. Assinale a alternativa que indica corretamente as trocas de posições no sistema 5x1 na execução do saque:

a)
P₂	M₁	OP
L₁	M₂	
	P₁	

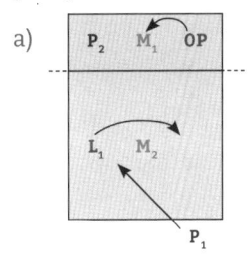

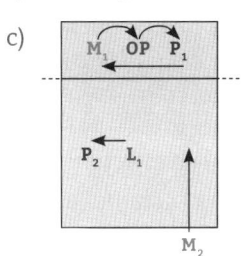

b)
P₁	M₂	L₁
OP	M₁	
	P₂	

c)
M₁	OP	P₁
P₂	L₁	
	M₂	

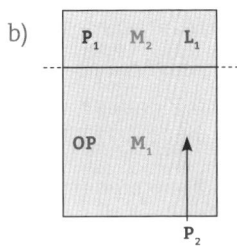

d)
OP	P₁	M₂
M₁	P₂	
	L₁	

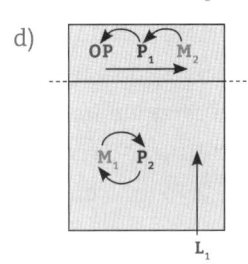

4. Assinale a alternativa correta sobre os procedimentos de ensino dos sistemas de jogo do voleibol:
   a) Antes de ensinar o rodízio para os alunos, é necessário explicar pelo menos os sistemas 4x2 e 5x1. A explicação sobre eles facilita o entendimento do rodízio.
   b) O posicionamento correto das funções de levantadores, centrais e ponteiros é sempre um atrás do outro antes da troca de posições e em diagonal após a troca de posições.
   c) A posição em que acontece a infiltração do levantador, nos sistemas 4x2 com infiltração e 5x1, é uma posição sensível para a recepção, pois podem acontecer trombadas no deslocamento do levantador e do atacante que vai receber. Por causa disso, o professor precisa praticar bastante essa movimentação para ter segurança na recepção nessas posições.

d) O sistema 5x1 deve ser ensinado logo após o sistema 6x6 porque conta somente com um levantador e cinco atacantes, razão pela qual somente um aluno terá uma função especializada e o restante da equipe continuará fazendo o que já sabia executar no sistema 6x6.

5. Assinale a alternativa correta sobre as características do sistema 4x2 com infiltração:

a) A vantagem da utilização do sistema 4x2 com infiltração é a possibilidade de contar sempre com três atacantes na rede, dificultando a marcação do bloqueio adversário, que precisa estar atento sempre a mais possibilidades de ataque.

b) A utilização de dois levantadores no sistema 4x2 com infiltração é uma opção do professor quando a equipe tem a recepção como ponto fraco. Nesse sentido, se a recepção não for próxima à posição 2, o levantador que estiver nas posições do fundo da quadra poderá fazer o levantamento.

c) É comum acontecerem indecisões entre os levantadores no início da aprendizagem do sistema 4x2 com infiltração. Para evitá-las, o técnico precisa definir quais bolas dentro da zona de ataque são do levantador que está nas posições de rede (2, 3 e 4) e quais bolas que, fora da zona de ataque, são do levantador que está nas posições de defesa (1, 6 e 5).

d) O deslocamento de infiltração do levantador deve, por regra, ser realizado sempre pelo lado esquerdo do jogador que está à frente do levantador. Essa regra está relacionada às correspondências das posições e determina que o levantador deve estar sempre à esquerda de outro atacante.

Atividades de aprendizagem

Questões para reflexão

1. Ter equipes jogando pelo sistema 4x2 ou 5x1, com trocas de posições, combinações de ataque e alunos altamente especializados nas funções de levantador, atacante de ponta, central e oposto, confere ao professor o *status* de bom treinador e caracteriza os jogadores como uma equipe preparada. Entretanto, se essa especialização for realizada muito cedo, existe grande chance de o aluno não aprender todos os fundamentos corretamente e, com o passar do tempo, ter deficiências em algumas habilidades que não foram treinadas por causa da especialização. Quais escolhas de uma especialização precoce você considera que poderiam prejudicar a carreira de um futuro atleta?

2. Para que uma equipe tenha um bom desempenho em qualquer sistema de jogo, é importante que todos os alunos compreendam sua função na equipe e que a movimentação seja não somente automatizada, mas também consciente. Supondo que você atue como profissional da área, você ofereceria aos alunos a oportunidade de compreender o sistema de jogo e mostraria a importância de cada posicionamento de forma ampla, ou você apontaria todas as ações da equipe, sem deixá-los refletir e aprender com os erros e acertos?

Atividade aplicada: prática

1. Para auxiliar no entendimento das funções específicas dentro de cada sistema, na correspondência das posições e no rodízio, principalmente do sistema 5x1, você já pensou em utilizar jogos das seleções nacionais de vôlei, feminina ou masculina, em sua aula ou mesmo para seu próprio entendimento do jogo? Congele uma imagem de um jogo que mostre o posicionamento da equipe para a recepção e peça para os alunos mostrarem as correspondências, as funções de cada jogador e também o número da posição em que os jogadores estão. Essa atividade pode ser realizada em equipes ou individualmente e também pode ser feita para os seis rodízios. Como conhecimento prévio, os alunos devem saber como funcionam o rodízio, a correspondência das posições e o sistema 5x1. A utilização das imagens deixa a atividade muito mais atraente do que o uso dos desenhos ilustrativos dos rodízios no quadro.

Capítulo 5

Ensino do voleibol – sistemas de recepção e sistemas de defesa

N**este capítulo,** abordaremos os diferentes sistemas de recepção – o sistema de recepção em W e o sistema de recepção em semicírculo –, além dos sistemas de defesa para os ataques na entrada, no meio e na saída de rede. Descreveremos o posicionamento básico de cada um deles e também apresentaremos sugestões de exercícios para que esses sistemas possam ser desenvolvidos.

5.1 Sistema de recepção em W

No capítulo anterior, mostramos o posicionamento de recepção em W para os diferentes sistemas de jogo (6x6 ou 6x0, 4x2 simples, 4x2 com infiltração e 5x1). Agora, vamos apresentar alguns exercícios que podem ser utilizados para o treinamento da recepção em W, além de reforçar as características técnicas necessárias para executar um bom passe.

Conforme explicado no Capítulo 3, a manchete é o principal fundamento técnico utilizado para a recepção. Por consequência, uma boa execução técnica da manchete é fundamental para a realização de uma boa recepção. Entretanto, a recepção pode também ser realizada por toque, além de serem permitidos os dois toques na recepção do saque[1]. Os alunos que realizam a recepção precisam ter boa leitura dos sacadores da equipe adversária para identificar o tipo de saque – se será longo ou curto, na diagonal ou na paralela –, além de agilidade para o deslocamento e o posicionamento correto em qualquer tipo de saque.

Os exercícios para treinar a recepção são fundamentais para aprimorar a comunicação e o sincronismo entre os jogadores da equipe, estabelecendo a área de cobertura de cada posição e também a definição de quem é o responsável por bolas que sejam direcionadas entre dois jogadores. O sistema em W é o mais comum de ser ensinado na iniciação por ser de fácil assimilação, com maior área de cobertura na quadra, além de poder ser utilizado em todos os sistemas de jogo.

---

[1] De acordo com as regras oficiais do voleibol divulgadas pela Confederação Brasileira de Voleibol (CBV), os dois toques ocorrem quando "um jogador toca a bola duas vezes consecutivas, ou a bola toca, consecutivamente, várias partes do seu corpo" CBV (2014, p.26). Por sua vez, na condução, "a bola é retida e/ou lançada; ela não é rebatida com o toque do jogador" (CBV, 2014, p. 26). É muito comum haver dois toques quando, durante a execução do toque, as mãos não tocam na bola no mesmo instante e a bola apresenta muito giro em seu próprio eixo.

Nos exercícios táticos de recepção, seja no posicionamento em W, seja em outras formações que serão explicadas na sequência deste capítulo, é importante colocar dois ou mais alunos nas posições de recepção para que as responsabilidades na quadra sejam sempre divididas. Exercícios individuais de recepção são sempre positivos e necessários para o aprimoramento da técnica individual dos alunos, embora não sejam suficientes para o refinamento tático.

Nos exercícios exemplificados a seguir, usamos o posicionamento determinado por letras, e não pelo número da posição específica na quadra. Preferimos esse procedimento porque, a depender do posicionamento do levantador, principalmente nos sistemas com infiltrações (4x2 e 5x1), ocorre um deslocamento de diferentes posições para cobrir o espaço deixado pelo levantador, mas o posicionamento em W permanece. A Figura 5.1 mostra esse posicionamento com o levantador na posição 3. É preciso sempre lembrar, no entanto, que, independentemente da posição do levantador, a formação em W deve ser mantida.

Figura 5.1 Posicionamento de recepção em W

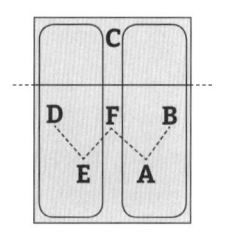

Na Figura 5.1, é possível perceber que as posições D, E e F dividem espaços de responsabilidade na quadra, o que também acontece com as posições A, B e F. Exercícios que trabalhem com as três posições na quadra ao mesmo tempo auxiliam a comunicação e as definições de quem deve ser responsável pela recepção em determinados espaços na quadra. A Figura 5.2 exemplifica um exercício com as posições D, E e F.

Figura 5.2 Exercício de recepção de saque no sistema de recepção em W

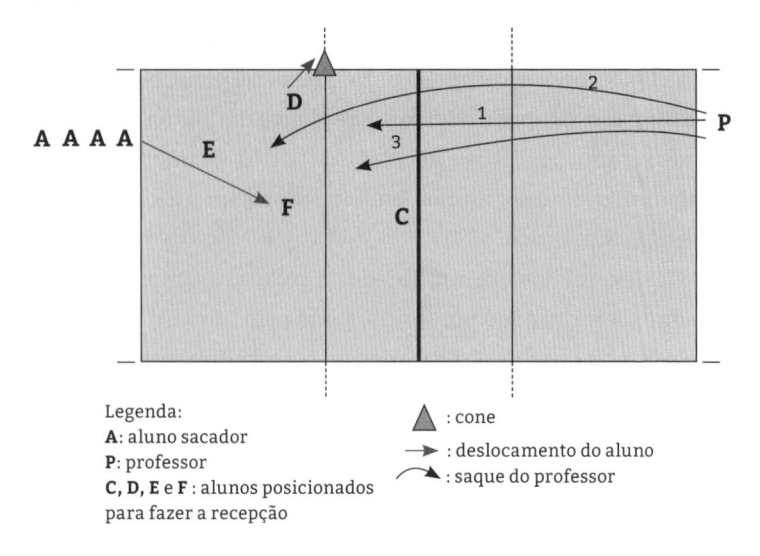

Legenda:
A: aluno sacador
P: professor
C, D, E e F: alunos posicionados para fazer a recepção

▲ : cone
→ : deslocamento do aluno
⌒ : saque do professor

Nesse exercício, os três alunos posicionados dentro da quadra devem realizar a recepção de três saques. O primeiro saque direcionado pelo professor deve ser mais curto, à frente do aluno D; o segundo saque deve ser mais longo, próximo do aluno E; e o terceiro saque, por sua vez, deve ser novamente curto, à frente do aluno F. A recepção deve sempre ser realizada para o levantador C. Caso a equipe em questão esteja jogando com o levantador na posição 2, é necessário que este fique posicionado corretamente para servir de referência para a recepção. Além disso, após cada recepção, o aluno D deve "abrir" para atacar, posicionando-se ao lado do cone, e os alunos F e E devem se deslocar para fazer a cobertura, retornando à posição inicial para realizar a próxima recepção. Após as três recepções, o aluno D deve ir para o lugar do aluno C, o aluno E deve ir para o lugar do aluno D, o aluno F deve ir para o lugar do aluno E, e o aluno que estava na fila de espera deve entrar no lugar do aluno F.

Como variações do exercício, e a depender da habilidade técnica do grupo, o professor pode variar a ordem e a direção dos saques. Além disso, a velocidade do saque também pode mudar de acordo com a evolução técnica da equipe. O saque por baixo é mais lento, e o saque por cima mais acelerado, o que exige que haja uma movimentação mais rápida dos alunos que executarão a recepção. A Figura 5.3 mostra outra variação de exercícios de recepção para o sistema em W.

Figura 5.3 Exercício de recepção de saque na diagonal no sistema de recepção em W

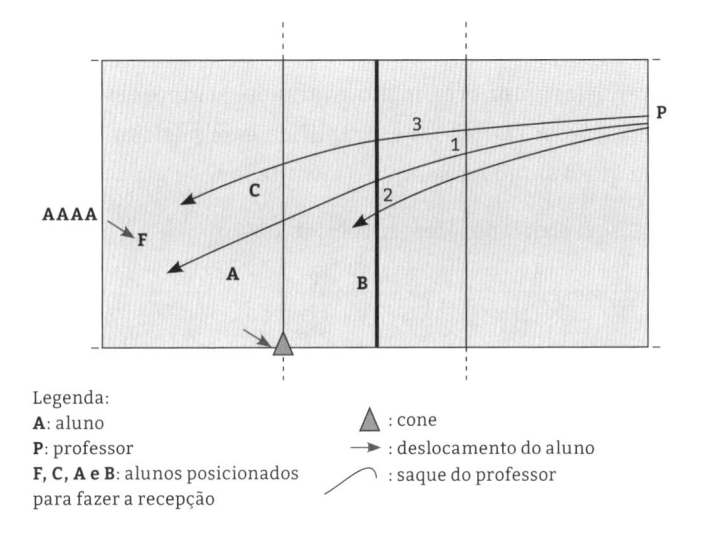

Legenda:
A: aluno
P: professor
F, C, A e B: alunos posicionados para fazer a recepção
▲ : cone
→ : deslocamento do aluno
⌒ : saque do professor

Nesse exercício, a movimentação é a mesma empregada no exercício apresentado na Figura 5.2. O saque é realizado na diagonal, mas mantém a movimentação dos alunos responsáveis pela recepção para saques curtos e longos. Após a recepção de cada saque, o aluno A deve se deslocar para o lado do cone, simulando a movimentação para atacar. Os outros alunos devem realizar a cobertura de bloqueio. Foi acrescentado nesse exercício o levantamento de uma bola para a saída de rede. O professor pode estipular que esse levantamento deve ser feito após a primeira, a segunda ou a terceira recepção.

O rodízio deve ser feito de forma parecida com a descrita no exercício anterior; neste caso, o aluno F deve ir para o lugar do aluno C, o aluno C deve assumir o lugar do aluno B, o aluno B deve assumir o lugar do aluno A, o aluno A deve ir para o final da fila, e quem entra na posição do aluno F deve ser um aluno da fila de espera.

A recepção no sistema em W tem pontos vulneráveis quando o levantador está no fundo e precisa fazer a infiltração. Por essa razão, é necessário treinar bastante essas movimentações. Os exercícios podem seguir a mesma movimentação apresentada nos exercícios anteriores, mas o levantador sempre deve realizar a infiltração. A Figura 5.4 exemplifica esse posicionamento e mostra que o aluno A é sempre o levantador.

Figura 5.4 Exercício de recepção com infiltração

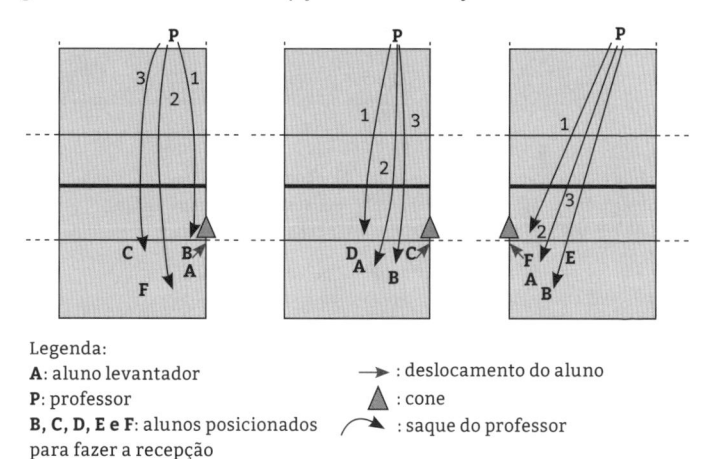

Legenda:
A: aluno levantador
P: professor
B, C, D, E e F: alunos posicionados para fazer a recepção
⟶ : deslocamento do aluno
▲ : cone
⤺ : saque do professor

Os direcionamentos e a ordem de saque apresentados na Figura 5.4 são sugestões que podem ser modificadas para facilitar ou dificultar o exercício. O professor tem o conhecimento do nível técnico de seus alunos e sabe quais são as alterações que podem ser feitas. Lembramos aqui que os alunos precisam realizar a sequência da ação após a recepção. Os alunos que estão na entrada ou na saída de rede devem "abrir" para atacar, e os outros alunos devem se posicionar para a cobertura de ataque.

5.2 Sistema de recepção em semicírculo

Além do posicionamento de recepção em W, é possível utilizar o posicionamento em semicírculo. Nesse sistema, cinco ou quatro alunos participam da recepção. A Figura 5.5 mostra o posicionamento em semicírculo com cinco jogadores na recepção.

Figura 5.5 Recepção em semicírculo com cinco jogadores

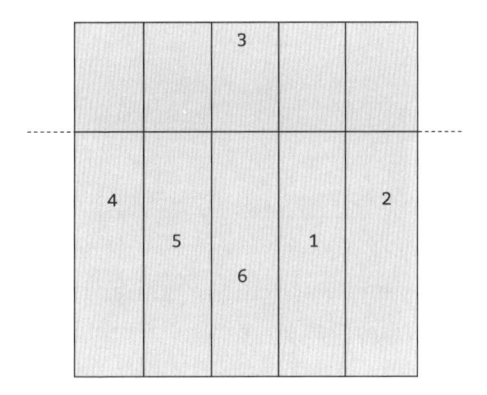

Para adotar esse sistema, os alunos devem se deslocar muito rápido, principalmente para a frente e para trás. Alguns espaços da quadra são vulneráveis, como os cantos no fundo e o meio dela, próximo à linha dos 3 metros. Os alunos que se encontram nas posições 2 e 4 podem auxiliar na recepção das bolas mais curtas nas posições 1 e 5, assim como os alunos das posições 1 e 5 podem auxiliar na recepção dos saques mais longos nas posições 2 e 4. A comunicação e a definição das responsabilidades entre os alunos são fundamentais também nessa formação.

Por sua vez, no sistema em semicírculo, em que quatro jogadores participam da recepção, além do levantador que se "esconde", as equipes optam por tirar da linha de recepção um jogador menos habilidoso ou um aluno que realiza um ataque de uma bola de velocidade, normalmente pelo meio da rede. Nas equipes que utilizam o sistema 4x2 ou o sistema 5x1, normalmente o jogador de meio ou central é "escondido" ou o oposto. A Figura 5.6 mostra esse posicionamento.

Figura 5.6 Recepção em semicírculo com quatro jogadores

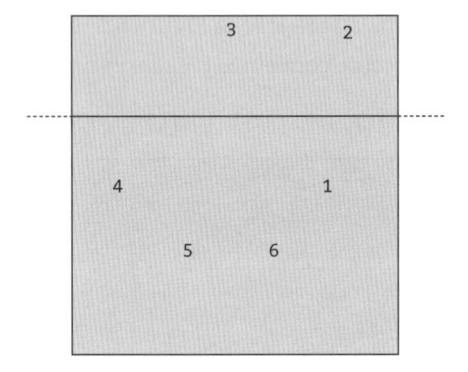

Nos sistemas em semicírculo, organizar as posições em que acontecem as infiltrações exige cautela, principalmente no sistema em que quatro jogadores participam da recepção, pois o espaço da quadra precisa ser dividido em quatro alunos, o que aumenta as responsabilidades e a necessidade de deslocamentos maiores e mais velozes. Nesse contexto, pode haver alguma confusão com o deslocamento do levantador. O professor precisa conhecer o nível de habilidade de sua equipe para avaliar a possibilidade de implantar o sistema em semicírculo.

Os exercícios para aprimorar esse sistema de recepção, com linha de recepção tanto de cinco quanto de quatro alunos, seguem uma estrutura muito parecida com a utilizada no sistema de recepção em W, embora neles seja necessário dar ênfase a uma variação de saques longos e curtos na mesma posição. A Figura 5.7 exemplifica um exercício de recepção.

Figura 5.7 Exercício de recepção em semicírculo para as posições 1, 2 e 6

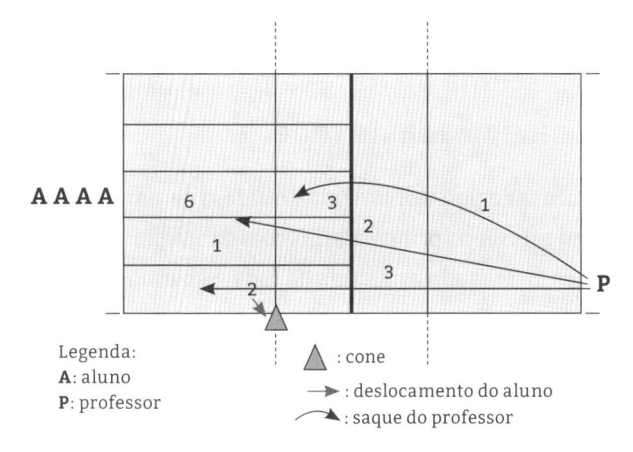

Legenda:
A: aluno
P: professor

△ : cone
➤ : deslocamento do aluno
⌒ : saque do professor

Para o exercício apresentado na Figura 5.7, o professor deve realizar três saques com direcionamentos variados, estimulando a movimentação dos alunos. Após cada saque, o aluno da posição 2 deve se deslocar, abrindo para atacar, enquanto os outros alunos se deslocam para realizar a cobertura. Após essa movimentação, os alunos devem retornar para o posicionamento inicial, e o professor já pode realizar o próximo saque.

O rodízio dos alunos só acontece após os três saques. Nele, o aluno da posição 3 deve ir para a posição 2, o aluno da posição 2 deve ir para a posição 1, o aluno da posição 1 deve ir para a posição 6, o aluno da posição 6 deve ir para o final da fila de espera e, então, um novo aluno entra na posição 3. As variações para esse exercício podem ser feitas de acordo com o tipo de saque executado pelo professor e também com a mudança nos direcionamentos dos saques.

O mesmo exercício deve ser repetido com os alunos nas posições 3, 4, 5 e 6. O posicionamento do professor também pode variar, sendo ele quem define se o saque será na paralela ou na diagonal.

É possível, ainda, acrescentar um aluno auxiliar, que pode realizar o saque, alternando a tarefa com o professor. Se o professor realizar o saque na paralela, o aluno auxiliar deverá, então, realizar o saque na diagonal (alternando-se sempre quem executa o saque).

5.3 Sistema de defesa para ataque na entrada de rede

Para estruturar o posicionamento de defesa de uma equipe, é preciso saber quais são as principais direções de ataque, especialmente dos ataques na entrada e na saída da rede. Sabendo-se desses direcionamentos, é possível posicionar os alunos corretamente. Os ataques de entrada e saída de rede são direcionados principalmente para a paralela, a diagonal menor e a diagonal maior, e os outros espaços são cobertos pelo posicionamento correto do bloqueio. A Figura 5.8 mostra esse posicionamento e suas características.

Figura 5.8 Direcionamentos mais comuns no ataque pela entrada de rede

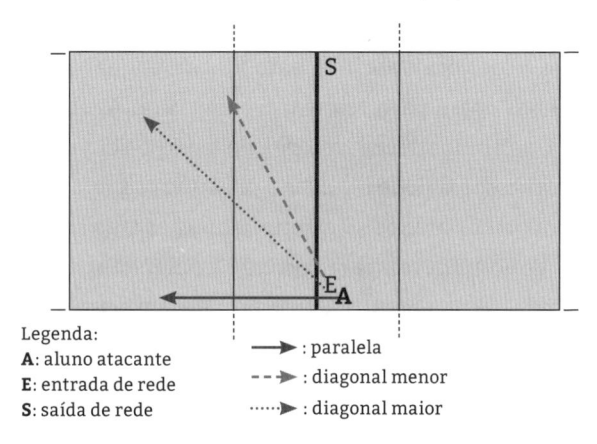

Legenda:
A: aluno atacante
E: entrada de rede
S: saída de rede

⟶ : paralela
--▶ : diagonal menor
⋯▶ : diagonal maior

O posicionamento dos alunos para a defesa na diagonal menor, na diagonal maior ou na paralela está diretamente relacionado à marcação do bloqueio. Caso o bloqueio faça a marcação da paralela, é preciso posicionar um aluno para essa defesa, o qual, por sua vez, pode se instalar atrás do bloqueio para recuperar uma bola largada. A comunicação dos alunos que estão realizando o bloqueio com os alunos da defesa é fundamental para obter bons resultados. O posicionamento do bloqueio simples ou duplo também interfere na movimentação da defesa.

A Figura 5.9 mostra o posicionamento inicial dos alunos, bem como o posicionamento da defesa para os bloqueios simples e duplo para a marcação da diagonal.

Figura 5.9 Sistema de defesa para ataque pela entrada de rede

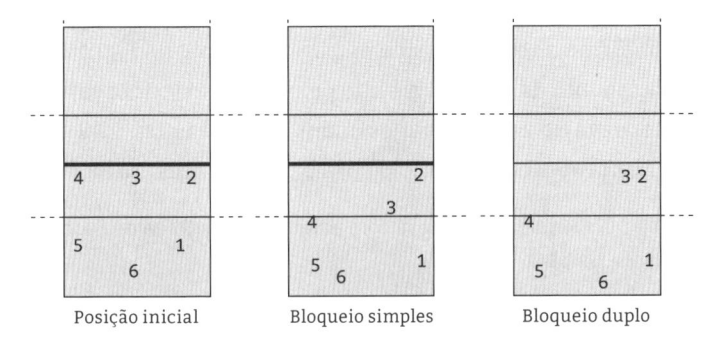

| Posição inicial | Bloqueio simples | Bloqueio duplo |

Na Figura 5.9 é possível ver, ainda, os deslocamentos a partir da posição inicial. O bloqueio simples deve ser realizado pelo aluno da posição 2; o aluno da posição 1, por sua vez, deve se deslocar para defender a paralela, o aluno da posição 3 deve se aproximar do bloqueio para defender a largada, o aluno da posição 4 deve se afastar da rede para defender a diagonal menor, e os alunos das posições 5 e 6 devem se deslocar para defender a diagonal maior.

No posicionamento do bloqueio duplo, os alunos das posições 2 e 3 devem realizar o bloqueio, o aluno da posição 1 deve se posicionar para defender a paralela, o aluno da posição 4 deve se deslocar para a defesa da diagonal menor, o aluno da posição 5 deve defender a diagonal maior, e o aluno da posição 6 fica no fundo da quadra para defender uma bola que bate no bloqueio e "espirra" para o fundo da quadra.

Caso a marcação do bloqueio ocorra na paralela, o aluno da posição 1 deve "subir" para perto do bloqueio para defender a largada, tanto para o bloqueio simples quanto para o bloqueio duplo. No bloqueio duplo, o restante das posições é mantido. No bloqueio simples, o jogador da posição 3 pode ficar responsável por pegar a largada no meio da quadra.

Os exercícios para treinar o sistema de defesa precisam dar ênfase à movimentação e ao posicionamento correto na quadra. Os exercícios devem sempre começar com os alunos posicionados conforme a representação da posição inicial da Figura 5.9 e, ao lançamento da bola para o alto pelo professor para realizar o ataque, deve-se realizar a movimentação. A Figura 5.10 exemplifica uma opção de exercício para o posicionamento de defesa.

Figura 5.10 Exercício de defesa com ataque pela entrada de rede e bloqueio simples

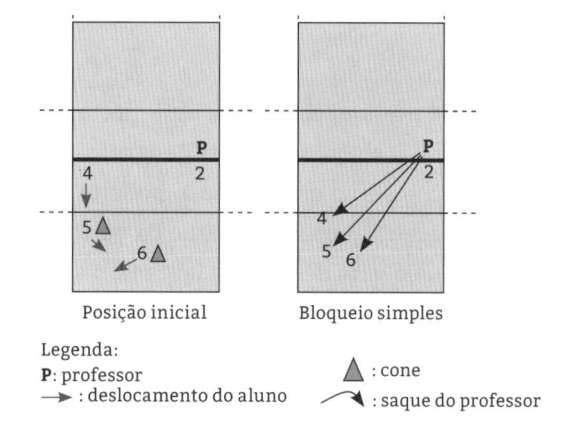

Posição inicial   Bloqueio simples

Legenda:
P: professor   ▲ : cone
→ : deslocamento do aluno   ◄ : saque do professor

O exercício apresentado na Figura 5.10 mostra o posicionamento dos alunos para a defesa na diagonal. É importante lembrar que os alunos devem partir da posição inicial: o aluno da posição 4 permanece próximo à rede para realizar o bloqueio, e os alunos das posições 5 e 6 mantêm a mão no cone. Somente ao lançamento da bola para o alto, feita pelo professor, é que os alunos devem se deslocar para a posição correta de defesa. O professor, então, deve atacar a bola em direção ao local que achar mais apropriado. Após a defesa, devem ocorrer o levantamento e o posicionamento para a cobertura de ataque, porém sem a realização do contra-ataque. Os alunos devem voltar ao posicionamento inicial, momento em que o professor deve realizar novamente o ataque em outra posição, ao mesmo tempo em que ocorrem as mesmas ações (defesa, levantamento e posicionamento para cobertura de ataque). É necessáro obsevar que, se não realizarem o levantamento, os jogadores da posição 2 e 4 devem "abrir" para atacar.

O mesmo exercício pode ser realizado com os alunos das posições 1 e 3, os quais devem partir da posição inicial e realizar a defesa de um ataque na paralela e de uma bola largada. Para o bloqueio duplo, a mesma estrutura é realizada, sempre partindo da posição inicial e deslocando-se para o posicionamento de defesa.

5.4 Sistema de defesa para ataque no meio de rede

O ataque pelo meio da rede normalmente é uma jogada rápida, de velocidade, e requer total atenção dos bloqueadores e dos alunos que fazem parte da defesa. Não são possíveis grandes movimentações ou deslocamentos para a defesa de um ataque de meio de rede, sendo necessários, portanto, pequenos ajustes da posição inicial para realizar essas defesas.

Assim como no sistema de defesa para ataque na entrada de rede, é possível estruturar o posicionamento para o bloqueio simples e o bloqueio duplo. A Figura 5.11 mostra o posicionamento da defesa para essas duas situações.

Figura 5.11 Sistema de defesa para ataque no meio de rede

```
    4   3   2              3                 4  3
    ─────────────        4      2         ──────────2
    5       1            5          1      5         1
        6                    6                  6

  Posição inicial      Bloqueio simples     Bloqueio duplo
```

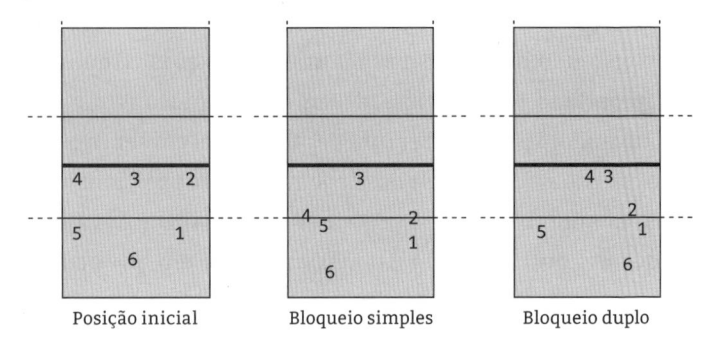

No posicionamento de defesa mostrado na Figura 5.11, as movimentações são pequenas. O aluno da posição 3 deve realizar o bloqueio, o aluno da posição 2 deve se afastar da rede, posicionando-se próximo da linha dos 3 metros, o aluno da posição 4 deve realizar o mesmo deslocamento do aluno da posição 2, e o aluno da posição 5 deve se aproximar do aluno da posição 4 para "dobrar" a defesa, o que também acontece com o aluno da posição 1, que se aproxima do aluno da posição 2. O aluno da posição 6, por sua vez, deve se deslocar para a esquerda. É importante definir quem será o jogador responsável pela bola largada. Invariavelmente, isso fica sob a responsabilidade dos alunos da posição 2 ou 4, a depender da região para a qual a largada for direcionada.

O bloqueio duplo é composto pelos alunos das posições 3 e 4. Nesse caso, o aluno da posição 4 precisa se posicionar mais próximo ao aluno da posição 3, no meio de rede. Caso o aluno da posição 4 esteja afastado, próximo à linha lateral, ele não conseguirá se deslocar a tempo para compor o bloqueio duplo. Chamamos de *marcação fechada* esse posicionamento dos bloqueadores mais próximos ao meio de rede. O aluno da posição 2 deve se responsabilizar pela bola largada. Os alunos das posições 1 e 6 devem se deslocar para a direita e "dobrar" a defesa nessa região, e o aluno da posição 5, por sua vez, deve realizar pequenos ajustes na movimentação. A "dobra" da defesa para a posição 1 ocorre porque o bloqueio é realizado pelo jogador da posição 4, o que dificulta a passagem da bola naquela região e deixa mais espaço para o direcionamento do ataque para a posição 1.

Os exercícios para o sistema de defesa com ataque no meio de rede seguem a mesma estrutura dos exercícios para o sistema com ataque pela entrada da rede. A Figura 5.12 mostra um exemplo de exercício.

Figura 5.12 Exercício de defesa com ataque pelo meio de rede e bloqueio duplo

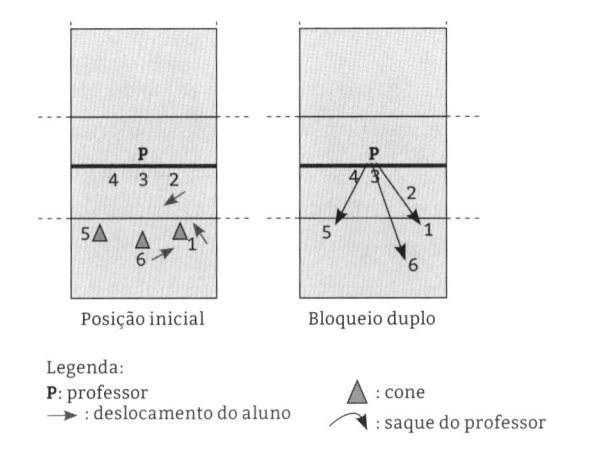

Posição inicial   Bloqueio duplo

Legenda:
P: professor
→ : deslocamento do aluno
▲ : cone
↘ : saque do professor

O sistema de defesa da Figura 5.12 é organizado para o bloqueio duplo. É possível observar que, na posição inicial, os três bloqueadores estão mais próximos entre si, ou seja, mantêm a marcação fechada. Somente após o lançamento da bola pelo professor é que os alunos devem sair do posicionamento inicial e se deslocar para o posicionamento de defesa. Após a defesa, devem acontecer o levantamento e o posicionamento da cobertura de ataque. Os alunos, então, devem retornar à posição inicial antes de realizar nova defesa.

Para equipes iniciantes, é necessário realizar os rodízios para que todos saibam as posições que devem tomar nesse ponto específico durante um jogo. Para equipes que jogam no sistema

4x2 simples ou no sistema 4x2 com infiltração e também no sistema 5x1, os jogadores devem adotar sempre o mesmo posicionamento na quadra para a defesa, razão pela qual é necessário alternar os posicionamentos na zona de ataque e na zona de defesa – ou seja, as três posições da rede (2, 3 ou 4) ou as três posições do fundo de quadra (1, 5 ou 6).

5.5 Sistema de defesa para ataque na saída de rede

Os atacantes de saída de rede, conhecidos como *opostos*, devem ter o ataque muito potente e também boa impulsão, razão pela qual são, em alguns times, os jogadores de segurança do levantador. Quando a situação está difícil durante um jogo, a bola geralmente é levantada para o oposto.

O sistema de defesa é praticamente igual ao do ataque pela entrada de rede. A Figura 5.13 mostra o posicionamento para bloqueio simples e bloqueio duplo nesse caso.

Figura 5.13 Sistema de defesa para ataque pela saída de rede

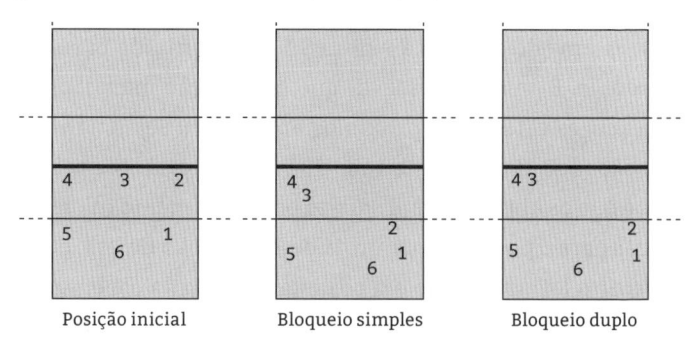

Posição inicial	Bloqueio simples	Bloqueio duplo

Para realizar o ataque pela saída de rede, o bloqueio simples deve ser executado pelo aluno da posição 4; o aluno da posição 5, por sua vez, deve se deslocar para defender a paralela, os alunos das posições 1 e 6 devem se deslocar para defender a diagonal maior, o aluno da posição 2 deve se afastar da rede para defender a diagonal menor, e o aluno da posição 3 deve se aproximar do bloqueio para defender a bola largada.

No sistema de defesa para essa posição com bloqueio duplo, os alunos das posições 3 e 4 devem formar o bloqueio, o aluno da posição 5 deve se deslocar para defender a paralela, o aluno da posição 2 deve defender a diagonal menor, o aluno da posição 1 deve defender a diagonal maior, e o aluno da posição 6 deve se posicionar mais ao fundo para defender o ataque que toca no bloqueio e "espirra" para o fundo da quadra.

Os exercícios para esse posicionamento de defesa seguem novamente a mesma estrutura dos exercícios de defesa para o sistema com ataque pela entrada e pelo meio de rede. A Figura 5.14 mostra um exemplo de exercício.

Figura 5.14 Exercício de defesa com ataque pela saída de rede e bloqueio duplo

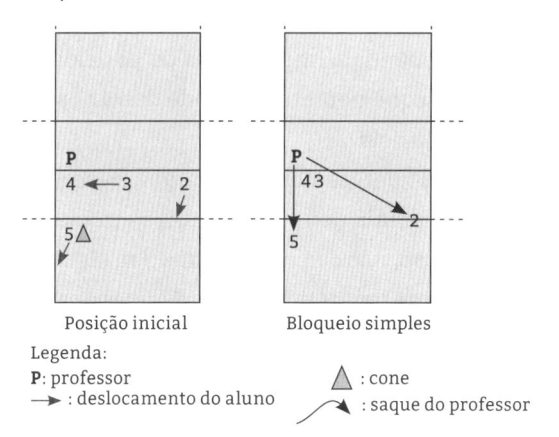

Posição inicial   Bloqueio simples

Legenda:
P: professor
→ : deslocamento do aluno
△ : cone
⤹ : saque do professor

O exemplo de exercício da Figura 5.14 trabalha com o posicionamento para a defesa da diagonal menor e da paralela. Após o lançamento da bola para o alto feita pelo professor para atacar, o aluno da posição 3 deve compor o bloqueio duplo com o aluno da posição 4, o aluno da posição 5 deve se deslocar para defender a paralela, e o aluno da posição 2 deve se deslocar para defender a diagonal menor. O professor pode atacar para qualquer uma das posições, lembrando-se sempre de retornar ao posicionamento inicial antes da execução de mais um ataque.

Como variação para esse exercício, é possível que um levantador fique na posição 3, no mesmo lado da quadra em que se encontra o professor, e distribua as bolas para a entrada e a saída de rede, mesmo que não haja nenhum ataque. Assim, o bloqueio e a defesa só poderão posicionar-se após a definição da direção para a qual a bola será levantada.

Outra dica que pode ser observada nos exercícios de defesa para o ataque de qualquer posição é a utilização de um plano elevado ou de um banco para o professor realizar o ataque. Dependendo do nível da equipe, a elevação simula o salto do atacante, aproximando-se mais das condições reais de jogo para o posicionamento da defesa. Para equipes iniciantes, um ataque do professor realizado sem saltar, com os pés no chão, já é suficiente.

Na iniciação, é mais importante o direcionamento do ataque para que o aluno compreenda a importância do posicionamento correto do que um ataque potente que pode deixar os alunos com medo de defender a bola.

Os sistemas de defesa descritos aqui apresentam posicionamentos que são mais usuais em equipes iniciantes e intermediárias e, por isso, não são regras fixas. Em algumas equipes, o sistema de defesa é estruturado de acordo com as características dos atacantes da equipe adversária e com a incidência estatística. Com o estudo do direcionamento dos ataques da equipe adversária, os professores devem organizar o posicionamento "dobrando" a defesa em determinadas posições ou deixando o posicionamento de algum aluno mais próximo à rede ou até mesmo fora da quadra para defender o ataque da equipe adversária. O estudo da forma de jogo da equipe adversária e o conhecimento dos alunos são fundamentais para essas adaptações.

▪ Síntese

Neste capítulo, destacamos elementos importantes que uma equipe deve ter para executar bem o sistema de recepção em W e em semicírculo e também os sistemas de defesa para ataques pela entrada, pelo meio e pela saída de rede. Também apresentamos exercícios para treinar a tática coletiva da equipe em cada um desses sistemas. Ao tratarmos dos sistemas de defesa, mostramos que a comunicação com a marcação do bloqueio é fundamental e que o posicionamento deve ser ajustado em função do posicionamento do bloqueio.

▪ Atividades de autoavaliação

1. Para o correto posicionamento do sistema de defesa, a equipe precisa apresentar algumas características. Assinale a alternativa que indica corretamente todas essas características:

   a) Cada aluno precisa saber exatamente onde se posicionar de acordo com o ataque da equipe adversária. A automatização dos deslocamentos e dos posicionamentos é o que garante êxito no sistema defensivo.

   b) É preciso haver boa comunicação entre os alunos que compõem o bloqueio e os alunos da defesa, agilidade nos deslocamentos e atenção ao posicionamento do bloqueio, evitando-se ficar na área que este cobre.

   c) O sistema de defesa é baseado na ação dos bloqueadores. Bloqueadores que sejam altos e mantenham bom posicionamento representam 80% do sistema de defesa.

   d) O mais indicado é realizar a marcação somente com bloqueio simples. No bloqueio duplo são somente 4 jogadores que precisam cobrir a quadra inteira, ao passo que no bloqueio simples a quadra é dividida em 5 jogadores.

2. Marque V (verdadeiro) ou F (falso) para as afirmações referentes ao sistema de recepção e depois assinale a alternativa que apresenta a sequência correta de respostas:

( ) Os exercícios de recepção devem ser realizados sempre individualmente para que nenhum outro aluno atrapalhe a movimentação para a recepção.

( ) É possível realizar a recepção de toque e também de manchete. Embora a manchete seja mais utilizada, o toque também é permitido.

( ) A comunicação entre os integrantes da equipe é importante para definir responsabilidades na divisão do espaço da quadra para a recepção. Por isso, os exercícios táticos de recepção devem ser realizados com alunos nas posições próximas.

( ) Na recepção em semicírculo, que só pode ser realizada com cinco participantes na recepção, o aluno é responsável por uma faixa da quadra. Os pontos mais vulneráveis nesse sistema são os cantos no fundo da quadra e o meio da quadra próximo à linha de 3 metros.

a) V, F, F, F.
b) F, V, F, F.
c) F, V, V, V.
d) F, V, V, F.

3. A figura a seguir representa o sistema de defesa para um ataque pela entrada de rede. O bloqueio sinalizou para a defesa que faria a marcação na paralela. Analise a figura e assinale a alternativa que identifica qual aluno está posicionado de forma errada e qual é a explicação para seu erro:

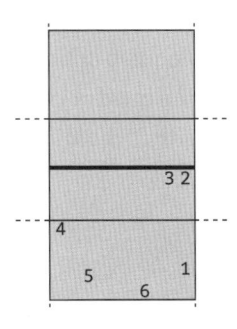

a) O aluno da posição 1 está no local errado, uma vez que deveria, na verdade, estar em cima da linha lateral, saindo da marcação do bloqueio.

b) O aluno da posição 4 está no local errado, uma vez que deveria, na verdade, estar próximo à rede para defender a diagonal menor.

c) O aluno da posição 1 está no local errado, uma vez que, na verdade, deveria estar próximo ao bloqueio para defender a bola largada. O bloqueio já tinha sinalizado que faria a marcação na paralela. Na posição da figura, o aluno está "escondido" atrás do bloqueio, sem função para a defesa.

d) O aluno da posição 4 está no local errado, uma vez que a incidência de ataques na diagonal menor é muito pequena. Em razão disso, esse aluno deveria estar próximo ao bloqueio, "dobrando" a cobertura deste com o aluno da posição 1 e esquecendo a defesa na diagonal menor.

4. Sobre o sistema de defesa para ataque pelo meio de rede, assinale a alternativa **incorreta**.

a) Caso a opção da equipe seja por executar o bloqueio duplo para o ataque pelo meio da rede, é necessário que os alunos que vão compor o bloqueio se posicionem mais próximos do meio de rede, ou seja, façam uma marcação fechada. Isso ocorre porque o ataque de meio de rede é mais rápido e, se o bloqueador estiver distante, ele não conseguirá chegar para compor o bloqueio duplo.

b) Os ajustes de posicionamento para a defesa de um ataque feito pelo meio de rede são pequenos porque a velocidade do ataque é maior. Por essa razão, os alunos que compõem a defesa precisam estar bastante atentos.

c) Quando o bloqueio é formado pelos alunos das posições 3 e 4, o jogador da posição 2 fica próximo ao bloqueio para defender a bola largada e o jogador da posição 6 "dobra" a defesa junto com o jogador da posição 1. Isso acontece porque uma área maior da quadra está sendo protegida pelo bloqueio no lado esquerdo da quadra.

d) O sistema de defesa para ataque pelo meio de rede só pode utilizar o bloqueio simples. Pela velocidade do ataque, é muito difícil a formação do bloqueio duplo, mesmo com os bloqueadores fazendo a marcação fechada.

5. O posicionamento da defesa pode variar em função de algumas situações do jogo, razão pela qual os alunos precisam estar atentos a esses fatores para corrigir e adaptar suas posições. A seguir, identifique os itens que se referem a esses fatores e depois assinale a alternativa que indica a soma correspondente:

(2) Tipo de saque

(4) Posicionamento do bloqueio

(8) Característica individual de atacantes da equipe adversária

(16) Divisão de responsabilidades e espaços dentro da quadra

a) 12.
b) 6.
c) 24.
d) 28.

Atividades de aprendizagem

Questões para reflexão

1. Suponha que você é professor de uma equipe iniciante que aprendeu recentemente o sistema de recepção em W e que ainda apresenta algumas dificuldades, mas já sabe realizar a movimentação corretamente. Além disso, você acredita que, pelo perfil dos seus alunos, esse é o melhor sistema de recepção para eles no momento. Pensando na formação integral dos alunos, para aumentar o conhecimento deles, você dedicaria algumas aulas ao ensino do sistema em semicírculo? Ou você nem lhes

ensinaria que existe essa possibilidade, uma vez que eles precisariam ainda melhorar no sistema em W e você não pode perder aulas ensinando conteúdos que não serão aplicados agora?

2. É comum que alunos iniciantes do voleibol tenham medo de defender um ataque com um pouco mais de força e velocidade. Em alguns casos, uns dos alunos se esquivam da bola e outros a rebatem, ou seja, não deixam o braço parado para amortecer o ataque. Na sua opinião, qual seria a melhor forma de diminuir esse medo dos aprendizes? Seria melhor iniciar os exercícios de defesa já com bastante potência para que os alunos percam o medo logo na primeira aula ou há outra possibilidade?

Atividade aplicada: prática

1. Nos posicionamentos da defesa para o ataque na entrada, no meio e na saída de rede descritos neste capítulo, considera-se que a bola deve ser levantada para o atacante sempre nas posições corretas e, assim, o bloqueio deve se posicionar conforme as figuras apresentadas mostram. Os alunos que não participam do bloqueio devem se posicionar na quadra de forma que não fiquem atrás dele e para que cubram as áreas desprotegidas da quadra. Porém, quando o levantamento não é correto, o bloqueio precisa se ajustar para a bola e, assim, todos os alunos que estão na defesa também vão precisar se ajustar. Ensinar os alunos a visualizar a posição do bloqueio para se posicionarem para a defesa não é muito fácil. A proposta é que você, na condição de professor ou de futuro professor de voleibol, experimente utilizar um pedaço de papelão grande a ser segurado pelos alunos do bloqueio com os braços estendidos acima da cabeça. Dessa forma, os alunos da defesa precisam se posicionar em algum lugar na quadra de onde eles consigam ver a bola do outro lado da quadra. Em alguns casos, somente um passo para o lado define um posicionamento mais correto, porém é preciso sempre prestar a atenção ao bloqueio.

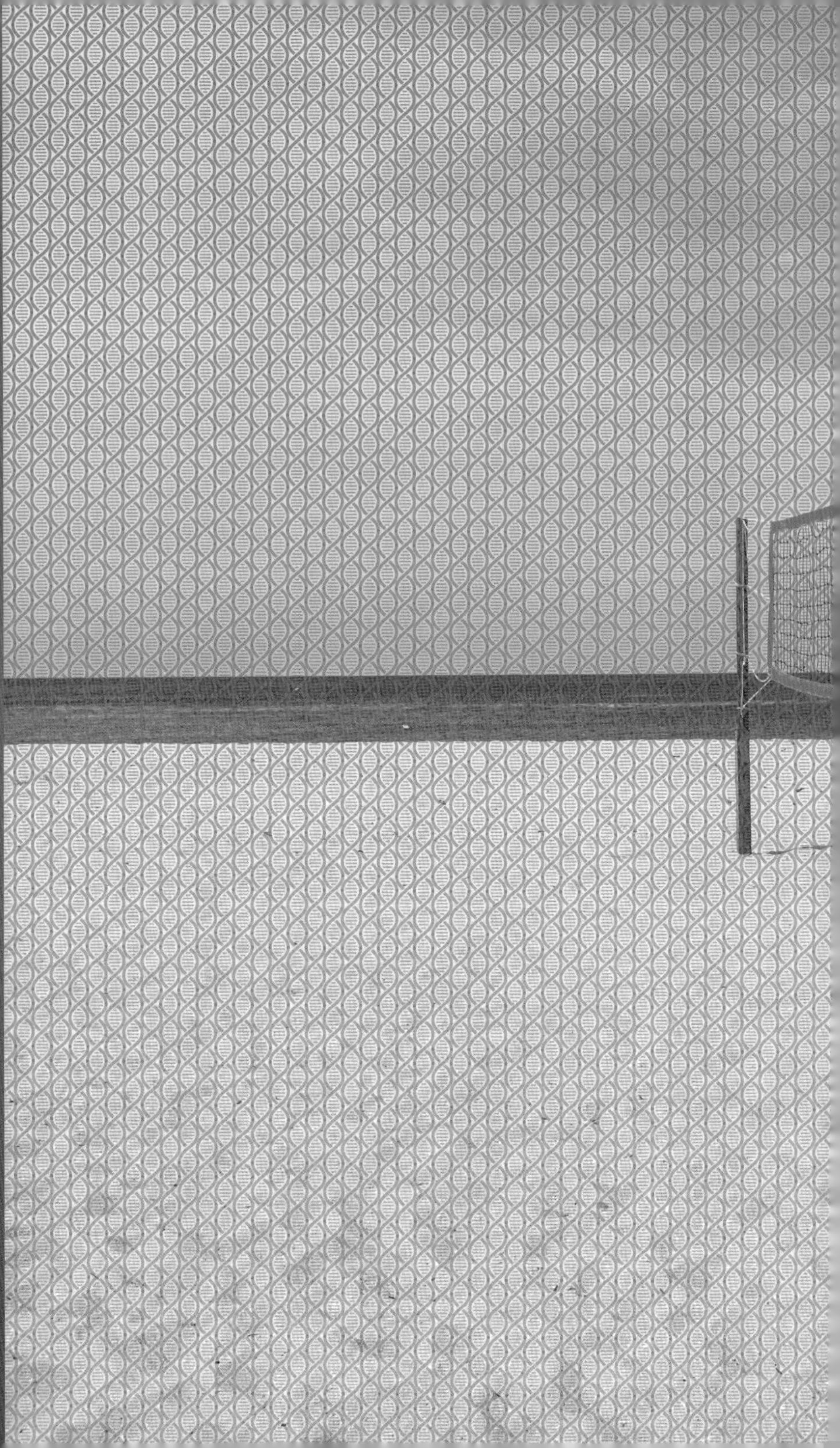

Capítulo 6

Formação de equipes e esportes derivados do voleibol

Neste capítulo, trataremos da estruturação de uma equipe de competição de voleibol, abordando a formação da equipe com a seleção dos atletas, a periodização de treinamento e as ferramentas para avaliação de jogo, além da utilização desses dados para o aprimoramento do treinamento. Como enfocaremos o universo de equipes de competição, adotaremos a terminologia *técnicos* e *atletas*. Também examinaremos as diferenças entre o voleibol de praia e o voleibol convencional, as quais vão além do piso em que são praticados.

Na sequência, apresentaremos o voleibol sentado como uma possibilidade de uma prática de inclusão nos diferentes espaços de atuação do profissional de educação física.

6.1 Periodização de treinamento

No início de toda temporada com uma equipe de voleibol – nas categorias pré-mirim, mirim, infantil, juvenil ou outra –, o treinador deve realizar o planejamento dos treinamentos para essa equipe. Como já comentamos no Capítulo 2, a realização de um planejamento envolve primeiro a definição de objetivos que se deseja alcançar e, com base nisso, a definição das estratégias e do tempo necessário para atingir esses objetivos. Com uma equipe de voleibol, o processo é exatamente esse. Entretanto, esse planejamento precisa integrar uma série de fatores para garantir os resultados.

A periodização de treinamento consiste em realizar o planejamento da temporada para a equipe e distribuir as seções de treinamento dentro de períodos específicos, para que, no momento da competição definida como mais importante, a equipe esteja no seu nível máximo de rendimento nos aspectos físicos, técnicos, táticos e psicológicos. Para isso, o treinador precisa conhecer algumas fases e características do treinamento da modalidade que facilitam a elaboração da periodização.

O primeiro passo deve ser a consulta ao calendário da temporada da equipe. O treinador deve identificar quais serão as competições de que a equipe vai participar e quando elas vão ocorrer, além de verificar, dentre essas competições, qual é a mais importante, ou seja, descobrir em qual competição a equipe conseguirá chegar ao seu máximo de rendimento. Não é possível elaborar uma periodização em que a equipe esteja no seu máximo em todas as competições (Marques Junior, 2014; Milistetd et al., 2010; Weineck, 2003). Ou seja, é preciso priorizar uma ou duas delas. Isso não significa que se deve participar somente de uma ou duas competições. As competições realizadas em períodos que não são de rendimento máximo são importantes para os atletas adquirirem ritmo de jogo bem como para trabalhar aspectos psicológicos e verificar a evolução técnica e tática.

Com base na definição dos objetivos da temporada e do tempo disponível para os treinamentos (quantidade de dias por semana e duração do treino), é possível fazer o planejamento dos ciclos da periodização, que se dividem em:

- **Macrociclo**: é o planejamento completo da temporada, que abrange a fase de preparação, a fase de competição e a fase regenerativa. Os mesociclos que compõem o macrociclo auxiliam nessa divisão.
- **Mesociclo**: é um período longo de treinamento que pode variar de duas a seis semanas. Os objetivos e as atividades são estabelecidos de acordo com cada fase (preparação, competição ou regeneração). Os mesociclos são formados por microciclos.
- **Microciclo**: é um período curto de treinamento, normalmente de uma semana. O treinamento da tática defensiva para um jogo específico pode ser o objetivo de um microciclo, por exemplo (Weineck, 2003; Hernandes Junior, 2002).

Usualmente, os macrociclos são elaborados do final para o começo. Com a determinação do objetivo principal da equipe, conta-se o período de tempo disponível, estabelecendo-se os mesociclos e a divisão das fases de preparação, competição e regeneração, e, então, definem-se os microciclos que serão realizados. O Quadro 6.1 mostra um esquema que ilustra essa periodização.

Quadro 6.1 Ciclos da periodização de macrociclo, mesociclo e microciclo

Semana 1	Microciclo		
Semana 2	Microciclo		
Semana 3	Microciclo	**MESOCICLO**	
Semana 4	Microciclo		
Semana 5	Microciclo		
Semana 6	Microciclo		
Semana 7	Microciclo		
Semana 8	Microciclo		
Semana 9	Microciclo	**MESOCICLO**	
Semana 10	Microciclo		
Semana 11	Microciclo		
Semana 12	Microciclo		**MACROCICLO**
Semana 13	Microciclo		
Semana 14	Microciclo		
Semana 15	Microciclo	**MESOCICLO**	
Semana 16	Microciclo		
Semana 17	Microciclo		
Semana 18	Microciclo		
Semana 19	Microciclo		
Semana 20	Microciclo		
Semana 21	Microciclo	**MESOCICLO**	
Semana 22	Microciclo		
Semana 23	Microciclo		
Semana 24	Microciclo		

A cada etapa correspondem objetivos específicos para que o caminho percorrido seja sempre em direção ao objetivo principal da equipe. Cada um desses ciclos deve fazer parte das fases de preparação, competição e regeneração (Weineck, 2003). Essa divisão também pode ser feita em fase de preparação especial, pré-competitiva, competitiva e de transição (Bizzocchi, 2016).

Cada uma das fases do planejamento deve contemplar os treinamentos físico, técnico, tático e psicológico, em proporção específica dentro de cada uma delas. A distribuição equilibrada dos treinamentos nas fases corretas garante o bom desempenho da equipe. Nesse sentido, se algum desses treinamentos for negligenciado ou for trabalhado de forma insuficiente, todo o planejamento poderá ser prejudicado.

A montagem da periodização de treinamento de uma equipe de voleibol é uma tarefa complexa que exige do professor um amplo conhecimento da modalidade para poder encaixar as "peças do quebra-cabeça" no momento certo e na proporção correta. São necessários para isso conhecimentos específicos em fisiologia do exercício, biomecânica, anatomia, psicologia, além dos aspectos técnicos e táticos da modalidade. Normalmente, em equipes profissionais, o técnico trabalha em conjunto com um time multidisciplinar que inclui assistente técnico, preparador físico, fisiologista, fisioterapeuta, psicólogo, médico e estatístico. Embora todos esses profissionais estejam envolvidos na preparação do planejamento, o técnico deve estar sempre ciente de todos os passos na preparação dos atletas.

O conhecimento sobre todas as características do voleibol possibilita que o técnico elabore sessões de treinamento específicas, evitando erros ou, pelo menos, tentando minimizá-los. Você sabe qual é o sistema energético mais utilizado em um jogo de vôlei? E quais são os músculos mais exigidos para a execução de um ataque? Para exemplificarmos a necessidade de conhecimentos aprofundados sobre a modalidade, vamos considerar a análise de Hernandes Junior (2002), que explica a diferença entre os tipos de força que devem ser desenvolvidos em cada uma das fases do treinamento. Na fase de preparação, o ideal, segundo o autor, é aumentar a massa muscular e diminuir a gordura corporal por meio da musculação e aumentar o condicionamento aeróbico por meio de exercícios intervalados. Por sua vez, na fase pré-competitiva, deve-se iniciar o desenvolvimento da potência e começar o treinamento anaeróbico. Na fase competitiva, buscam-se o máximo da potência e a ênfase no treinamento da resistência anaeróbica com máxima intensidade.

O conhecimento sobre todas as características do voleibol possibilita que o técnico elabore sessões de treinamento específicas, evitando erros ou, pelo menos, tentando minimizá-los

O estudo de Hernandes Junior (2002) para o treinamento físico nas diferentes fases é apenas um exemplo de como o trabalho feito precisa ser adequado à modalidade e de como as fases apropriadas devem ser observadas para que os atletas cheguem ao período competitivo no auge de sua capacidade física. O voleibol é uma modalidade de esforços curtos seguidos por pausas. Um *rally* padrão tem duração média de 10 segundos, ao passo que os *rallies* longos podem chegar a 30 segundos. O sistema energético mais utilizado é o anaeróbico alático[1] (Marques Junior, 2014). Apesar do predomínio do sistema anaeróbico, Hernandes Junior (2002) recomenda que o condicionamento físico seja desenvolvido por meio de treinamentos aeróbicos intervalados. Isso acontece porque, no início da preparação, geralmente os atletas voltam das férias com condicionamento físico baixo e, por isso, precisam desse trabalho geral inicial para então entrar nas especificidades da modalidade.

---

[1] O sistema anaeróbico alático é responsável por fornecer energia para o corpo para movimentos com duração de até 10 segundos. Esse sistema fornece energia de forma muito rápida, proveniente da quebra do trifosfato de adenosina (ATP) guardado nos músculos por meio de poucas reações químicas e sem a presença de oxigênio (Wilmore; Costill, 2004).

O equilíbrio entre os treinamentos físico, técnico, tático e psicológico é fundamental no processo de periodização, sendo diferenciado de acordo com a categoria da equipe. As categorias iniciantes, com jogadores de até 13 anos, devem receber uma carga maior de treinamentos técnicos e posteriormente táticos, porque estão iniciando a aprendizagem dos gestos técnicos e precisam dessas habilidades para desempenhar as funções táticas com qualidade. Acima dos 14 anos, o treinamento físico para desenvolvimento de força começa a ocupar mais tempo, porém o treinamento tático com o uso de sistemas de jogo 4x2 e 5x1 deve ser a prioridade.

As diferenças nas faixas etárias das equipes impactam o planejamento do treinamento. O período da puberdade e o estirão de crescimento apresentam influências diretas no desempenho dos atletas. De uma temporada para a outra, o atleta que tinha um excelente desempenho em todos os fundamentos pode voltar aos treinamentos e apresentar dificuldades de deslocamento e equilíbrio e dificuldades técnicas. A ênfase no treinamento técnico pode se fazer mais necessária para consolidar padrões de movimento que foram alterados por causa da maturação biológica. O desenvolvimento de força, também por causa da puberdade, pode influenciar positiva ou negativamente na execução de fundamentos, razão pela qual pode ser necessário um período de adaptação.

Milistetd et al. (2010), para compreenderem o processo de formação dos atletas, realizaram uma pesquisa com dez treinadores experientes da categoria infantojuvenil masculina que já participaram de campeonatos nacionais ou que foram membros da comissão técnica da seleção brasileira dessa categoria. Durante a entrevista, os treinadores responderam sobre as ênfases nos treinamentos físico, tático, técnico e psicológico no decorrer do processo de formação dos atletas. A Tabela 6.1 mostra a divisão desses conteúdos em cada etapa de formação desportiva.

Tabela 6.1 Percentual de divisão dos treinamentos nas diferentes etapas de formação desportiva

	Físico	Técnico	Tático	Psicológico
1ª etapa de formação desportiva (até 13 anos)	13,3%	38,5%	19%	29,2%
2ª etapa de formação desportiva (de 14 a 16 anos)	25,7%	25,1%	27,6%	21,6%
3º etapa de formação desportiva (acima de 16 anos)	39,9%	16,3%	30,1%	13,7%

Fonte: Elaborado com base em Milistetd et al., 2010.

Os resultados apresentados na Tabela 6.1 representam a média das respostas de todos os técnicos entrevistados. É importante destacar que esses resultados servem para exemplificar o processo de divisão dos diferentes treinamentos durante um macrociclo. Entender o motivo da ênfase em cada um desses treinamentos é o mais importante para que o treinador possa fazer os ajustes e montar o planejamento de cada equipe. Embora a ênfase maior no treinamento técnico na primeira etapa de formação já tenha sido explicada, você consegue entender o decréscimo na ênfase no treinamento técnico na terceira etapa de formação?

Outro conceito importante que o treinador precisa considerar, principalmente nos microciclos, é a relação entre intensidade e volume. A intensidade se refere ao quão cansativo o treino é, ou seja, se o treino é ou não é muito "puxado" fisicamente. No voleibol, segundo Marques Junior (2014), os fundamentos que são de intensidade alta são os que envolvem saltos (ataque, bloqueio, saque em suspensão ou "viagem", levantamento em suspensão), mergulhos e rolamentos para a defesa de bolas e deslocamentos em alta velocidade para a recuperação de bolas distantes. Por sua vez, os fundamentos de média intensidade são a recepção, o levantamento sem salto, o saque sem salto e a defesa. O autor classifica como de baixa intensidade a posição de expectativa para recepção, bloqueio ou defesa. O volume se refere à duração em tempo ou número de repetições de um treino. Um treino com duração de 3 horas é considerado um treino de alto volume, assim como um exercício de repetição de 50 saques.

Na periodização de treinamento, o volume e a intensidade são inversamente proporcionais, ou seja, quando um é elevado, o outro precisa ser reduzido. Quando o treino é intenso, ele deve ter pouco volume; quando o volume é maior, a intensidade deve ser menor. O equilíbrio entre volume e intensidade precisa ser dosado corretamente porque um exagero na intensidade pode levar os atletas a ter lesões. No entanto, o treino sempre com baixa intensidade não promove as adaptações necessárias principalmente para algumas valências, como resistência. Nivelar (dosar) os fundamentos que serão trabalhados na mesma sessão de treino também auxilia nesse equilíbrio. Lembremos que fundamentos trabalhados de maneira mais intensa aumentam a possibilidade de lesão nos atletas.

Um conceito importante que o treinador precisa considerar, principalmente nos microciclos, é a relação entre intensidade e volume.

Como exemplo desse equilíbrio entre intensidade e volume, podemos pensar na equipe que chega ao início da temporada com condições físicas e técnicas ruins. No início dos trabalhos, os treinamentos devem ter baixa intensidade e pouco volume, e, à medida que o grupo melhora o condicionamento, é possível aumentar o volume. Com o aumento do condicionamento, é possível aumentar a intensidade e diminuir o volume.

Apresentamos aqui a periodização específica para um único objetivo durante a temporada. Contudo, grandes equipes têm mais de um objetivo durante uma temporada, razão pela qual as fases de preparação, competição e regeneração têm de acontecer mais de uma vez. Em algumas periodizações, a fase de regeneração, que tem por objetivo recuperar física e emocionalmente o jogador para um novo período e para receber novos estímulos, está bem próxima da próxima fase de preparação. Mesmo assim, a fase de regeneração, que pode contar com atividades diferentes da modalidade, não pode ser desconsiderada no planejamento.

Como vimos, a estruturação de uma periodização de treinamento para o voleibol se assimila muito à montagem de um quebra-cabeça. O treinador precisa ter a noção da figura final desse "quebra-cabeça", que seria o objetivo da temporada, para saber encaixar as "peças" de forma organizada. Os conhecimentos sobre a modalidade e sobre os atletas são fundamentais.

Entretanto, não podemos esquecer que o planejamento é flexível e pode ser reorganizado. Além disso, ele é uma excelente ferramenta de avaliação, sem a qual não é possível saber o que deu certo ou o que deu errado durante a temporada para, então, pensar e programar-se cada vez melhor para as próximas.

6.2 Formação de equipes

A figura do técnico na formação de uma equipe de voleibol – para quaisquer níveis, escolar, regional ou nacional – é fundamental. É ele quem vai recrutar os alunos, selecioná-los, estabelecer a rotina de treinamentos, cobrar empenho dos membros da equipe, enaltecer as vitórias, corrigir os erros e motivar nas derrotas, além de, quando necessário, dispensar alunos da equipe. O trabalho de reunir um grupo com vontade de jogar voleibol e de transformá-lo em uma equipe é complexo e exige conhecimento e dedicação do técnico.

Quando se pensa em formar uma equipe, é preciso chamar os interessados em fazer parte dela e, consequentemente, instaurar o processo de seleção. O técnico do voleibol deve refletir sobre algumas questões para iniciar esse processo de forma organizada e de acordo com o ambiente em que está inserido. Para isso, é necessário considerar os seguintes questionamentos:

- O local (clube, escola, ginásio público) onde a equipe será sediada tem a cultura da prática do voleibol?
- Várias pessoas da mesma faixa etária querem fazer parte da equipe?
- O horário do treinamento é adequado para a faixa etária da equipe?
- A quantidade de treinamento é adequada para a respectiva faixa etária?

Dependendo das respostas para cada uma dessas perguntas, o técnico precisa ajustar os dias e os horários de treinos e também iniciar a divulgação para a realização do processo de seleção, também conhecido como "peneira", para a formação das equipes. Para a divulgação e a realização da "peneira", é importante pensar em alguns detalhes, como: local e forma de inscrição (pessoalmente ou pela internet), organização dos inscritos por horário (quantidade possível de alunos a serem avaliados pelo professor), identificação dos inscritos no momento da seleção (números fixados nas camisetas para identificação dos avaliados), critérios de avaliação de acordo com a faixa etária da equipe (habilidades pelas quais os alunos serão avaliados) e data para divulgação dos resultados (prazo adequado para avaliação dos testes e elaboração da lista final).

Caso a equipe seja de alunos iniciantes, na faixa etária de 12 a 14 anos, é importante selecionar um número maior de atletas, pois, ainda nessa faixa etária, uma vez que os alunos estão tendo experiências com diferentes modalidades esportivas, pode ser que alguns deles não se adaptem ao voleibol ou, até mesmo, deem preferência a outros esportes.

A pontualidade na divulgação dos resultados garante credibilidade para o trabalho e confiança para os pais e responsáveis. Recomendamos agendar uma reunião com os pais e responsáveis dos alunos que farão parte da equipe a fim de que se estabeleça uma relação de confiança e para que o professor possa explicar as necessidades da equipe e os objetivos para a temporada. Essa reunião é muito importante no caso de equipes com alunos de 12 a 14 anos.

Ao planejar os treinamentos, é essencial que o técnico esteja atento às necessidades de aprendizado e às características do jogo para cada faixa etária. Equipes iniciantes precisam de um tempo de treinamento maior em relação aos objetivos técnicos e devem utilizar um sistema de jogo simples. Alguns campeonatos estipulam regras específicas para os iniciantes, como a obrigatoriedade do saque por baixo e da utilização do sistema de jogo 6x6. Isso ocorre para que os atletas não sejam especializados precocemente em posições específicas e para que aprendam a realizar todas as funções na quadra.

> Ao planejar os treinamentos, é essencial que o técnico esteja atento às necessidades de aprendizado e às características do jogo para cada faixa etária.

O técnico tem papel fundamental no oferecimento de uma formação completa para os atletas da equipe, uma vez que, nesse contexto, certamente, quanto mais ampla for a formação inicial, mais fácil será a especialização. Alguns treinadores, por exemplo, identificam um atleta com estatura inferior à dos colegas, na idade de 12 anos, e já o direcionam para ser líbero, sem dar a oportunidade de verificar suas habilidades em outros fundamentos e sem contar com a maturação biológica. Após um período de tempo, esse mesmo atleta pode passar pelo estirão de crescimento e revelar ter todas as condições de executar outras funções na quadra. Por falta de sensibilidade e percepção do técnico, portanto, as habilidades de ataque e levantamento não terão sido praticadas, o que prejudicará, nesse caso, o desenvolvimento a longo prazo desse atleta.

Até agora comentamos muito sobre as equipes iniciantes e a necessidade de uma boa formação completa dos alunos. E para as equipes intermediárias ou para a equipe que está aprendendo a jogar os sistemas com funções específicas na quadra – como o 4x2 com infiltração ou o 4x2 simples e o 5x1 –, qual deve ser o critério para a escolha das posições? Qual dos atletas será um bom levantador? Qual atleta será um bom central?

Para alguns técnicos, as habilidades técnicas e as características físicas são os determinantes nessas escolhas. Os jogadores mais altos e mais velozes serão os centrais, os jogadores com boa impulsão e potência no ataque serão os atacantes de ponta e/ou os opostos, e os atletas com perfeição na execução do gesto do toque serão os levantadores. Será que são somente essas características que definem os melhores atletas para determinadas posições?

> O técnico tem papel fundamental no oferecimento de uma formação completa para os atletas da equipe, uma vez que, nesse contexto, certamente, quanto mais ampla for a formação inicial, mais fácil será a especialização.

As qualidades mencionadas anteriormente podem representar alguns dos critérios para a definição das funções dos atletas na quadra, mas cada uma das posições apresenta outras características que o técnico precisa conhecer e ser capaz de identificar nos atletas. O levantador deve ter uma boa visão periférica para observar a movimentação do bloqueio adversário e precisa de equilíbrio emocional e liderança porque é o estrategista da equipe, uma vez que todas as bolas passam pelas suas mãos. Além disso, deve ter excelente precisão técnica e tática, realizando a distribuição na melhor condição para os atacantes.

Para o líbero, por sua vez, somente uma boa recepção de saque não é suficiente. Esse jogador precisa ter excelente movimentação, leitura do sacador adversário, antecipação, bom posicionamento em quadra para cobrir a maior área de defesa possível e também coragem e disposição para acreditar que a defesa sempre será possível.

O bom relacionamento do técnico com os integrantes da equipe é fundamental para que todos esses ajustes – como a escolha das posições – sejam feitos da maneira mais acertada possível. Com um bom relacionamento, o técnico conhece em profundidade os atletas e identifica características de personalidade que podem ser fundamentais para a estruturação de um time. Os resultados positivos, como a vitória em jogos e a conquista de campeonatos, passam por essa boa relação. A cobrança excessiva por parte do técnico, sem coerência entre o que se pede e o que se treina ou se possibilita para os atletas, em um relacionamento sem confiança e cumplicidade, portanto, pode conduzir a resultados ruins.

Normalmente, imagina-se que os atletas preferem os técnicos que apresentam o maior número de vitórias e conquistas, que o perfil de profissional que exige sempre a vitória é o preferido dos atletas. Zanetti et al. (2008) se aprofundaram nessa relação entre técnicos e jogadores de voleibol para identificar quais são as características do técnico ideal apontadas pelos jogadores. Na pesquisa realizada por eles, 30 atletas de voleibol com idades entre 12 e 19 anos responderam quais eram as três características mais importantes do treinador da modalidade. Como indica o Gráfico 6.1, as respostas transitam por características como paciência, capacidade de saber motivar e persistência – as mais citadas. Destacaram-se as características relacionadas ao saber

Com um bom relacionamento, o técnico conhece em profundidade os atletas e identifica características de personalidade que podem ser fundamentais para a estruturação de um time.

ensinar a modalidade, e não, como se esperaria, a participação e a conquista de campeonatos.

Gráfico 6.1 Qualidades apontadas para o técnico ideal

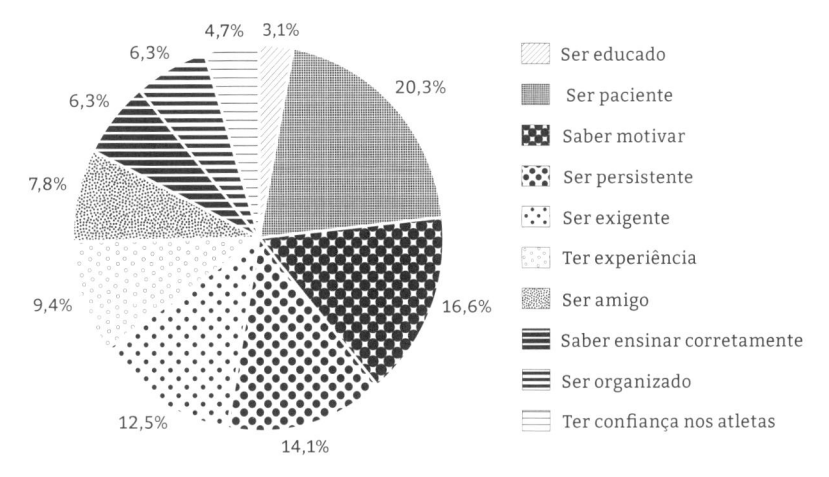

- Ser educado — 20,3%
- Ser paciente — 16,6%
- Saber motivar — 14,1%
- Ser persistente — 12,5%
- Ser exigente — 9,4%
- Ter experiência — 7,8%
- Ser amigo — 6,3%
- Saber ensinar corretamente — 6,3%
- Ser organizado — 4,7%
- Ter confiança nos atletas — 3,1%

Fonte: Zanetti et al., 2008.

A formação de uma equipe é muito mais do que somente treinar voleibol e participar de competições. O relacionamento entre os membros da equipe, os conflitos, as crises e o desenvolvimento pessoal e coletivo de todos estão envolvidos na rotina de trabalho. Cabe ao professor aliar os conhecimentos técnicos da modalidade com as habilidades interpessoais para conseguir extrair o melhor de cada um e colocar esse melhor a serviço da equipe. Não existe uma receita de como formar a melhor equipe; embora os conhecimentos técnicos sejam fundamentais, eles não são os únicos que garantem a evolução e o sucesso.

6.3 Modelos para avaliação de jogo

Como saber quantos pontos de saque ou de bloqueio a equipe conseguiu fazer no último jogo? Ou ainda como saber quantos pontos em erros como toque na rede, dois toques, invasão ou erro de posicionamento a equipe concedeu para o adversário no último *set* jogado? Você, por acaso, considera que essas informações não são importantes e que o relevante é apenas o resultado final?

A avaliação de desempenho de jogo e a tabulação desses resultados são muito importantes para a identificação dos pontos fortes e principalmente das fraquezas da equipe e de cada atleta em particular. A avaliação do jogo auxilia o técnico na estruturação dos treinamentos, permitindo-lhe dedicar mais tempo e energia àquilo que precisa ser melhorado, considerando-se a periodização dos treinamentos físico, técnico, tático ou psicológico.

Classificar e quantificar as ações que cada jogador desempenha durante uma partida e analisar essas informações tanto para a tomada de decisão imediata, durante o jogo, quanto para definição de prioridades nos treinamentos é o que se chama de fazer o *scout*. No meio esportivo, o *scout* pode ser definido como a análise numérica, quantitativa, que fornece dados e informações sobre o desempenho da equipe (Cunha; Binotto; Barros, 2001).

No voleibol, esse desempenho pode ser quantificado por ações individuais ou coletivas referentes aos fundamentos de saque, recepção de saque, levantamento, ataque, bloqueio, defesa e contra-ataque. A análise individual de cada atleta mede os erros e os acertos em cada um desses fundamentos, ao passo que a análise coletiva engloba também as opções de ataque (entrada de rede, saída de rede e meio de rede), direcionamento de ataque (diagonal, paralela, largada) e estratégias de saque, como tipo de saque (saque "viagem", saque por cima com salto ou sem salto) e direção do saque (paralela, diagonal, curto ou longo) (Haiachi et al., 2008; Haiachi et al., 2014; Marques Junior; Arruda, 2016;

A avaliação do jogo das equipes adversárias com as análises coletivas sobre as características dos atletas individuais e as características coletivas pode auxiliar o técnico a preparar sua equipe para esses jogos. Por exemplo, com a avaliação do jogo da equipe adversária, o técnico pode identificar que quatro jogadores da equipe titular executam o saque "viagem". Com essa informação, o treinamento de recepção de saque deve ser direcionado para a recepção específica desse saque. Outro exemplo: a avaliação do jogo da equipe adversária indica que 60% dos ataques são realizados pela entrada de rede com direcionamento na diagonal. Como o técnico deve proceder com essas informações em mãos antes do jogo?

Para fazer todas essas análises, existem programas de computador que permitem a tabulação desses dados; também é possível recorrer às gravações dos jogos para posterior tabulação. Um programa profissional de realização de avaliação das equipes é o Data Volley®, cujo uso requer compra de licença.

Grande parte das equipes de iniciantes não tem recursos para comprar um programa de computador oficial ou contar com os equipamentos de filmagem necessários para fazer a avaliação dos jogos ou dos treinamentos. Porém, isso não significa que não se pode utilizar essa ferramenta para melhorar o desempenho da equipe. O uso de tabelas para preenchimento manual ou no computador facilita muito a realização do *scout*.

A construção de uma tabela para avaliação vai depender do nível de detalhamento dos dados que o técnico deseja obter. Neste tópico do livro, vamos mostrar as planilhas elaboradas por Haiachi et al. (2008), cuja utilização é mais simplificada, e a planilha elaborada por Marques Junior e Arruda (2016), com detalhamento maior.

O modelo proposto por Haiachi et al. (2008) é o *scout* de finalização, em que são anotadas as ações que geraram os pontos. Para facilitar a marcação, são utilizadas siglas que identificam os erros e os acertos das equipes.

Aplicação do modelo de *scout* de finalização proposto por Haiachi et al. (2008)

Nome da equipe: _____
Técnico: _____
Responsável pelo *scout*: _____
Categoria: _____ Campeonato: _____
Data do jogo: _____ Local: _____ Horário: _____
Resultado final: _____

Scout de finalização

Relação de atletas – Equipe A	Relação de atletas – Equipe B
#1	#1
#2	#2
#3	#3
#4	#4
#5	#5
#6	#6
#7	#7
#8	#8
#9	#9
#10	#10
#11	#11
#12	#12
#13	#13
#14	#14

Siglas para marcação: (S) saque, (A) ataque, (B) bloqueio, (CA) contra-ataque, (ES) erro de saque, (ER) erro de recepção, (EL) erro de levantamento, (EA) erro de ataque, (ECA) erro de contra-ataque, (ED) erro de defesa, (RD) toque na rede, (INV) invasão, (CM) cartão amarelo, (ERD) erro de rodízio.

Equipe A				Equipe B			
1º set	Tempo		Subst.	1º set	Tempo		Subst.
1 A 8	8 EL	15	22 B 9	1 A 4	8 A 2	15	22
2 S 9	9 ER	16 EL	23	2 B 2	9 A 2	16	23
3 E S	10 ER	17 CA 7	24 S 7	3 ER	10 RD	17	24
4 CA 10	11	18 CA 5	25 RD	4 EA	11 ER	18	25
5 ES	12 ERD	19	26	5 S 4	12	19	26
6 A 7	13 A 5	20 A 8	27	6 ECA	13	20	27
7	14 B 9	21 ED	28	7 EA	14	21	28

Resultado final: 25   Resultado final: 11

As anotações apresentadas nesse modelo se referem a um exemplo de aplicação para facilitar o entendimento sobre como utilizar o *scout*. Com as anotações das finalizações da equipe, o técnico precisa fazer a análise estatística dos dados por compreender o que aconteceu nesse jogo. No exemplo dado, a sigla em negrito corresponde à finalização, e o número em negrito, por sua vez, ao número do atleta que realizou a ação. Do total de 25 pontos marcados pela equipe A, temos a seguinte distribuição: 4 pontos foram de saque (16%), 6 pontos foram de ataque (24%), 3 pontos foram de contra-ataque (12%), 3 pontos foram de bloqueio (12%), e 9 pontos foram cedidos em erros do time adversário (36%). Entre esses erros do adversário, 2 foram de saque (22%), 2 foram de levantamento (22%), 2 foram de recepção (22%), 1 foi de defesa (11%), 1 foi de toque na rede (11%), e 1 foi de rodízio (11%). Analisando os dados rapidamente, podemos perceber que a tática do saque foi acertada porque a equipe A conseguiu 4 pontos de saque e mais 2 pontos em erros da recepção adversária.

Além disso, é preciso olhar os pontos concedidos em erros pela equipe A à equipe B. Do total de 11 pontos marcados pela equipe B, 6 foram cedidos pela equipe A em erros, ou seja, mais de 50% dos pontos da equipe B, o que é um resultado ruim. Desses erros, 2 foram de recepção, 2 foram de ataque, 1 foi de contra-ataque, e 1 por toque na rede.

Ao analisar o desempenho individual de cada atleta, podemos notar que: o jogador número 7 marcou 2 pontos de ataque, 1 ponto de contra-ataque e 2 pontos de saque; o jogador número 9 marcou 3 pontos de bloqueio e 2 de saque; o jogador número 10, por sua vez, marcou 1 ponto de ataque e 1 ponto de contra-ataque; o jogador número 8 marcou 2 pontos de ataque; e o jogador número 5 marcou 1 ponto de ataque e 1 ponto de contra-ataque. Com esses números e as respectivas posições (levantador, oposto, central, ponteiro), o técnico pode verificar se cada um deles desempenhou corretamente sua função.

O modelo de *scout* de finalização é um modelo simplificado, que pode ser preenchido manualmente ou então no computador e serve de primeira referência para o técnico iniciar esse tipo de análise de jogo (Haiachi et al., 2008). Devemos lembrar que não existe uma tabela única e correta para realizar a avaliação das ações do jogo: cada técnico pode elaborar a planilha de acordo com as informações que deseja obter e da forma que seja mais fácil de realizar a marcação.

O modelo de avaliação de jogo proposto por Marques Junior e Arruda (2016) utiliza uma planilha do Excel® com critérios de análise mais detalhados que os do modelo anterior. Os autores propõem uma equação que determina o coeficiente de *performance* dos fundamentos (CP) e classifica o passe, o levantamento e a defesa em *excelente, continuidade* e *erro*, e o saque, o ataque e o bloqueio em *ponto, continuidade* e *erro*.

Para cada um desses critérios é atribuído um valor, que é aplicado nas equações a seguir para determinar o CP, conforme Marques Junior e Arruda (2016, p. 115, grifo do original).

CP (passe, levantamento e defesa) = [(3 × ação excelente) + (1,5 × continuidade) + (0 × erro)] : total de ações (excelente, continuidade e erro) = ?

CP (saque, ataque, bloqueio) = [(4 × ação excelente) + (2 × continuidade) + (0 × erro)] : total de ações (ponto, continuidade e erro) = ?

Nessas equações, o resultado de cada CP é dado em porcentagem. A Tabela 6.2 é um recorte de uma parte do modelo proposto, já com as aplicações das fórmulas e os resultados obtidos.

Tabela 6.2 Aplicação do modelo de avaliação de jogo proposto por Marques Junior e Arruda (2016, p. 117)

Número da camisa do jogador
Posição do jogador na quadra na hora da ação

		Saque					Passe					Defesa					Levantamento					Ataque					Bloqueio				
		PO	CO	ER	TO	CP	PO	CO	ER	TO	CP	EX	CO	ER	TO	CP	EX	CO	ER	TO	CP	PO	CO	ER	TO	CP	PO	CO	ER	TO	CP
8	1	1	4	2	7	1,71	1	3	0	4	2,5	0	1	0	1	2	0	0	0	0		1	0	1	2	2	0	0	0	0	
	2	0	0	0	0		2	4	1	7	2,3	0	0	0	0		0	0	0	0		3	1	0	4	3,5		0	0	0	
	3	0	0	0	0		0	3	0	3	2	0	0	0	0		0	0	0	0		1	0	0	1	4	0	0	0	0	
	4	0	0	0	0		1	6	0	7	2,3	0	3	0	3	2	0	0	0	0		4	3	3	10	2,2	1	4	0	5	2,4
	5	0	0	0	0		2	3	2	7	2	0	3	0	3		0	0	0	0		0	0	0	0		0	0	0	0	
	6	0	0	0	0		2	2	0	4	3	2	3	1	6	2,3	0	0	0	0		3	0	1	4	3	0	0	0	0	
	Total/**Média**	1	4	2	7	**1,71**	8	21	3	32	**2,3**	2	7	1	10	**2,1**	0	0	0	0		12	4	5	21	**2,9**	1	4	0	5	**2,4**
		Saque					Passe					Defesa					Levantamento					Ataque					Bloqueio				
		PO	CO	ER	TO	CP	PO	CO	ER	TO	CP	EX	CO	ER	TO	CP	EX	CO	ER	TO	CP	PO	CO	ER	TO	CP	PO	CO	ER	TO	CP
9	1	1	2	0	3	2,67	0	0	0	0		1	1	0	2	3	1	1	0	2	3	0	0	0	0		0	0	0	0	
	2	0	0	0	0		0	0	0	0		2	1	0	3	3,3	4	4	0	8	3	0	0	0	0		0	1	0	1	2
	3	0	0	0	0		0	0	0	0		0	0	0	0		5	2	0	7	3,4	0	0	0	0		0	1	0	1	2
	4	0	0	0	0		0	0	0	0		0	0	0	0		4	3	1	8	2,8	0	0	0	0		0	0	0	0	
	5	0	0	0	0	2	0	0	0	0		0	0	0	0		3	2	0	5	3,2	0	0	0	0		0	0	0	0	
	6	0	1	0	1		0	0	0	0		0	0	0	0		4	1	1	6	3	0	0	0	0		0	0	0	0	
	Total/**Média**	1	3	0	4	**2,33**	0	0	0	0		3	2	0	5	**3,2**	21	13	2	36	**3,1**	0	0	0	0		0	2	0	2	**2**

A Tabela 6.2 mostra a avaliação da ação dos jogadores número 8 e número 9. As abreviações que aparecem na tabela para saque, ataque e bloqueio correspondem a *ponto* (PO), *continuidade* (CO), *erro* (ER), *total* (TO) e *coeficiente de proficiência* (CP). Para passe, defesa e levantamento, as abreviações correspondem a *excelente* (EX), *continuidade* (CO), *erro* (ER), *total* (TO) e *coeficiente de proficiência* (CP). Quanto maiores forem os resultados de CP, maior será a eficiência do atleta. Resultados abaixo de 2,00 estão próximos de evidenciar uma grande quantidade de erros; resultados entre 2,00 e 3,50 mostram a possibilidade de continuidade dos fundamentos; e resultados acima de 3,50 mostram a excelência nos fundamentos.

Esse modelo também permite avaliar o desempenho de cada atleta por posição. É comum que alguns atletas tenham mais dificuldade de realizar o passe ou o ataque em diferentes posições da quadra. É possível perceber que o jogador número 9 é provavelmente o levantador da equipe, já que ele não tem nenhum registro de ataque e nenhum registro de passe. O jogador 8 deve ser um ponteiro passador.

Os dois modelos apresentados são opções para que o técnico possa iniciar a avaliação de sua equipe e, assim, concentrar os esforços no que precisa ser melhorado e manter os pontos fortes da equipe. A experiência do técnico pode ajudar na identificação das fragilidades, mas os dados muitas vezes retratam especificidades que passam despercebidas até pelos mais experientes. Por sua vez, para os profissionais iniciantes, a realização do *scout* mostra, por meio de números, aquilo que o técnico não consegue visualizar e que o impede de saber o que fazer para melhorar o desempenho de sua equipe.

Qualquer que seja o meio utilizado para realizar o *scout* – uma folha de papel, uma planilha no computador ou um programa profissional – essa ferramenta de avaliação é importante para fazer qualquer equipe, da categoria iniciante até o nível profissional, evoluir no conjunto de suas atividades.

6.4 Voleibol de praia

O voleibol de praia (ou vôlei de praia) é uma modalidade que tem sua origem no voleibol convencional e que passou a ser jogada, de forma recreativa, na areia da praia. A expansão natural do voleibol o levou para fora dos ginásios, razão pela qual passou a ser praticado em parques, ruas e também nas praias.

Existem três versões diferentes sobre o local e a data em que o voleibol de praia foi praticado pela primeira vez. Uma das versões indica que a modalidade teria surgido em 1915, em clubes de praia do Havaí, nos Estados Unidos. Outra versão conta que, em 1914, teria havido jogos de demonstração do voleibol de praia em algumas praias do Uruguai. A terceira versão registra que Santa Mônica, ao sul da Califórnia, nos Estados Unidos, teria sido o berço do voleibol de praia, em 1920. De todo modo, a praia de Santa Mônica é a que recebe o maior número de indicações como o local de origem do voleibol de praia (Afonso, 2004; Bizzocchi, 2016).

A prática nas areias da praia surgiu inicialmente como diversão. A adaptação ao espaço era fácil e não eram necessários muitos equipamentos, uma vez que se utilizariam somente uma bola e uma rede. Os universitários da região da Califórnia gostaram da novidade e passaram a praticar a modalidade nas praias públicas da Califórnia, durante o tempo livre. Essa adesão dos universitários caracteriza uma origem elitista, tal como a do voleibol convencional, que ocorreu dentro de clubes (Afonso, 2004).

No Brasil, o voleibol de praia começa a ser praticado no Rio de Janeiro, nas praias de Copacabana, Ipanema e Leblon, na década de 1930. Assim como nos Estados Unidos, a prática dessa modalidade era recreativa, contexto no qual jogadores de voleibol de clubes se reuniam nas praias para jogar. O primeiro campeonato de voleibol de praia no Brasil foi organizado em 1941, e o primeiro torneio de duplas nos Estados Unidos foi organizado em 1947 (Afonso, 2004).

Nos Jogos Olímpicos de Barcelona, em 1992, o vôlei de praia foi utilizado como modalidade de exibição, tendo sido incorporado como modalidade oficial da programação nos Jogos Olímpicos de Atlanta, em 1996. O Brasil tem grande representatividade nessa modalidade, uma vez que conta com duplas femininas e masculinas que têm alcançado resultados muito expressivos. No primeiro ano de participação oficial da modalidade em Jogos Olímpicos, as duplas brasileiras femininas fizeram "dobradinha" no pódio, conquistando medalhas de ouro – com Jaqueline Silva e Sandra Pires – e medalha de prata – com Adriana Samuel e Mônica. Em seis edições dos Jogos Olímpicos que tiveram entre suas modalidades o vôlei de praia, o Brasil conquistou sete medalhas com as duplas femininas e seis com as duplas masculinas. Os Estados Unidos, local de origem dessa modalidade, tem dez medalhas no vôlei de praia em Jogos Olímpicos (COI, 2017).

Além disso, os atletas brasileiros ocupam frequentemente os primeiros lugares dos campeonatos mundiais da modalidade. Disputado a cada dois anos desde 1997, o Campeonato Mundial teve sempre no pódio uma dupla brasileira feminina. O mesmo acontece com as duplas masculinas, com exceção do ano de 2007. Essa permanência entre os melhores mostra a relevância brasileira nessa modalidade (FIVB, 2017).

Apesar de o vôlei de praia ser derivado do voleibol "de quadra", há diferença entre as regras; tamanho da quadra, pontuação dos *sets* e troca de lado são alguns exemplos das variações. A seguir, listamos essas diferenças:

- O tamanho da quadra de vôlei de praia é 16 m x 8 m, razão pela qual cada lado da quadra mede 8 m x 8 m. A Figura 6.1 mostra a diferença de tamanho entre a quadra de vôlei e a quadra de vôlei de praia.

Figura 6.1 Diferença de tamanho entre as quadras de vôlei e vôlei de praia

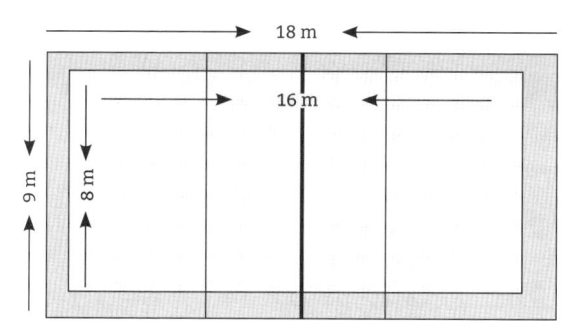

```
        ←——— 18 m ———→
    ┌─────────┬─────────┐
    │  ←— 16 m —→       │
  9 m  8 m    │         │
    │         │         │
    └─────────┴─────────┘
```

- A altura da rede é a mesma da do voleibol convencional: 2,43 m para os homens e 2,24 m para as mulheres.
- A equipe é composta somente por dois jogadores, sendo proibida a substituição, mesmo se houver contusão. Caso um jogador sofra uma contusão, ele tem direito a 5 minutos de interrupção do jogo para atendimento médico e recuperação. Caso não seja possível retornar ao jogo após esse período, a dupla é considerada "equipe incompleta" e perde a partida (CBV, 2017b).
- O *set* no vôlei de praia termina quando se atingem 21 pontos (ou mais, se necessário), com diferença mínima de 2 pontos.
- Ganha o jogo a dupla que vencer 2 *sets*. Com empate em 1 x 1 em *sets*, o terceiro *set* acaba quando se atingem 15 pontos (ou mais, se necessário), com diferença mínima de dois pontos.
- O rodízio nas posições da dupla não é obrigatório, mas ele é obrigatório para a ordem do saque, ou seja, a cada vez que a dupla recupera o direito de sacar, deve haver a troca do jogador que realiza o saque.

Figura 6.2 Golpe utilizado para as largadas no vôlei de praia

Will Amaro

- Não é permitido realizar uma largada com a ponta dos dedos estendidos. O golpe utilizado para as largadas é denominado *crock*, que é realizado com a mão aberta e os dedos semiflexionados, conforme indicado na Figura 6.2.
- O contato da bola no bloqueio é contado como um toque da equipe, razão pela qual, se este ocorrer, restam à dupla apenas mais dois toques para passar a bola para o outro lado. O jogador que realizou o bloqueio pode tocar novamente na bola, sem que isso seja considerado falta. No voleibol convencional, o toque no bloqueio não é contado como um dos três toques possíveis.
- Em competições internacionais, o técnico não pode ficar dentro da quadra nem passar instruções para a dupla.
- Cada dupla tem direito de pedir um tempo de descanso de até 30 segundos durante cada *set*.
- A cada 7 pontos marcados (primeiro e segundo *sets*) e a cada 5 pontos marcados (terceiro *set*), é realizada a troca de quadra pelas duplas. Essa troca acontece para que as condições de direção do vento e do sol sejam supostamente iguais para as duas duplas.

Essas são as principais diferenças entre as regras do voleibol de praia e as do voleibol convencional em competições oficiais.

Apesar de o voleibol de praia ter se tornado um grande espetáculo, com grandes arenas montadas para os campeonatos, com grande presença de público e com boa repercussão na mídia, a modalidade permite modificações que resgatam um pouco do espírito recreativo do início de sua prática. Alguns campeonatos são realizados no formato de 4x4, com atuação de quartetos mistos, com duas mulheres e dois homens.

Essa possibilidade de mudar as regras, misturar homens com mulheres e ainda ter a praia como local da prática torna essa modalidade prazerosa e divertida. Caso o professor de Educação Física atue em cidades praianas, levar os alunos para praticarem o voleibol de praia é uma excelente oportunidade. Caso a praia mais próxima esteja a alguns quilômetros de distância, é possível utilizar quadras de areia montadas em parques ou praças ou até mesmo nas próprias escolas.

Além disso, uma aula feita na areia pode melhorar o deslocamento dos alunos, além de trabalhar a força de membros inferiores, já que se trata de um terreno que dificulta os deslocamentos, exigindo fisicamente mais dos praticantes.

6.5 Voleibol sentado

O voleibol sentado é um esporte paralímpico destinado a pessoas com amputações de membros inferiores ou pessoas com dificuldades locomotoras, como lesão medular, distrofia muscular, artrite, entre outras que não sejam amputações. Porém, apesar de o voleibol sentado ter representação competitiva, sendo uma possível área de atuação do profissional do setor no treinamento de equipes, ele também é um conteúdo importante a ser contemplado na escola, uma vez que permite a inclusão de alunos com deficiência nas aulas de Educação Física. Por esses diversos motivos, o profissional da área deve ter o conhecimento dessa modalidade[2], que permite aplicação em contextos profissionais variados, com diferentes objetivos.

O voleibol sentado tem uma história recente, tendo sido inventado em 1956 pelo Comitê de Esporte da Holanda, a partir da junção do voleibol com o *sitzball* – um jogo alemão em que os jogadores permaneciam sentados, porém sem uma rede divisória. O voleibol sentado foi incluído como modalidade de exibição nos Jogos Paralímpicos de Toronto, em 1976, e foi incorporado como modalidade oficial nos Jogos Paralímpicos de Arnhem, em 1980 (Carvalho; Gorla; Araújo, 2014; Miron, 2011).

Até os Jogos Paralímpicos de Sydney, em 2000, eram disputadas duas modalidades: o voleibol em pé e o voleibol sentado. No voleibol em pé, era possível utilizar próteses para substituir os membros inferiores amputados. A partir dos Jogos Paralímpicos de Atenas, em 2004, foi decidido que somente o voleibol sentado seria disputado. Essa decisão se deu porque no voleibol em pé poderia ocorrer um favorecimento dos países com tecnologia mais avançada no que se refere à qualidade das próteses usadas (Miron, 2011).

Campeonatos mundiais da modalidade – tanto femininos como masculinos – são disputados desde 1993. No Brasil, a Confederação Brasileira de Voleibol para Deficientes (CBVD) organiza a modalidade e é filiada ao Comitê Paralímpico Brasileiro (CPB). A modalidade chegou ao Brasil por intermédio de Ronaldo Gonçalves de Oliveira, que organizou em Mogi das Cruzes (SP) um torneio de voleibol sentado (Carvalho; Gorla; Araújo, 2013).

As características do jogo são iguais para o voleibol convencional e para o voleibol sentado:

---

[2] O voleibol sentado também pode ser considerado uma adaptação do voleibol. Porém, optamos por enquadrá-lo como derivação ou variação do mencionado esporte porque sua prática não é destinada somente a pessoas com deficiência, sendo possível ser praticado também por pessoas sem deficiência.

- São permitidos três toques na bola antes de passá-la para a quadra adversária.
- O rodízio é obrigatório, e a troca das posições só pode acontecer após a realização do saque.
- Não é permitido tocar na rede.
- Os jogos tem 4 *sets* de 25 pontos, com diferença mínima de 2 pontos, e o quinto *set* vai até 15 pontos, também com diferença mínima de 2 pontos, sendo vencedora a equipe que ganhar 3 *sets*.

As principais diferenças são o tamanho da quadra, que é um pouco menor (10 m x 6 m), razão pela qual cada lado mede 5 m x 6 m, e a permissão da realização do bloqueio no saque. Não é permitido o uso de nenhuma prótese ou material sob as nádegas. O posicionamento dos jogadores é determinado pelas nádegas, razão pela qual é permitido que eles estendam as pernas para dentro da quadra no momento do saque desde que as nádegas estejam fora dela. O mesmo acontece para os jogadores que estão na zona de defesa. Eles podem estender as pernas para a zona de ataque no momento em que este acontece, desde que as nádegas estejam na zona de defesa, e também podem estender as pernas para a quadra adversária, desde que não atrapalhe a outra equipe.

A Figura 6.3 mostra o desenho da quadra e as posições dos jogadores.

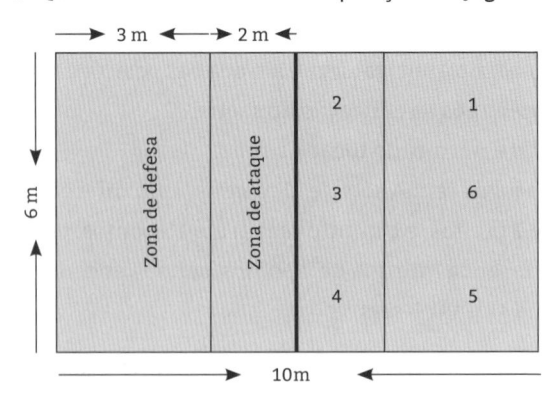

Figura 6.3 Quadra de voleibol sentado e posição dos jogadores

```
              3 m      2 m
        ┌──────────┬────┬──────┐
      ↑ │          │  2 │   1  │
        │ Zona  Zona    │      │
    6 m │ de    de   3  │   6  │
        │ defesa ataque │      │
      ↓ │          │  4 │   5  │
        └──────────┴────┴──────┘
                  10m
```

No voleibol sentado, pode haver duas infrações que não acontecem no voleibol convencional. Uma delas é o toque apoiado, quando o jogador se apoia em outro jogador ou em alguma estrutura para tocar na bola; a outra é o *lifting*, quando o jogador perde contato com o chão de uma parte do corpo entre os ombros e as nádegas para realizar o contato com a bola. Nas duas infrações, são concedidos ponto e posse de bola para a equipe adversária. No Anexo 2, ao final do livro, apresentamos um quadro com as diferenças entre o voleibol convencional e o voleibol sentado.

Os atletas de voleibol sentado, assim como de todos os esportes adaptados, são submetidos a uma avaliação funcional que verifica mobilidade, comprometimento de articulação e outras características para igualar as condições de competição. Para o voleibol sentado, os atletas são classificados quanto à amputação dos membros inferiores e superiores – altura da amputação em relação às articulações – ou, então, são classificados como *les autres*.

São enquadrados na categoria *les autres* os atletas com lesões medulares, sequelas de paralisia cerebral, lesões de poliomielite, entre outras, ou seja, atletas com dificuldades locomotoras que não sejam por amputação. Nessa categoria também estão inseridos os atletas com incapacidade mínima, de acordo com a avaliação funcional, que compreende amputações de dedos das mãos ou dos pés, entre outros. Carvalho, Gorla e Araújo (2013, p. 106) apresentam uma lista dos classificados como incapacidade mínima, a saber, "pessoas que possuem membros superiores encurtados, paresia ou paralisia de membros superiores, luxação da coxa, alteração na articulação de membros inferiores ou superiores e severo déficit de circulação nos membros inferiores também são inclusos nesta categoria".

Uma equipe de voleibol sentado composta por 14 jogadores, para competições internacionais, pode contar somente com dois atletas com incapacidade mínima. Em quadra, somente um atleta com incapacidade mínima pode estar atuando.

Agora vejamos como trabalhar essa modalidade na área de educação física. O voleibol sentado é muito democrático, uma vez que permite que pessoas com e sem deficiência o pratiquem juntas. Além disso, o espaço, o material, as condições para sua realização e o entendimento da dinâmica do jogo são simples, tornando a prática possível em vários lugares.

A prática da modalidade na Educação Física escolar pode trazer benefícios em diferentes áreas, principalmente na inclusão de alunos deficientes nas atividades. A vivência de um esporte adaptado favorece que crianças e adolescentes tenham respeito e uma visão diferenciada em relação aos alunos com deficiência, considerando-se as habilidades específicas que precisam ser desenvolvidas para a modalidade.

As exigências técnicas da modalidade são relativamente mais simples que as do voleibol convencional, o que facilita a integração de pessoas que nunca a praticaram e também de pessoas de sexos diferentes em uma mesma equipe. O risco de entorses/lesões e choques é pequeno durante os jogos e, por ser um esporte coletivo, a socialização também é uma das contribuições da prática dessa modalidade.

Apesar das poucas diferenças em relação ao voleibol convencional – as modalidades têm em comum os mesmos fundamentos –,

O voleibol sentado tem algumas características específicas que o professor precisa saber para ensinar aos alunos. Os gestos técnicos de toque, manchete, saque e cortada são os mesmos do voleibol convencional, porém não é possível contar com as alavancas e os deslocamentos feitos pelas pernas. Por causa disso, exige-se mais dos membros superiores.

Os membros superiores também são muito exigidos para os deslocamentos, que são feitos com as mãos. Ter a musculatura dos membros superiores e os músculos abdominais e dorsais bem trabalhados é fundamental para o equilíbrio do tronco e também para a agilidade nos deslocamentos.

Os professores podem propor exercícios de deslocamentos para a frente, para trás e para as laterais, individuais e em duplas, para aprimorar essa habilidade. É possível também utilizar a progressão do minivôlei convencional para a iniciação ao voleibol sentado. A diminuição do tamanho da quadra facilita a adaptação aos deslocamentos. O ensino dos fundamentos técnicos e de sua aplicação no momento do jogo segue a mesma sequência explicada no Capítulo 3.

É importante que o professor de Educação Física desperte para mais uma possibilidade de utilizar o esporte em diferentes frentes no desenvolvimento dos alunos. A inclusão e a reabilitação estimuladas por essa modalidade o convidam a conhecer a aplicação do esporte em diferentes áreas de atuação profissional.

■ Síntese

Neste capítulo, abordamos a estruturação de uma equipe de competição: a seleção dos atletas, as características do grupo, a periodização de treinamento e a avaliação de desempenho. Mostramos que a periodização de treinamento deve compreender um macrociclo, que é composto por mesociclos, os quais, por sua vez, são formados por microciclos, sendo necessário equilibrar os treinamentos físico, técnico, tático e psicológico nas fases de preparação, competição e regeneração. Destacamos ainda a importância da avaliação do desempenho da equipe e da realização do *scout* para identificar as fragilidades e as potencialidades da equipe.

Na sequência, tratamos de outras modalidades derivadas do voleibol, como o voleibol de praia e o voleibol sentado. Apresentamos as diferenças entre o voleibol convencional e o voleibol de praia no que se refere às regras, à pontuação e à forma de jogar. Por fim, descrevemos as principais características do voleibol sentado, uma forma de inclusão e uma opção de prática em diferentes ambientes.

Atividades de autoavaliação

1. A seguir, marque V (verdadeiro) ou F (falso) para as afirmações sobre as diferenças entre o voleibol de praia e o voleibol convencional e depois assinale a alternativa que indica a sequência correta de respostas:

    ( ) A pontuação de cada *set* no voleibol de praia é até 21 pontos, com o *tie break* até 15 pontos. No voleibol convencional, cada *set* tem duração de 25 pontos e o *tie break* de até 15 pontos.

    ( ) A altura da rede é igual nas duas modalidades, tanto para o masculino como para o feminino.

    ( ) O toque da bola no bloqueio no voleibol de praia é contado como um dos três toques da dupla para enviar a bola para a outra equipe, ou seja, se a bola tocar no bloqueio, a dupla terá somente mais dois toques na bola para enviar para o adversário. No voleibol convencional, o toque da bola no bloqueio não é contado como um dos três toques da equipe necessários para enviar a bola para a outra equipe.

( ) Os fundamentos realizados nas duas modalidades são praticamente iguais; a única diferença é que o ataque no voleibol de praia é realizado com a mão fechada, e o ataque no voleibol convencional é feito com a mão aberta.

a) F, F, V, V.
b) V, F, V, V.
c) V, V, F, F.
d) V, V, V, F.

2. Correlacione as características apresentadas na segunda coluna com as posições enumeradas na primeira coluna e depois assinale a alternativa que corresponde à sequência correta de correlação:

1) Levantador	( ) Aluno com bom posicionamento na quadra, antecipação para recepção de saque, coragem para defender e vontade para buscar todas as bolas.
2) Jogador de meio/central	( ) Aluno estável emocionalmente, com boa visão periférica para observar a movimentação do bloqueio adversário e precisão técnica.
3) Líbero	( ) Aluno com velocidade de deslocamentos, observação da movimentação dos atacantes adversários e leitura do levantador para realizar o bloqueio.

a) 1, 2, 3.
b) 2, 3, 1.
c) 3, 1, 2.
d) 2, 1, 3.

3. Com relação às regras do voleibol sentado, assinale a alternativa correta:

a) A quadra do vôlei sentado é menor se comparada à quadra do voleibol convencional. Essa diminuição acontece porque a equipe de voleibol sentado é composta por cinco jogadores.

b) O posicionamento dos jogadores de voleibol sentado é marcado pela posição das nádegas. Dessa forma, é possível que as pernas do jogador estejam dentro da quadra no momento de realizar o saque, desde que as nádegas estejam fora da quadra e sem tocar na linha.

c) Assim como no voleibol convencional, no voleibol sentado não é permitido bloquear o saque.

d) Por causa da dificuldade de mobilidade dos jogadores de voleibol sentado, o rodízio não é obrigatório.

4. A seguir, marque V (verdadeiro) ou F (falso) para as afirmações referentes à periodização de treinamento e depois assinale a alternativa que indica a sequência correta de respostas.

( ) Na distribuição das ênfases dos treinos físico, técnico, tático e psicológico para categorias iniciantes, o treinamento técnico deve ocorrer em proporção maior em relação aos outros, já que os jogadores precisam de um amadurecimento técnico para desenvolver o jogo.

( ) A periodização de treinamento precisa incluir fases de preparação, competição e regeneração, ou fases de preparação especial, pré-competitiva, competitiva e de transição. Cada uma dessas etapas deve desenvolver aspectos físicos, técnicos, táticos e psicológicos para que a equipe alcance seu máximo na última fase da periodização, que é a regeneração ou transição.

( ) A intensidade e o volume são inversamente proporcionais, ou seja, quanto maior for a intensidade menor será o volume e, quanto maior for o volume, menor será a intensidade. O equilíbrio entre essas variáveis previne lesões nos atletas e proporciona períodos de melhora na resistência.

( ) Durante uma temporada, é comum uma equipe ter mais de um campeonato para disputar. Cabe ao técnico elaborar uma periodização de treinamento com a qual a equipe atinja o máximo de seu desempenho em todas as competições. Conciliar o calendário das competições e o máximo desempenho da equipe em todas elas é uma tarefa que exige muito estudo e conhecimento do técnico.

a) V, F, F, V.
b) F, V, V, V.
c) V, F, V, F.
d) V, V, V, F.

5. Uma equipe perdeu uma partida pelo resultado de 3 x 2. A análise da avaliação do jogo mostrou que 52% dos pontos da equipe perdedora foram de ataque, 17% de bloqueio, 6% de saque, 10% de contra-ataque, e a equipe adversária cedeu 15% dos pontos em erros. Uma vez que a equipe que perdeu cedeu 20% dos pontos em erros para a equipe vencedora, esta foi a distribuição dos erros: 50% foram erros de contra-ataque, 20% de ataque, 20% de saque, e 10% de defesa. Com base nessas informações, assinale a alternativa que indica o que o técnico deve enfatizar nos treinamentos para melhorar o desempenho da sua equipe:

a) O técnico deve manter a periodização de treinamento normal. O resultado do jogo foi equilibrado, e perder por 3 x 2 significa que está tudo funcionando muito bem. Foi falta de sorte.

b) O técnico precisa focar mais o treinamento psicológico dos atletas para que estes desestabilizem emocionalmente a equipe adversária, aumentando assim o número de erros.

c) Analisando-se a distribuição dos erros, é possível perceber que foi de contra-ataque que saiu a maioria dos pontos para a equipe adversária. O técnico deve treinar mais as ações de contra-ataque para diminuir os erros que acarretaram o resultado negativo na partida.

d) O técnico deve aumentar o treinamento no saque "viagem". Mesmo com um alto índice de erros de saque, um saque potente, ainda que represente mais riscos, é o que fará a diferença para a equipe.

Atividades de aprendizagem

Questões para reflexão

1. A proposta de elaborar a periodização de treinamento de uma temporada inteira para uma equipe é uma tarefa que exige conhecimento e grande dedicação do treinador. Contar com um time multidisciplinar, com o qual seja possível dividir as tarefas e no qual o treinador seja a pessoa que concentra todas as informações e decide os caminhos a seguir, seria a opção ideal. No entanto, isso nem sempre é possível em equipes menores. Além disso, a avaliação do desempenho da equipe é fundamental para direcionar os caminhos do treinamento, possibilitando a superação dos pontos fracos ou das deficiências. Diante de todas essas atividades e tarefas do treinador, se estivesse nessa posição, como você pensaria em ensinar atletas de categorias superiores a realizar a avaliação de desempenho em um jogo, mesmo que da forma mais simples? Além disso, você procuraria contato com alguma universidade para verificar se os acadêmicos se interessariam em auxiliá-lo em algumas dessas tarefas?

2. Na formação de equipes e na definição das posições de cada jogador, como mencionamos não são somente as habilidades técnicas e as características físicas que devem ser consideradas, uma vez que as características de personalidade e psicológicas também são fundamentais. Quais critérios você utilizaria para a escolha do capitão de sua equipe? Essa posição deve ficar sempre com o jogador mais habilidoso? Ou deve ser escolhido o jogador que é sempre titular? Você perguntaria a opinião de toda a equipe para definir o capitão?

Atividades aplicadas: práticas

1. Apresentamos o voleibol sentado como uma possibilidade de inclusão para as pessoas com deficiências, a qual possibilita que alunos com habilidades e características diferentes participem do mesmo jogo. Sugira para seus colegas de equipe, caso você seja praticante do vôlei, ou para seus alunos a realização de um jogo ou então de um campeonato de vôlei sentado. Além da inclusão, o voleibol sentado pode auxiliar a desenvolver a cooperação entre os jogadores e/ou alunos, já que coloca os participantes em um jogo com o qual não estão acostumados e no qual a habilidade técnica específica da modalidade deixa de ser o mais importante.

2. Além do voleibol sentado, que é de fácil adequação em diferentes espaços, quais outros esportes adaptados poderiam fazer parte de sua rotina de atividades físicas ou da sua aula de Educação Física? Faça uma pesquisa sobre o assunto.

Considerações finais

Esperamos que os conteúdos apresentados nesta obra possam contribuir para a formação dos futuros profissionais de educação física que vão atuar com o voleibol, em suas diversas manifestações e possibilidades, bem como sanar as dúvidas ou atender à curiosidade dos amantes do voleibol.

Na produção deste livro, a preocupação maior foi cumprir os objetivos de facilitar a compreensão do voleibol por meio de uma linguagem simples, mas específica da modalidade e apresentar mecanismos de ensino técnico e tático que possam ser aplicados nas diversas quadras do país, aliando-os sempre ao conhecimento científico. É nosso desejo que o profissional da área consiga utilizar os conteúdos desenvolvidos e criar novas opções de ensino e aprendizagem do voleibol.

A forma como cada um dos tópicos foi abordado ao longo dos capítulos é reflexo de nossas diferentes experiências com a modalidade e também demonstra nossa paixão pelo esporte.

Acreditamos que esses conhecimentos e essa paixão tenham sido transmitidos a você, leitor, estimulando ainda mais sua busca por aprofundamento. Os conteúdos deste livro, como alertamos na seção de apresentação do livro, são introdutórios, e houve uma preocupação com a construção de uma base para que se possa iniciar um trabalho consistente. Assim, cabe a cada profissional, mediante seu interesse e a especificidade dos ambientes de atuação, dos objetivos e das características de seu público, procurar cada vez mais sua especialização.

Desejamos que este livro o auxilie a desenvolver um excelente trabalho e a ter um futuro profissional promissor em seu envolvimento com o voleibol.

Referências

AFONSO, G. F. **Voleibol de praia**: uma análise sociológica da história da modalidade (1985-2003). Dissertação (Mestrado em Educação Física) – Universidade Federal do Paraná, Curitiba, 2004. Disponível em: <https://acervodigital.ufpr.br/bitstream/handle/1884/636/AfonsoGF.pdf?sequence=1&isAllowed=y>. Acesso em: 7 out. 2018.

ALENCAR, T. A. M. D.; MATIAS, K. F. de S. Princípios fisiológicos do aquecimento e alongamento muscular na atividade esportiva. **Revista Brasileira de Medicina do Esporte**, v. 16, n. 3, p. 230-234, 2010. Disponível em: <http://www.scielo.br/pdf/rbme/v16n3/15.pdf>. Acesso em: 7 out. 2018.

ANFILO, M. A. **A prática pedagógica do treinador da seleção brasileira masculina de voleibol**: processo de evolução tática e técnica na categoria infanto-juvenil. Dissertação (Mestrado em Educação Física) – Universidade Federal de Santa Catarina, Florianópolis, 2003. Disponível em: <https://core.ac.uk/download/pdf/30367433.pdf>. Acesso em: 7 out. 2018.

ANFILO, M. A.; SHIGUNOV, V. Reflexões sobre o processo de seleção e preparação de equipes: o caso da seleção brasileira masculina de voleibol infanto-juvenil. **Revista Brasileira de Cineantropometria & Desempenho Humano**, Florianópolis, v. 6, n. 1, p. 17-25, 2004.

ARAÚJO, M. P. G. de. **Efeito de diferentes técnicas de treinamento na execução do saque do voleibol**. Dissertação (Mestrado em Psicologia) – Pontifícia Universidade Católica de Goiás, Goiânia, 2014. Disponível em: <http://tede2.pucgoias.edu.br:8080/bitstream/tede/1840/1/MARCOS%20PAULO%20GOMES%20DE%20ARAUJO.pdf>. Acesso em: 7 out. 2018.

BERNARDINHO. **Transformando suor em ouro**. Rio de Janeiro: Sextante, 2006.

BIZZOCCHI, C. **O voleibol de alto nível**: da iniciação à competição. 5. ed. Barueri: Manole, 2016.

BOJIKIAN, L. P. **Processo de formação de atletas de voleibol feminino**. Tese (Doutorado em Educação Física) – Universidade de São Paulo, São Paulo, 2013.

BRASIL. Lei n. 9.615, de 24 de março de 1998. **Diário Oficial da União**, Poder Executivo, Brasília, DF, 25 mar. 1998. Disponível em: <http://www.planalto.gov.br/ccivil_03/LEIS/L9615consol.htm>. Acesso em: 7 out. 2018.

BRASIL. Ministério do Esporte. **Diagnóstico Nacional do Esporte**. Brasília, 2015. Disponível em: <http://www.esporte.gov.br/diesporte/2.html>. Acesso em: 7 out. 2018.

CALIXTO, J. **Uso de apoio tecnológico para scout como instrumento de melhoria de rendimento em equipes de rendimento de voleibol**. Dissertação (Mestrado em Desenvolvimento Humano e Tecnologias) – Universidade Estadual Paulista, Rio Claro, 2016. Disponível em: <https://repositorio.unesp.br/bitstream/handle/11449/144480/calixto_j_me_rcla.pdf?sequence=3>. Acesso em: 7 out. 2018.

CARVALHO, C. L.; GORLA, J. I.; ARAÚJO, P. F. de. Voleibol sentado: do conhecimento à iniciação da prática. **Conexões**, Campinas, v. 11, n. 2, p. 97-126, abr./jun. 2013.

CBV – Confederação Brasileira de Voleibol. **Regras Oficiais do Voleibol 2015-2016**. Rio de Janeiro, 2014. Disponível em: <http://2016.cbv.com.br/pdf/regulamento/quadra/RegrasOficiaisdeVoleibol-2015-2016.pdf>. Acesso em: 7 out. 2018.

_____. **Regras do Jogo**. Regras Oficiais de Voleibol 2017-2020. Rio de Janeiro, 2016. Disponível em: <http://2017.cbv.com.br/pdf/regulamento/quadra/REGRAS-DE-QUADRA-2017-2020.pdf>. Acesso em: 7 out. 2018.

_____. **Relatório de Atividades 2016**. Rio de Janeiro, 2017a. Disponível em: <http://2016.cbv.com.br/balanco/Book_CBV_2017_A4.pdf>. Acesso em: 7 out. 2018.

_____. **Regras de Vôlei de Praia 2015-2016**. Aprovadas pelo 34º Congresso da FIVB de 2014. Rio de Janeiro, 2017b. Disponível em: <http://2017.cbv.com.br/pdf/regulamento/praia/REGRAS_VOLEI_DE_PRAIA_2015-2016.pdf>. Acessado em: 7 out. 2018.

COAKLEY, J. **Sports in Society**: Issues and Controversies. 11. ed. New York: McGraw-Hill, 2015.

COCHRANE, M. V. A. et al. Transformações no sistema tático de ataque do voleibol. **Revista Acta Brasileira do Movimento Humano**, Ji-Paraná, v. 2, n. 1, p. 15-23, jan./mar. 2012.

COI – Comitê Olímpico Internacional. **Resultados**. 2017. Disponível em: <https://www.olympic.org/beach-volleyball/>. Acesso em: 7 out. 2018.

COSTA, H. C. M. et al. Efeito do processo de treinamento técnico-tático no nível de conhecimento declarativo de jovens praticantes de voleibol. **Revista Mineira de Educação Física**, Viçosa, v. 15, n. 2, p. 5-19, 2007.

COSTA, L. C. A. da; NASCIMENTO, J. V. do. O ensino da técnica e da tática: novas abordagens metodológicas. **Revista da Educação Física/UEM**, Maringá, v. 15, n. 2, p. 49-56, 2004. Disponível em: <http://multimidia.curitiba.pr.gov.br/2016/00179444.pdf>. Acesso em: 7 out. 2018.

CUNHA, S. A.; BINOTTO, M. R.; BARROS, R. M. L. de. Análise da variabilidade na medição de posicionamento tático no futebol. **Revista Paulista de Educação Física**, São Paulo, v. 15, n. 2, p. 111-116, 2001. Disponível em: <http://citrus.uspnet.usp.br/eef/uploads/arquivo/v15%20n2%20artigo1.pdf>. Acesso em: 7 out. 2018.

DARIDO, S.; SOUZA JÚNIOR, O. M. de. **Para ensinar Educação Física**: possibilidades de intervenção na escola. Campinas: Papirus, 2007.

DÜRRWÄCHTER, G. **Voleibol**: treinar jogando. Rio de Janeiro: Ao Livro Técnico, 1984.

FAGUNDES, F. M.; OLIVEIRA, R. V. de; RIBAS, J. F. M. Saque e recepção: análises praxiológicas sobre suas influências no voleibol. In: CONGRESO ARGENTINO DE EDUCACIÓN FÍSICA Y CIENCIAS, 11, 2015, Ensenada, Argentina. Disponível em: <http://www.memoria.fahce.unlp.edu.ar/trab_eventos/ev.7210/ev.7210.pdf>. Acesso em: 7 out. 2018.

FILIPO, L. Vôlei é o esporte com maior procura de ingressos das Olimpíadas. **Globo**, 27 jan. 2015. Olimpíadas. Disponível em: <http://globoesporte.globo.com/olimpiadas/noticia/2015/01/volei-e-o-esporte-com-maior-procura-de-ingressos-do-rio-2016.html>. Acesso em: 18 jun. 2018.

FIVB – Federação Internacional de Voleibol. **Coaches Manual 1**. Lausanne, 1989.

_____. **Coaches Manual**. 2011. Disponível em: <http://www.fivb.org/en/technical-coach/document/coachmanual/english>. Acesso em: 8 out. 2018.

FIVB – Federação Internacional de Voleibol. **Past Winners**. 2017. Disponível em: <http://vienna2017.fivb.com/en/competition/honours>. Acesso em: 8 out. 2018.

GALLAHUE, D. L.; OZMUN, J. C.; GOODWAY, J. D. **Compreendendo o desenvolvimento motor**: bebês, crianças, adolescentes e adultos. 7. ed. Porto Alegre: AMGH, 2013.

GANDIN, D. **Indicadores**: sinais da realidade no processo de planejamento. São Paulo: Loyola, 2002. (Coleção Fazer e Transformar).

GRECO, P. J. Métodos de ensino-aprendizagem-treinamento nos jogos esportivos coletivos. In: GARCIA, E. S.; LEMOS, K. L. M. (Org.). **Temas atuais VI**: educação física e esportes. Belo Horizonte: Health, 2001. p. 48-72.

HAIACHI, M. de C. et al. Scout de finalização: um modelo de monitoramento de jogo em voleibol. **EFDeportes.com**, revista digital, Buenos Aires, v. 13, n. 126, 2008. Disponível em: <http://www.efdeportes.com/efd126/um-modelo-de-monitoramento-de-jogo-em-voleibol.htm>. Acesso em: 8 out. 2018.

HAIACHI, M. de C. et al. Indicadores de desempenho no voleibol sentado. **Revista da Educação Física/UEM**, v. 25, n. 3, p. 335-343, 2014. Disponível em: <http://www.scielo.br/pdf/refuem/v25n3/1983-3083-refuem-25-03-00335.pdf>. Acesso em: 8 out. 2018.

HERNANDES JUNIOR, B. D. O. **O treinamento desportivo**. Rio de Janeiro: Sprint, 2002.

HIDAKA, M. K.; SEGUI, A. de C. Associação Cristã de Moços no Brasil – ACM. In: DACOSTA, L. P. (Org.). **Atlas do esporte no Brasil**. Rio de Janeiro: Shape, 2005. p. 65-75.

INSTITUTO COMPARTILHAR. **Metodologia Compartilhar de Iniciação ao Voleibol**. Curitiba, 2016. Disponível em: <http://compartilhar.org.br/wp-content/uploads/2016/09/Apostila-Metodologia-Compartilhar-de-Iniciação-ao-Voleibol-2016.pdf>. Acesso em: 7 out. 2018.

LIMA, B. S. **A influência da mídia no voleibol brasileiro**: o que diz a literatura especializada. 51 f. Monografia (Graduação em Educação Física). Universidade do Estado da Bahia, Jacobina, 2013.

MARCHI JÚNIOR, W. **"Sacando" o voleibol**. São Paulo: Hucitec; Ijuí: Ed. da Unijuí, 2004.

MARCHI JÚNIOR, W. O esporte "em cena": perspectivas históricas e interpretações conceituais para a construção de um modelo analítico. **The Journal of the American Socio-cultural Studies of Sport**, Curitiba, v. 5, n. 1, p. 46-47, 2015.

MARQUES JUNIOR, N. K. Periodização específica para o voleibol: atualizando o conteúdo. **Revista Brasileira de Prescrição e Fisiologia do Exercício**, São Paulo, v. 8, n. 47, p. 453-484, 2014.

MARQUES JUNIOR, N. K.; ARRUDA, D. Análise do jogo de voleibol: ensino da execução dessa tarefa com Excel®. **Revista Brasileira de Prescrição e Fisiologia do Exercício**, São Paulo. v. 10, n. 57, p. 112-130, 2016. Disponível em: <http://www.rbpfex.com.br/index.php/rbpfex/article/view/898/770>. Acesso em: 7 out. 2018.

MATIAS, C. J. A. da S.; GRECO, P. J. De Morgan ao voleibol moderno: o sucesso do Brasil e a relevância do levantador. **Revista Mackenzie de Educação Física e Esporte**, São Paulo, v. 10, n. 2, p. 49-63, 2011.

MENDONÇA, R. Venda de ingressos para Rio-2016 começa hoje; tire suas dúvidas. **BBC Brasil**, São Paulo, 31 mar. 2015. Disponível em: <http://www.bbc.com/portuguese/noticias/2015/03/150331_rio2016_venda_ingressos_qa_rm>. Acesso em: 7 out. 2018.

MEZZAROBA, C.; PIRES, G. de L. Breve panorama histórico do voleibol: do seu surgimento à espetacularização esportiva. **Atividade Física, Lazer & Qualidade de Vida: Revista de Educação Física**, Manaus, v. 2, n. 2, p. 3-19, 2012. Disponível em: <https://refisica.uea.emnuvens.com.br/refisica/article/view/16>. Acesso em: 23 jul. 2018.

MILISTETD, M. et al. Concepções de treinadores "experts" brasileiros sobre o processo de formação desportiva do jogador de voleibol. **Revista Brasileira de Educação Física e Esporte**, São Paulo, v. 24, n. 1, p. 79-93, 2010.

MIRON, E. M. **Da pedagogia do jogo ao voleibol sentado**: possibilidades inclusivas na Educação Física escolar. Tese (Doutorado em Educação Especial) – Universidade Federal de São Carlos, São Carlos, 2011. Disponível em: <https://repositorio.ufscar.br/bitstream/handle/ufscar/2882/3749.pdf?sequence=1&isAllowed=y>. Acesso em: 7 out. 2018.

ROCHA, M. A. **Estudo das habilidades técnicas do ataque na posição quatro do voleibol**. Tese (Doutorado em Educação Física) – Universidade de São Paulo, São Paulo, 2009.

ROCHA, R. L. da; LACERDA, J. L. O passe no voleibol. **Portal do Professor**, Ministério de Educação e Cultura, Juiz de Fora, 2010. Disponível em: <http://portaldoprofessor.mec.gov.br/fichaTecnicaAula.html?aula=18590>. Acesso em: 18 jun. 2018.

ROSSETO JÚNIOR, A. J. et al. **Jogos educativos**: estrutura e organização da prática. 5. ed. São Paulo: Phorte, 2015.

SANTOS, F. A. dos; DOMINGUES, N. M. A relação entre a televisão e o voleibol no estabelecimento de suas regras. In: PARANÁ. Secretaria de Estado da Educação. **Educação Física** – Ensino Médio. 2. ed. Curitiba: SEED-PR, 2006. p. 33-48. Disponível em: <http://www.educadores.diaadia.pr.gov.br/arquivos/File/livro_didatico/edfisica.pdf>. Acesso em: 7 out. 2018.

SEARS, J. M. **Legendary locals of Holyoke**. Charleston: Arcadia Publishing, 2015.

VENÂNCIO, K. Voleibol. **Blog Estudantes de Educação Física**, 2010. Disponível em: <https://ededfisica.blogspot.com.br/2010/04/>. Acesso em: 18 jun. 2018.

WEINECK, J. **Treinamento ideal**. 9. ed. São Paulo: Manole, 2003.

WILMORE, J. H.; COSTILL, D. L. **Fisiologia do esporte e do exercício**. 2. ed. São Paulo: Manole, 2004.

ZANETTI, M. C. et al. O técnico ideal sob o olhar de atletas de voleibol infanto-juvenis. **Coleção Pesquisa em Educação Física**, Várzea Paulista, v. 7, n. 1, p. 363-368, 2008.

Bibliografia comentada

BIZZOCCHI, C. **O voleibol de alto nível**: da iniciação à competição. 5. ed. Barueri: Manole, 2016.

Esse livro apresenta um panorama completo do voleibol, uma vez que contempla a origem, as regras, a arbitragem, os ensinamentos técnico e tático da modalidade e também a formação de equipes. O autor tem longa experiência como técnico de equipes de voleibol, razão pela qual o livro é uma referência para os profissionais que querem atuar na área, tanto na iniciação escolar quanto na formação de equipes profissionais.

INSTITUTO COMPARTILHAR. **Metodologia Compartilhar de Iniciação ao Voleibol**. Curitiba, 2016. Disponível em: <http://compartilhar.org.br/wp-content/uploads/2016/09/Apostila-Metodologia-Compartilhar-de-Iniciação-ao-Voleibol-2016.pdf>. Acesso em: 7 out. 2018.

Esse material do Instituto Compartilhar aborda, de maneira detalhada, a metodologia do minivôlei utilizada pela instituição. São descritas as adaptações realizadas na modalidade para cada faixa etária, a progressão dos conteúdos e os diferentes sistemas de jogo. São apresentados também exemplos de planejamento e de um trabalho de ensino de valores que ampliam o olhar para além da formação esportiva.

MARCHI JÚNIOR, W. **"Sacando" o voleibol**. São Paulo: Hucitec; Ijuí: Ed. da Unijuí, 2004.

Essa obra é resultante da tese de doutoramento do autor e apresenta a trajetória do voleibol brasileiro no período de 1970 a 2000. Mostra a evolução do amadorismo para o profissionalismo, avançando para a espetacularização e a mercantilização da modalidade. O autor utiliza a teoria dos campos do sociólogo francês Pierre Bourdieu para explicitar as relações do contexto esportivo com a sociedade contemporânea. É um excelente livro que ajuda a compreender a posição de destaque da modalidade como segundo esporte nacional e também os excelentes resultados internacionais.

MARQUES JUNIOR, N. K.; ARRUDA, D. Análise do jogo de voleibol: ensino da execução dessa tarefa com Excel®. **Revista Brasileira de Prescrição e Fisiologia do Exercício**, São Paulo. v. 10, n. 57, p. 112-130, 2016.

Nesse artigo, o autor apresenta um modelo de análise de jogo, além de explicar sua construção e forma de utilização. A ferramenta é disponibilizada para *download*. Para os técnicos que estão iniciando a análise do jogo, é uma leitura interessante para o desenvolvimento de uma ferramenta própria ou para a aplicação de um modelo já testado e aprovado.

MIRON, E. M. **Da pedagogia do jogo ao voleibol sentado**: possibilidades inclusivas na Educação Física escolar. Tese (Doutorado em Educação Especial) – Universidade Federal de São Carlos, São Carlos, 2011.

Essa tese apresenta um programa de ensino de voleibol sentado para alunos com deficiência e alunos sem deficiência. De maneira didática, o autor aborda temas relacionados às diferentes deficiências físicas e aos objetivos e orientações a serem observados na Educação Física escolar. Trata-se de um material que pode servir de excelente guia para iniciantes no ensino dessa modalidade.

Anexos

■ **Anexo 1**

Quadro A Evolução das principais regras do voleibol desde 1895 até 2015

	ANO	
QUADRA	1895	• 15 metros (m) x 7,5 m de comprimento e largura;
	1912	• 18,3 m x 10,7 m;
	1921	• criação da linha central;
	1923	• 18,3 m x 9,1 m; exceção: Japão – 21 m x 11 m;
	1947	• 18 m x 9 m;
REDE	1895	• 1,98 m de altura;
	1900	• 2,13 m de altura;
	1912	• 2,28 m de altura;
	1917	• 2,43 m de altura;
	1937	União Soviética: • 2,45 m de altura para homens; • 2,25 m de altura para mulheres;
	1955	• 2,43 m de altura para homens; • 2,24 m de altura para mulheres;
	1968	• o uso de duas antenas na rede para delimitação do espaço aéreo, um espaço de 9,40 m entre elas;
	1976	• a distância entre as antenas passou a ser de 9 m;

(continua)

(Quadro A – continuação)

	ANO	
NÚMERO DE JOGADORES	1895	• cinco contra cinco ou • os dois times combinavam previamente o número de jogadores;
	1918	• seis contra seis; • exceção à Ásia, que iniciou com 16 contra 16, depois passou para 12 contra 12 e em 1927 nove contra nove;
	1959	• quatro substituições por *set*;
	1963	• seis substituições por *set*;
	1998	• criação da posição de líbero;
	2009	• para as partidas de competições mundiais e oficiais adultas da FIVB, uma equipe pode conter um máximo de quatorze jogadores (um máximo de doze jogadores regulares e dois jogadores líberos). Trocas envolvendo o líbero não são contadas como regulares (elas são ilimitadas);
PONTUAÇÃO	1895	• executava o saque o time que obtivesse o ponto e não existia rotação;
	1900	• 21 pontos;
	1912	• fixa-se a disputa em 2 *sets* por partida; • criação do sistema de rotação;
	1918	• 15 pontos;
	1923	• dois pontos de diferença entre o time vencedor e o perdedor em cada *set*;
	1948	• a obtenção do ponto é por parte da equipe que se encontra na vantagem (está na execução) do saque;
	1988	• a pontuação de cada *set* fica limitada a um máximo de 17 pontos. O quinto *set* passou a ser disputado através do *Rally Point System*, em que toda jogada tem o valor de um ponto;
	1992	• com o *set* empatado em 16-16, o jogo continuava até uma equipe obter dois pontos de diferença;
	2000	• há implantação do *Rally Point System* nos quatro primeiros *sets*, com término no vigésimo quinto ponto, com a diferença mínima de dois pontos entre o time vencedor e o perdedor. Já o quinto com término no décimo quinto ponto, com a mesma diferença entre a equipe vencedora e perdedora;

(Quadro A – continuação)

	ANO	
TÉCNICO	1986	• permitido aos técnicos instruir suas equipes no banco durante o transcorrer do jogo;
	1998	• os técnicos estão autorizados a se movimentarem entre a linha de ataque e o fundo da quadra e assim se comunicarem com os jogadores ao lado da quadra;
	2009	• na ausência do técnico o capitão pode solicitar tempo e substituição;
AÇÕES DE JOGO	1895	• no saque o jogador tem direito a duas tentativas, pode contar com o auxílio (toque) de outro jogador para fazer a bola passar para o outro lado; • é permitido o "drible" (tocar duas vezes consecutivas na bola com o objetivo de fintar o adversário) junto à rede;
	1902	• é eliminado o "drible";
	1916	• proibido aos jogadores tocarem a bola duas vezes consecutivas;
	1918	• não é permitido auxílio de outro jogador para que o saque passe a rede; • não se pode tocar a bola na quadra adversária, por sobre a rede; • o saque não pode tocar na rede; • o saque pode ser realizado nos cantos da linha de fundo;
	1920	• o saque deve ser dado do lado direito da quadra;
	1922	• o número máximo de toques na bola por equipe foi limitado a três;
	1938	• aparecimento do bloqueio, permitido ao bloqueador um só contato com a bola; • permitidos dois bloqueadores em cada ataque executado pelo adversário;
	1946	• permitidos três bloqueadores;
	1948	• a área de saque se estende por todos os três metros da linha de fundo;
	1949	• permitida a penetração (infiltração) de um jogador na zona de passe/defesa na zona de ataque;

(Quadro A – continuação)

	ANO	
AÇÕES DE JOGO	1959	• proibida durante o saque a execução da "cortina" por parte dos bloqueadores, sendo "cortina" o ato de levantar propositadamente os braços no bloqueio e prejudicar a visão dos jogadores adversários que irão receber o saque;
	1964	• é permitido ao bloqueio a invasão da quadra adversária e a recuperação da bola bloqueada num segundo toque;
	1976	• o toque no bloqueio não é considerado como o primeiro dos 3 toques permitidos;
	1984	• proibição de bloquear a bola proveniente do saque adversário; • no quinto *set* passa a ter que existir uma diferença de dois pontos entre as equipes;
	1992	• o jogador passa a ter cinco segundos para sacar na primeira tentativa e três segundos na segunda tentativa;
	1994	• a bola pode ser tocada com qualquer parte do corpo (inclusive os pés); • a zona de saque se estende por todos os nove metros da linha de fundo; • eliminação dos dois toques na primeira bola vinda da quadra adversária; • é permitido encostar involuntariamente na rede quando o jogador em questão não estiver envolvido na ação de jogo;
AÇÕES DE JOGO	1996	• uma bola que tenha ido para a zona livre adversária por fora da delimitação do espaço aéreo poderá ser recuperada;
	1998	• apenas uma chance para se efetivar o saque com duração de oito segundos para a execução;
	2000	• na execução do saque a bola pode tocar na rede;

(Quadro A – conclusão)

	ANO	
AÇÕES DE JOGO	2008	• só será marcado que o jogador tocou na rede quando ele tocar no bordo superior ou na antena na parte de cima do bordo superior da rede. Os atletas poderão tocar na malha da rede desde que ele não se apoie nela para realizar o movimento. Também em situações em que a sua ação não seja uma vantagem para a sua equipe ou não interfira no jogo do adversário; • permitido invadir a quadra adversária com qualquer parte do corpo, desde que uma parte dos pés do jogador esteja sobre a linha central ou dentro da quadra de sua equipe. Não será permitida a invasão caso haja contato direto com o adversário por baixo da rede;
	2009	• toque apoiado: dentro da área de jogo não é permitido a um jogador apoiar-se em um outro ou em qualquer estrutura/objeto para golpear a bola. A regra anterior descrevia a proibição no momento de golpear a bola. [1]

Fonte: Matias; Greco, 2011, p. 51-54.

Anexo 2

Quadro B Principais diferenças entre o voleibol convencional e o voleibol sentado

Voleibol convencional	**Voleibol sentado**
Dimensões da quadra: 18 X 9 metros.	Dimensões da quadra 10 X 6 metros.
Área de ataque: 3 metros.	Área de ataque: 2 metros.
Tamanho da rede: 9,50 a 10,00 m de comprimento e 1 m de largura.	Tamanho da rede: 6,50 a 7,00 m de comprimento e 0,80 m de largura.
Altura da rede: Masculino: 2,43 metros – Feminino: 2,24 metros	Altura da rede: Masculino: 1,15 metros – Feminino: 1,05 metros

(continua)

---

[1] Em 2015, o toque em toda a extensão da rede, compreendida entre as duas antenas, voltou a ser considerado falta.

(Quadro B – continuação)

Voleibol convencional	Voleibol sentado
Os jogadores devem estar uniformizados, camisetas e os calções devem estar numerados.	Os jogadores devem estar uniformizados, mas o uso de calças compridas pode ser escolha individual dos jogadores. Os calções ou calças não precisam ser numerados. Não é permitido sentar sobre materiais espessos que representem uma vantagem (ganho de altura, por exemplo).
Uma equipe pode ser formada, no máximo, por 14 jogadores (Competições internacionais), sendo 12 jogadores regulares e dois líberos, técnico, assistente técnico, preparador físico e médico.	Uma equipe pode ser formada, no máximo, por 14 jogadores (Competições internacionais), sendo 12 jogadores regulares e dois líberos, técnico, assistente técnico, preparador físico e médico. No número total de jogadores (14), podem estar incluídos, no máximo, (2) jogadores com "inabilidade mínima". Em quadra, durante o desenvolvimento do jogo, deve estar presente apenas (1) jogador com "inabilidade mínima".
Para se delimitar uma invasão e as posições dos jogadores, tem-se como referência a posição dos pés dos jogadores em contato com a quadra.	Para se delimitar uma invasão e as posições dos jogadores, tem-se como referência a posição dos "glúteos" dos jogadores em contato com a quadra. Dessa forma, mãos e/ou pernas podem estender-se além das linhas de ataque, saque e zona livre.
Em caso de saque em suspensão, após o golpe do saque, o jogador pode pisar ou aterrissar dentro da quadra ou na linha final.	No momento do saque, o sacador, ao golpear a bola, não deve tocar com os glúteos a quadra, incluindo a linha final.

(Quadro B – conclusão)

Voleibol convencional	Voleibol sentado
Tocar a quadra adversária com os pés é permitido, desde que parte dos pés esteja em contato com a linha central ou a própria quadra. Qualquer outra parte do corpo pode tocar a quadra adversária, desde que não atrapalhe a ação do adversário.	Tocar a quadra adversária com os pés é permitido, desde que não atrapalhe a ação da equipe adversária. Qualquer outra parte do corpo que invada a quadra adversária será uma penalidade.
Completar com um golpe de ataque o saque vindo da equipe adversária é falta, se a mesma estiver acima da borda superior da rede.	Aos jogadores da linha de ataque, é permitido fazer o ataque do saque adversário, mesmo quando acima da borda superior da rede.
Um jogador de defesa pode efetuar um ataque, desde que, no momento do salto, seus pés não toquem na linha ou na zona de ataque.	O jogador de defesa pode realizar qualquer tipo de golpe de ataque, desde que, no momento desta ação, seus "glúteos" não toquem ou ultrapassem a linha de ataque.
O saque adversário não pode ser bloqueado, sendo considerada essa ação uma falta de bloqueio.	O saque adversário pode ser bloqueado pelos jogadores posicionados na zona de ataque.
Não existe proibição ou regra que regulamente uma postura específica para o desenvolvimento das ações do jogo.	O jogador, durante qualquer ação, deve ter pelo menos uma parte do seu corpo entre os ombros e os glúteos em contato com a quadra. Durante a defesa, é permitida pequena perda de contato com a quadra para a recuperação da bola.

Fonte: Miron, 2011, p.125-126.

Respostas

Capítulo 1
1. c
2. b
3. a
4. c
5. b

Capítulo 2
1. c
2. b
3. c
4. c
5. d

Capítulo 3
1. d
2. b
3. a
4. c
5. c

Capítulo 4

1. b
2. b
3. d
4. c
5. a

Capítulo 5

1. b
2. d
3. c
4. d
5. d

Capítulo 6

1. d
2. c
3. b
4. c
5. c

Sobre os autores

Wanderley Marchi Júnior tem licenciatura em Educação Física e Técnico Desportivo pela Universidade Estadual Paulista Júlio de Mesquita Filho (Unesp), mestrado e doutorado em Educação Física pela Universidade Estadual de Campinas (Unicamp) e pós-doutorado em Sociologia do Esporte pela West Virginia University (EUA). Como professor da Universidade Federal do Paraná (UFPR), na graduação, atua na disciplina de Voleibol e, nos programas de pós-graduação, integra os departamentos de Educação Física e de Ciências Sociais. Coordena o Centro de Pesquisas em Esporte, Lazer e Sociedade (Cepels/UFPR). É presidente da Asociación Latinoamericana de Estudios Socioculturales del Deporte (Alesde), além de ser editor-correspondente da *International Review for the Sociology of Sport* (IRSS) e membro do *Editorial Board* do *Journal of Sport Sociology* (JSS). Foi editor-chefe do *Journal of Latin American in Sociocultural Studies of Sport*/Revista da Alesde. É membro do *Extended Board* da *International Sociology of Sport Association* (ISSA). Foi atleta de voleibol, tendo passado por várias equipes dos estados de São Paulo e do Paraná.

Ana Elisa Guginski Caron tem licenciatura plena em Educação Física pela Universidade Federal do Paraná (UFPR), é especialista em Educação Física Escolar e Atividade Física Adaptada pela Faculdade Padre João Bagozzi e em Planejamento e Organização de Eventos Educacionais pela Universidade Gama Filho. É mestre em Educação Física pela UFPR, na linha de pesquisa Esporte, Lazer e Sociedade. É membro do Centro de Pesquisas em Esporte, Lazer e Sociedade (Cepels/UFPR). Tem experiência como professora de Educação Física para o ensino médio e o ensino fundamental na rede pública de ensino do estado do Paraná e na rede privada da cidade de Curitiba. Foi consultora da Organização das Nações Unidas para a Educação, a Ciência e a Cultura (Unesco) no ano de 2013 para a elaboração de proposta de conteúdo e orientações pedagógicas na área da Educação Física. É participante do programa Sports for Community: Emerging Leaders in Action, promovido pelo United States Department of State em 2014. Foi voluntária nos Jogos Pan-Americanos Rio 2007 e nos Jogos Olímpicos Rio 2016. Atua há mais de 12 anos como coordenadora de projetos do Instituto Compartilhar.

Impressão: Gráfica Exklusiva
Março/2022